거우언라이 평전

저우언라이 평전

정종욱 지음

周恩來

중국 근대화의
초석을 다진
중국인의 영원한 총리

민음사

나라를 위해 온 힘을 바쳐 죽을 때까지 그치지 않는다

鞠躬盡瘁 死而後己

왜 저우언라이인가?

내 방에는 초상화 한 장이 걸려 있다. 1987년 여름, 상하이(上海)에 들렀을 때 뒷골목의 헌책방에서 당시로서는 제법 비싼 값에 산 물건이다. 문짝의 반 정도를 차지할 만큼 꽤 큰 초상화의 주인공은 바로 저우언라이(周恩來)다. 검은 머리, 짙은 눈썹, 우뚝한 코, 꽉 다문 입이 강인한 인상을 주지만, 그 인상이 보는 사람을 압도하거나 겁주지는 않는다. 근엄하면서도 온화하고, 강인하면서도 부드러운 내강외유형이다.

내가 저우에 대해 관심을 갖게 된 것은 무엇보다도 그의 깨끗한 삶과 투철한 공인(公人) 정신 때문이다. 그는 오무(五無)의 삶을 살았다. 다섯 가지가 없다는 뜻이다. 사는 동안 후손이 없었고, 높은 관직에 있었으나 사사로움이 없었고, 당원으로서는 지나침이 없었고, 많은 일을 했으나 원한을 사지 않았고, 죽어서 시신조차 남기지 않았다. 총리 때부터 사망할 때까지 27년 동안, 하루도 빠짐없이 써서 깨알 같은 글씨로 꼬박 채워진 27개의 달력이 이런 오무의 삶을 잘 보여 주는 증거이다.

그에게는 혈육도 없다. 프랑스에서 3년 6개월 동안 살다가 귀국해서 스물일곱 살에 여섯 살 아래인 덩잉차오(鄧穎超)와 결혼했다. 곧 아이를 가졌지만 유산하고 말았다. 혁명가의 길을 걷는 남편에게 아이가 방해가 될 것이라 판단한 덩잉차오가 스스로 무리하게 유산을 했고, 그 여파로 이후에도 아이를 가질 수 없게 되었다. 그래서 두 사람은 혁명 열사들의 후손들을 입양해서 친자식처럼 돌봤다. 그중 한 사람이 90년대에 국무원 총리를 지낸 리펑(李鵬)이다. 문화 혁명 때 장칭(江靑)에게 모진 고문을 당해 사망한 유명한 예술가 쑨웨이스(孫維世)도 저우 부부가 끔찍이 아꼈던 '자식 아닌 자식' 중 한 명이었다.

남의 자식에게는 그렇게 헌신적이었던 저우였지만 자신의 친인척에게는 매우 엄격했다. 조카사위가 고향의 시골 마을을 떠나 베이징(北京)으로 직장을 옮겨 온 것을 알고는 그를 당장 다시 시골로 돌려보낸 일도 있었다. 총리의 친척이라는 이유만으로 역차별을 받아야 하느냐고 조카딸이 울면서 호소했지만 아무 소용이 없었다. 외국 출장에서 돌아오면 항상 여비를 정산해서 한 푼이라도 남는 돈은 정부에 반납할 정도로 청렴했던 저우에게 그런 항변이 통할 리가 없었다.

죽은 후에도 마찬가지였다. 시신은 화장해서 유골을 뿌리라는 유언을 남겼고 죽은 후에 덩잉차오가 이를 집행했다. 묘지를 만들고 치장하는 데에 국가 예산을 낭비하는 것보다 뼈를 땅에 뿌려서 비료라도 되게 해야 한다는 게 그 이유였다. 평생을 국가와 민족을 위해 살았던 그는 죽은 후에도 이처럼 재산은 물론 시신조차 남기지 않았다.

저우의 신조는 '인민을 위해 봉사하라.(爲人民服務)'였다. 저우는 '인민을 위해 봉사하라.'라고 쓰인 배지를 죽을 때까지 가슴에 달고 있었다. 저우에게 인민을 위해 봉사하는 관리의 표본은 제(齊)나라의 경공(景公)이었다. 『춘추좌씨전』에 의하면 제 경공은 어린 아들을 즐겁게 해주기 위해 입에 끈을 물고 아들을 등에 태우고 소 놀이를 하다가 아들이 잘못해 떨어지면서 자신의 이가 부러졌지만 개의치 않고 즐거워했다고 한다. 제 경공의 아들이 곧 저우에게는 인민이었고 자신은 소였다. 인민을 위해서는 어떤 희생도 즐겁게 감수할 수 있다는 뜻이다. 그래서 저우는 "많은 사람들의 손가락질에는 개의치 않고, 어린아이를 위해서 기꺼이 머리를 숙여 소가 되겠습니다.(橫眉冷对千夫指, 俯首甘为孺子牛。)"라는 루쉰의 작품 「자조(自嘲)」의 글귀를 자주 인용했다.

저우가 생전에 남긴 업적은 일일이 거론하기도 힘들다. 그 중에도 가장 잘 알려진 것이 문화 혁명 때에 주자파(走資派)로 낙인 찍혀 남동 쪽 장시(江西)성 난창(南昌), 시골 벽지에서 귀양살이하던 덩샤오핑(鄧小平)을 베이징으로 불러올려 중국 근대화의 중책을 맡긴 일이다. 암세포가 온몸에 퍼져 죽음을 앞둔 저우가 숨을 거두는 마지막 순간까지 찾았던 사람이 바로 덩샤오핑이었다. 저우는 덩샤오핑만이 문화 혁명으로 산산조각 난 중국을 다시 일으켜 세울 수 있다고 믿었다.

마오쩌둥(毛澤東) 역시 덩샤오핑을 주시했고, 그의 복권에 적극적이었다. 하지만 저우와는 다른 계산을 하고 있었다. 마오는 저우를 견제하기 위해 덩샤오핑을 이용하려 했지만, 저우는 덩샤오핑이 중국의 근대화에 가장 적합한 인물이라고 믿었다.

저우는 덩샤오핑 외에도 문화 혁명 때 숙청 위기에 몰렸던 수많은 원로들을 보호하고 그들의 명예를 회복시키기 위해 혼신의 힘을 다했다. 그래서 문화 혁명을 주도한 사인방에게 제거해야 할 공적(公敵) 1호가 되었다.

마오 역시 저우가 문화 혁명의 유산을 부인할 것이라고 생각했다. 그래서 그를 견제하고 그가 문화 혁명의 유산을 부인하지 못하게 하려 했다. 그래도 저우는 꿋꿋하게 버텼다. 마오에게 비굴하다 싶을 정도로 충성을 다했고, 온갖 모욕과 탄압을 받으면서도 사인방과 마오 사이에서 당의 온건 노선이 들어설 공간을 만들고, 이를 넓혀 나가기 위해 최선을 다했다. 그것이 중국의 근대화를 위한 최선의 길이라고 믿었다. 중국 근대화의 초석을 다진 사람을 저우로 꼽는 이유이기도 하다.

물론 저우에 대한 부정적 평가도 있다. 그가 인민의 소가 아니라 마오의 소가 되었다는 주장이 그중 하나의 사례이다. 인민의 편에 서서 폭정과 불의에 맞서 끝까지 싸우지 않고 타협함으로써, 마오가 저지른 역사적 과오의 공범이 되었다는 주장이다. 또 자신의 안위와 입신을 위해 대의를 헌신짝처럼 저버린 출세 지향적 인물이라는 시각도 있다. 이런 시각에서 마오나 장칭이 아닌 저우가 류사오치(劉少奇)를 죽음으로 몰아넣은 장본인이라 평가하기도 한다. 저우가 마지막 순간까지 강조했던 "나라를 위해 온힘을 다 바쳐 죽을 때까지 그치지 않는다.(鞠躬盡瘁 死而後己)"라는 말도 위선으로 본다.

보는 시각에 따라서는 그렇게 평가할 수도 있을지 모른다. 하지만 저우는 복잡하고 험난한 시대를 살아갔다. 시대가 복잡한 만큼 저우를 객관적으로 평가하는 것도 대단히 어려운 일이다. 덩샤오핑은 저우 덕분에 문화 혁명의 폐해가 그나마 최소화될 수 있었지만, 동시에 저우 때문에 문화 혁명이 더 오래 지속되었다고 말한 바 있는데 저우가 복잡한 시대를 살았던 복잡한 인물이었다는 점에서 덩샤오핑의 발언은 곱씹어 볼 가치가 있다.

필자가 저우에 대한 책을 기획하게 된 동기 중 하나는 이러한 저우의 복잡한 삶을 조명하기 위해서였다. 저우의 삶을 조명하기 위해서는 저우와 마오를 비교해 보는 것도 하나의 방법이다. 저우는 마오와 매우 대조적인 삶을 살았다. 태생부터 두 사람은 큰 차이를 보여준다. 마오는 농촌에서 태어난 농민의 아들이었고, 그래서 농민 문제에 관심이 많았다. 중국이 농업 국가이며 인구의 절대다수가 농민이라는 것이 마오의 통치 철학의 바탕이었다.

이에 비해 저우는 몰락한 지방 관리 집안의 후손이었다. 말하자면 '양반'이자 '부르주아 출신'이었던 셈이다. 어려서부터 중국 고전을 배워 삼강오륜 같은 유교 정신이 몸에 배어 있었다. 가족들이 저우의 삶에 큰 도움이 되지는 않았지만 그는 평생 가족을 돌봤다. 부친에게 자신의 월급에서 일정액을 떼어 송금했고, 기회가 있을 때마다 객지에서 떠도는 부친을 찾아가서 만났고, 조카들도 챙겼다. 함께 살던 부친이 사망하자 당시 입원해 있던 저우는 불편한 몸을 이끌고 병원에서 나와 정중하게 장례를 치렀다. 마오가 전통적 가치를 배척하며 평생 부친을 등지고 살았던 것과 극명한 차이를 보인다.

두 사람은 성격도 달랐다. 저우는 뛰어난 현실 적응 능력을 보였는데, 마오는 현실을 외면한 채 자신이 옳다고 믿는 길을 우직하게 걸어갔다. 때로는 독선으로 느껴질 정도의 일방통행도 불사했다. 현실이 마음에 들지 않으면 마오는 그런 현실을 바꾸려 했다. 엄청난 대가를 치르면서도 현실을 부정하고 파괴하는 데에 주저함이 없었다.

이런 마오와 달리 저우는 현실과 이상 사이에서 균형을 취하고 접점을 찾으려 했다. 저우에게도 소신이나 철학이 없는 것은 아니었지만 마오처럼 고집불통은 아니었다. 극단적인 논리는 저우의 성격과는 잘 맞지 않았다. 비판론자들은 이런 저우를 '조화주의자'

또는 '타협주의자'로 매도하기도 했다. 그러나 저우는 대안 없는 반대나 파괴보다는 실사구시적 타협을 선호했다. 저우가 합리적 원칙주의자였다면 마오는 독선적 원리주의자였다.

이와 관련해 재미있는 일화가 있다. 기요비서로서 만년의 마오를 가장 가까운 거리에서 보좌했던 장위펑(張玉鳳)이 한 이야기다. 기요비서는 기밀문서를 취급하는 비서를 일컫는데, 당연히 마오가 신뢰하는 사람이 아니면 그 자리에 오를 수가 없었다. 장위펑은 원래 마오 전용 열차의 승무원이었는데 마오의 눈에 들게 되어 중난하이(中南海)에 있는 마오의 거처에서 24시간 마오의 수발을 들다가 기요비서가 되었다. 누구든지 마오를 만나려면 장위펑을 통해야 했다. 당시 별거 중이던 마오의 부인 장칭도 예외가 아니었다. 마오는 말년에 말이 어눌해졌다. 가뜩이나 후난(湖南) 사투리가 심해서 보통 사람들은 알아듣기 힘들었는데 발음마저 이상해져서 정상적 대화가 불가능할 정도였다. 그런데 장위펑은 귀를 마오의 입에 바짝 대고 그의 말을 듣고 척척 통역을 해 냈다. 이렇듯 마오의 뜻을 외부로 전할 수 있는 인물로서 막강한 권력을 행사했던 게 바로 장위펑이었다.

하루는 장위펑이 마오에게 저우를 왜 후계자로 삼지 않는지 물어보았다. 후계자로 지목되었던 린뱌오(林彪)가 쿠데타에 실패한 후 소련으로 도망가다가 중국과 몽골 국경 부근에서 타고 있던 비행기의 추락으로 사망한 다음이었다. 민감한 사안이기에 보통 사람으로서는 질문한다는 것 자체를 상상하기 어려웠지만, 장위평은 마오의 절대적인 신임을 받고 있었기에 가능했다. 장위평의 질문에 마오는 손에 도끼를 쥐고 후려치는 시늉을 하면서 "저우는 이게 없다."라고 답했다. 장위평에 의하면 마오가 도끼를 밑으로 내려친 것은 결단성을 의미하는 것이었다. 말하자면 마오가 보기에 저우의 결점은 마음이 여리고 과단성이 부족하다는 것이었다.

저우를 후계자로 지목하지 않은 것이 실제로 그 때문이었는지는 알 수 없지만 저우의 성격을 정확하게 지적한 말이라 할 수 있다. 생전에도 자신의 혁명 유산에 대해 거센 반발에 맞서야 했던 마오는 자신이 죽은 후에 있을지 모를 엄청난 반발과 역류를 막아내기에 저우는 너무 약하고 합리적이라 판단했던 것 같다.

두 사람은 스타일도 많이 달랐다. 마오가 투박하고 거칠었다면 저우는 말끔하고 세련미가 넘쳤다. 마오는 목욕과 양치를 싫어했다고 한다. 창사(長沙) 사범 학교 시절의 습관인 냉수마찰이나 수영으로 목욕을 대신했고, 차를 마신 후 남은 찻잎으로 이를 몇 번 닦는 것으로 칫솔질을 대신하는 경우가 많았다고 한다. 잠자고 밥 먹는 시간도 불규칙했다. 졸리면 자고 배고프면 먹었다. 며칠 동안 잠을 자지 않기도 했고, 끼니를 거르는 일도 많았다. 일부러 그런 것은 아니었고 한 가지 일에 몰두하면 일이 끝날 때까지 다른 일에는 손대지 않았기 때문이다. 불규칙한 생활 때문에 마오는 평생 수면제를 옆에 두고 살아야 했다.

그에 비해 저우는 매사에 치밀하고 용의주도했다. 아무리 복잡한 일이라도 빈틈없이 깔끔하게 처리했다. 성실과 겸손함이 몸에 배어 있었고, 상황 판단이 빠르고 정확했다. 한 시간 이상 분량의 매우 긴 연설문을 외울 정도로 기억력도 탁월했다. 생활도 대체로 규칙적이었다. 일이 있으면 때로는 며칠씩 잠을 자지 않고 일에 몰두하기도 했지만 마오에 비하면 저우는 훨씬 예측 가능한 편이었다. 마오는 자신의 기분이나 컨디션에 따라 공식 일정을 맞추었지만 저우는 공식 일정을 우선시했다. 저우가 조직 친화적인 것과 달리 마오는 조직과 규율에 얽매이는 걸 죽기보다 더 싫어하는 타고난 반항아였다.

'근공검학(勤工儉學)'으로 프랑스로 유학을 떠나는 문제에서도 마오와 저우의 차이가 드러났다. 근공검학은 1900년 의화단 사건이 서방 8개국 연합군의 승리로 끝난 후 청조와 프랑스가 전쟁 배상금을 기금으로 만든 프랑스 유학 프로그램이었다. 1차 대전 후 노동력 부족에 시달리던 프랑스로서는 값싼 외국 노동력을 활용할 수 있었기에 이를 반겼고, 중국도 근대화에 필요한 인재를 양성할 수 있을 것이라는 희망으로 환영했다. 중국 쪽에서 이 사업에 깊이 참여한 사람이 바로 차이위안페이(蔡元培)였다. 그는 당시 근공검학 프로그램을 운영하는 중불 교육회에서 중국 측 책임을 맡았던 베이징 대학교 총장이었다. 차이위안페이는 같은 대학의 철학과 교수 양창지(楊昌濟)에게 중불 교육회 일에 관해 자주 상의했다. 양창지는 일본과 유럽에서 10년 가까이 유학한 경험이 있었고,

근공검학 지망자 중에는 후난 출신이 유난히 많았기 때문이다. 양창지 역시 후난 출신이었는데, 창사 사범 학교의 교사로 있던 양창지를 베이징 대학으로 스카우트한 사람이 바로 차이위안페이였다.

양창지는 창사 사범 학교 재직 시절의 제자인 마오에게 차이위안페이와 논의한 내용을 알리며 후난에서 많은 학생들이 지원하도록 해 달라는 간곡한 편지를 두 번이나 보냈다. 양창지의 편지를 받은 마오는 근공검학 프로그램에 참가할 후난 출신 학생 24명을 인솔해서 베이징으로 왔다. 마오가 창사 사범 학교를 졸업한 지 불과 몇 달 후인 1918년 8월의 일이었다. 양창지는 베이징에 도착한 마오에게도 프랑스 유학을 강하게 권유했지만 마오는 받아들이지 않았다. 먼저 중국을 이해한 후에 유학을 가야 한다는 소신 때문이었다. 마오는 중국도 모르면서 유학을 떠나는 것은 순서가 틀린 것이라고 믿었다. 결국 마오는 평생 유학을 가지 않았다. 외국에 나간 것 자체도 딱 두 번뿐이었다. 행선지는 두 번 다 소련이었다. 첫 번째 출국은 1949년 12월, 중화 인민 공화국이 건국된 지 3개월이 채 안된 시점이었다. 스탈린을 만나 양국 간 협력 문제를 논의하기 위해서였다. 2개월 가까이 모스크바에 체류하면서 중소 우호 동맹 조약을 체결했다.

두 번째 출국은 이로부터 7년 후인 1957년 11월이었다. 마오는 볼셰비키 혁명 40주년 기념행사에 참석하는 중국 대표단을 인솔했다. 소련이 중국의 핵 개발을 도와주기로 한 과학 기술 협정을 비밀리에 체결한 것이 이때였다. 또 대약진 운동과 인민공사 운동을 일으켜 공산주의 사회 건설을 위한 고속 행진을 시작한 것도 그의 두 번째 소련 방문 직후였다.

저우는 마오와 비교할 수 없을 정도로 많은 외국 생활을 경험했다. 톈진(天津)의 난카이(南開) 중학교를 졸업한 저우는 바로 일본 유학길에 올랐다. 당시 중국 젊은이들 사이에는 일본과 프랑스 유학이 유행처럼 퍼지고 있었다. 저우와 난카이 중학교 동기이자 나중에 우한(武漢)과 상하이 시장을 지내고, 대만에서 입법원 원장도 했던 우궈전(吳國楨)처럼 미국으로 간 사람들도 없진 않았지만 유행은 일본이나 유럽으로 가는 것이었다.

난카이 중학교의 설립자 옌슈(嚴修)는 저우에게 일본 유학을 권하고 여비까지 대어 준 사람이었다. 마오에게 양창지가 있었다면 저우에게는 옌슈가 있었다. 일본에서 1년 6개월 동안 체류하고 대학 입학에 실패한 뒤 다시 톈진으로 돌아온 저우는 얼마 후 프랑스로 가서 3년 6개월 동안 살았다. 20대 중반의 나이에 이미 5년 이상의 외국 생활 경험이 있었던 셈이다. 유럽에서 공부한 후에는 미국 유학도 고려했을 정도로 저우는 서방에 관심이 많았고 유학에 긍정적이었다.

저우는 유럽에서 돌아온 후에도 중화 인민 공화국의 건국 전까지 소련을 적어도 세 번 이상 방문했다. 건국 후에는 외국 출장이 더 많아져서, 저우의 외국 경험은 중국인 중에서는 누구보다 풍부했다. 영어는 물론 일어와 불어 수준도 상당했다. 그만큼 저우는 외국 사정에 정통했고 국제적 감각도 뛰어났다. 당시 시대의 수준에서 저우는 국제화와 세계화의 최첨단을 걷는 지도자였다.

이런 저우와 달리 마오는 국내파였다. 외국어는 애초에 관심도 없었다. 평생 손에서 책을 놓지 않았지만 모두 중국어로 된 책이었다. 『사기』나 『자치통감』 같은 중국의 고전과 역사책을 즐겨 읽었다. 마오가 중난하이에서 사용한 서재에는 사방의 벽이 수많은 중국 고전으로 가득 채워져 있었다. 장식용이 아니었고, 실제로 읽고 사용하는 책들이었다. 침실에도 책이 어지럽게 흩어져 있었다. 책을 읽다가 잠이 들었고 잠에서 깨어나면 책부터 찾았다. 나중에 눈에 백내장이 생겨서 글을 읽지 못하자 베이징 대학 교수를 중난하이 처소로 불러서 고전을 읽어 달라고 했을 정도로 책은 마오의 생활의 일부였다. 이는 마오의 도서 관리인이었던 펑셴즈(逄先知)의 말이다.

사고방식에도 차이가 있었다. 마오는 고전과 역사책뿐 아니라 무협 소설도 즐겨 읽었다. 『삼국지』와 『수호지』를 좋아했다. 대화할 때에는 고전과 무협 소설, 특히 『수호지』에 나오는 장면들을 자주 인용했다. 마오는 린뱌오를 변절자로 평가하는 것에 대해 논란이 일었을 때에도 『수호지』의 '송강'과 '조개'의 이야기를 자주 했다. 마오는 대화할 때에도 투박한 표현들을 자주 썼다. 마오가 모스크바에 방문했던 1949년 말에는 만나주지 않는 스탈린에 대해 불평하며 이렇게 말했다. "여기까지 와서 하는 일이 밥 먹고 똥 싸는 일밖에 없다." 린뱌오가 자신을 죽이려다가 실패한 후 비행기를 타고 소련으로 도망가고 있을 때 한 표현도 그렇다. 린뱌오가 탄 비행기를 격추시켜도 좋을지 물어보는 저우에게 마오는 이렇게 말했다. "바람난 여인이 집을 나가려는데, 말릴 필요는 없다." 누군가 자신의 생각과 다른 얘기를 하면 "오줌 싸고 있다."라는 표현을 자주 썼다.

마오에게 중국 고전과 무협 소설은 지식의 원천이자 삶 자체였다. 그런 마오와 달리 저우의 의식 세계는 외국의 현장에서 보고 느낀 것들을 바탕으로 이루어져 있었다. 저우는 무협 소설보다 『대학』과 『중용』을 좋아했다. 이 책들의 내용을 좌우명처럼 여기고 행동의 지침으로 삼았다. 마오의 의식 세계가 과거의 역사에서 현재를 읽는 방식의 수직적 구조였다면 저우는 동시대의 동양과 서양을 관통하는 수평적 구조였다고 말할 수 있다.

이 책은 엄격한 의미에서 학술서가 아니다. 지금까지 나온 저우언라이에 관한 자료들을 잘 정리해서 한국 독자들에게 이 인물을 소개하는 것이 목적이다. 새로운 사실을 밝히거나 기존의 논쟁에 뛰어들어 시비를 가리고 검증하는 일보다는 저우가 걸어간 길과, 그 길을 걸어가면서 그가 했던 일과 생각들을 살펴보고 이유를 따져보았다. 초대 총리이자 평생 총리였던 저우가 중국의 혁명과 사회주의 국가 건설에 어떻게 기여했는지 평가하고, 오늘날 세계 제2의 경제 대국으로 성장한 중국의 근대화 과정에 그가 남긴 흔적을 찾아보려 했다. 또한 무엇보다도 저우의 인간적인 면과 그의 내면을 들여다보고자 했다. 저우가 이념, 문화, 지역, 세대의 차이를 넘어 훌륭한 지도자로 추앙받고 있는 이유가 무엇인지 그 대답을 찾아보려 했다.

이 책을 쓰면서 가장 힘들었던 부분은 저우의 생애와 중국 현대사의 굴곡이 겹쳐 있다는 점이었다. 중국 공산당의 역사에서 저우는 주연이든 조연이든 항상 무대 위에 있었다. 그래서 저우의 일대기는 그 자체로 공산당의 역사와 궤를 같이 한다. 저우에 대한 평가가 중국 공산당의 역사처럼 복잡할 뿐 아니라, 이에 관해 불거지는 수많은 논쟁을 피해 가기가 쉽지 않다는 뜻이다. 중국 현대사의 주인공이라 할 수 있는 마오와의 관계가 특히 그렇다. 이러한 논쟁 중에서 정리되지 않은 것들이 아직도 많다는 것이 큰 문제 중 하나이다. 새로운 자료가 공개되지 않는 이상 정확한 해석이 어렵다. 기존의 자료들에 의존하는 연구로는 당의 공식 입장 속에 묻혀 정확한 사실 규명이 쉽지 않은 경우가 많다. 결국 이런 점들을 염두에 두면서도 가능하면 저우에게 초점을 맞추어 중국의 공산당 역사를 훑어보려 했다. 그 역사 속에서 인간 저우가 어떤 고민을 했는지 그리고 마오와 저우가 어떻게 협력하고 갈등했는지에 집중하려 했다.

이 책을 쓰면서 기존의 연구들을 많이 참고했다. 일일이 거론할 수는 없지만 몇 가지만 꼽자면 우선 서구에서 출판된 책 중에는 한수인(韓素音)의 『첫째 아들(Eldest Son)』과 바르바라 바르누앙

(Barbara Barnouin)과 위창건이 쓴 『저우언라이 평전』을 들 수 있다. 중국 태생인 한수인의 책은 저우를 비롯하여 많은 중국 사람들을 직접 인터뷰했다는 장점이 있으나 사실 관계에서 적지 않은 오류가 있다. 바르누앙의 책은 비교적 객관적으로 저우를 분석하고 있지만 저우의 인간적 측면에 대한 분석은 담고 있지 않다는 것이 아쉬웠다. 중국에서 발간된 저우에 대한 엄청난 분량의 자료들도 참고했다. 대표적인 것은 공산당 중앙 당사 연구실, 문헌 연구실에서 펴낸 『저우언라이전(周恩來傳)』과 『저우언라이 연보(周恩來年譜)』 그리고 『건국 이래 저우언라이 문고(建國以來周恩來文稿)』가 있다.

그밖에도 리핑(力平)이 쓴 『저우언라이 평전』과 가오원첸(高文謙)이 홍콩에서 펴낸 『만년 저우언라이(晩年周恩來)』가 있다. 두 사람 모두 공산당 문헌 연구실에서 오랫동안 저우에 관한 비밀 자료를 다룬 전문가들이다. 리핑의 책은 저우의 일생을 잘 분석하고 있지만 당의 공식 입장에서 크게 벗어나지 않는다. 한편 미국으로 망명한 가오원첸은 그동안 알려지지 않았던 흥미로운 사실들을 밝히고 있지만 객관적 검증이 필요한 부분이 적지 않다. 어디까지가 개인적 견해이고 어디까지가 객관적 사실인지 분명하지 않다.

이 책을 쓰면서 직간접적으로 많은 사람들의 도움을 받았다. 저우의 고향인 장쑤(江省)성 화이안(淮安)과 톈진 난카이 중학교를 방문하여 여러 관계자들을 만났다. 화이안의 여러 대학, 연구소, 기념관 등을 방문하여 지역의 저우 전문가들과 오랫동안 토론할 기회

저우언라이가 생활했던 난카이 중학교의 숙소

를 가졌다. 또한 저우가 태어나서 10년 이상 살았던 집도 찾아가서 구석구석 자세히 살펴보았다. 저우가 4년 동안 공부했던 톈진의 난카이 중학교에서도 저우의 족적을 더듬어 보았다. 저우가 생활했던 기숙사 방을 비롯해서 그의 흔적이 남아 있는 이곳저곳을 돌아보았다. 지금 난카이 중학교에 다니고 있는 학생들도 만났다. 학생들에게는 저우가 어떤 의미인지 이야기를 나누었다. 톈진에는 저우가 베이징의 중난하이에서 27년 동안 살았던 처소이자 집무실, 시화팅(西花廳)을 그대로 옮겨놓은 '저우언라이 덩잉차오 기념관'이 있다. 이를 둘러본 것도 저우를 이해하는 데에 도움이 되었다. 항일전쟁의 비극을 고스란히 앉고 있는 난징(南京)도 들렀다. 국공 합작

시절 저우와 덩잉차오가 일하고 기거했던 매원 신춘 17호를 방문한 것도 뜻깊었다.

베이징의 공산당 중앙 문헌 연구실에서 저우를 연구하는 전문가들을 만나 장시간 토론할 기회가 있었는데 이 또한 유익했다. 문헌 연구실의 저우 담당자들과의 좌담에는 저우언라이 사상, 생애 연구분회 랴오신원(廖心文) 회장 등 많은 전문가들이 참석해서 질의응답과 토론에 응해 주었다. 이외에도 탕원성(唐聞生) 쑹칭링(宋慶齡) 기념사업회 부주석을 비롯하여 딩원홍(丁原洪) 유엔 대사, 판청샹(范承祥) 알바니아 대사, 장굉시(張宏喜) 탄자니아 대사 등 전직 대사들과도 만나 의견을 나누었다. 탕원성은 마오와 정치국 간에 연락원으로 활동했던 인물로, 문화 혁명과 1970년대 전반기 마오와 저우의 미묘한 관계에 대해 가장 잘 알고 있는 사람 중 한 명이다. 탕원성은 마오와 저우가 리처드 닉슨(Richard Nixon) 대통령, 헨리 키신저(Henry Kissinger) 보좌관을 만나 미중 관계에 대해 담판을 벌였을 당시 직접 통역을 담당하기도 했다. 딩원홍, 판청샹, 장굉시 대사는 저우 밑에서 일한 경험이 있는 인물들로, 중국 외교의 산증인들이라 할 수 있다. 이들은 저우 시대의 중국 외교에 대해 각자의 생각을 솔직하게 들려주었다. 또 저우의 조카이자 어릴 적부터 중난하이의 시화팅에서 저우 부부와 함께 살았고, 저우에 관한 책도 저술한 바 있는 저우빙더(周秉德)를 만나 조카가 본 저우 이야기도 들었다. 이들과의 만남을 비롯해 중국에서의 일정은 중국 인민 외교 학회 어우보첸(毆渤芊) 부회장과 옌샤오후이(閻曉輝)

한국 담당관이 주선해 주었다.

프랑스 유학 이전 시기의 저우를 비롯해 중국과 한반도에 관한 여러 권의 저서를 낸 이채진 교수와 저우에 대한 책을 집필 중인 뉴욕 대학의 천젠(陳健) 교수, 그리고 스테이플턴 로이(Stapleton Roy) 전 주중 미국대사와 윌슨 센터의 국제 냉전사 프로젝트에서 만난 샤야펑(夏亞鋒) 교수 등 미국의 저명한 중국 전문가들의 조언도 이 책을 집필하는데 큰 도움이 되었다. 상하이 화동 사범 대학 센즈화(沈志華) 교수는 많은 자료를 보내주고 직접 만나 오랫동안 얘기를 나눴다. 국립 외교원의 최진백 교수는 한자 표기 등에 노고를 아끼지 않았고 베이징 대학에서 외교학 박사 논문을 집필 중인 이요셉 씨는 자료 수집 등에 도움을 주었다. 또한 민음사 박근섭, 박상준 사장을 비롯하여 김혜원 부장과 김우용 편집자의 헌신적 지원이 없었으면 이 책이 나올 수 없었다. 모든 분들에게 진심으로 감사드린다.

마지막으로 이 책을 집필하는 과정에서 언제나 든든한 버팀목이 되어준 아내 김화원에게 반세기 이상의 동반자로서 고마운 마음을 전한다.

제1장

탁월한 조정자
저우언라이의 탄생

周恩來

스예 가문과 세 어머니

저우언라이는 1898년 3월 5일 장쑤성 화이안에서 태어났다. 아버지 저우이넝(周貽能)과 어머니 완(萬) 씨 사이의 삼남 중 장남이었다. 원래 저우언라이 집안의 본적지는 장쑤성 사오싱(紹興)인데 할아버지 때에 양쯔(揚子)강을 건너서 북쪽으로 이주해 화이안으로 왔다. 베이징과 항저우(杭州)를 잇는 징캉(京杭) 운하가 동쪽으로 이어져 화이허(淮河)강과 만나는 곳으로 예로부터 교통의 중심지였다. 철도 부설 이후에는 중요성이 많이 떨어졌지만 청조 때는 운하를 관할하는 꽤 큰 관청도 있었다.

중국이 자랑하는 8대 명주의 하나인 소흥주의 산지로 유명한 사오싱은 스예(師爺)의 배출지이기도 했다. 스예는 시장이나 군수 같은 지방 행정 책임자의 자문직이었다. 법과 행정에 대한 지식이 풍부하고 지역 사정에 밝아 지방의 행정 책임자에게는 꼭 필요한 존재였다. 지방 행정 책임자가 한 지방에서 오래 있지 못하고 다른 곳으로 옮겨 다녀야 했기 때문에 특히 그랬다. 스예의 임명권자는 지방 행정 책임자였지만 스예는 행정 책임자가 바뀌더라도 계

저우가 태어나
생활한 고향 집의 방

속 근무하는 경우가 많았다. 스예는 대개 과거 시험의 첫 단계이자 지방 정부가 시행하는 초시에 합격한 수재 자격을 갖고 있으므로 지방에서는 유지로 여겨졌다. 또 스예 중에는 지역의 행정 책임자인 즈셴(知縣)에 오른 사람도 적지 않았다. 화이안에서 스예를 지낸 저우의 할아버지도 지금은 롄윈강(連雲港)으로 불리는 하이저우(海州)에서 즈셴을 지냈다.

스예는 가업인 동시에 지역적 성격이 강했다. 스예를 양성하는 전문 기관이 없었기 때문에 특정 지역을 기반으로, 주로 가족 간의 네트워크로 지식과 기술이 전수되었다. 한 지역이나 가문에서 한 번 스예가 나오면 이후 대를 이어 스예가 배출되곤 했다. 사오싱이 바로 그런 지역이었다. '사오싱 스예'라는 말이 있을 정도로 사오싱 출신 중에는 스예로 일한 사람들이 많았다. 저우 집안도 스예 가문이었다. 사오싱에 살던 저우언라이의 고조할아버지가 스예가 된 후 증조할아버지가 그 뒤를 이었다. 이들이 후손들에게 지식을 전수하고 직장을 알선해서 많은 후손들이 스예로 일하게 되었다.

네트워크가 중요했기 때문인지 스예는 혼맥으로 이어지기도 했다. 스예와 사돈을 맺은 집안에서도 스예가 배출되거나, 스예 집안 끼리 결혼을 하는 경우도 많았다. 저우언라이의 생모인 완 씨의 집 안도 스예 가문으로 저우언라이의 외할아버지가 9년 동안 화이안 에서 멀지 않은 칭허(淸河)에서 즈셴으로 일했다. 저우언라이의 양 모인 천(陳) 씨의 집안도 스예가 가업이었다.

다른 지방에서 근무하다가도 일이 끝나면 다시 고향으로 돌아 와서 가족과 함께 여생을 보내는 것이 스예 가문에서는 일종의 전 통이었다. 대가족이 함께 살 수 있도록 큰 집을 지었던 것도 그런 이유 때문이었다. 저우가 태어난 고향 집도 서른세 칸짜리 큰 집이 었다. 방이 열여덟 개쯤 되었는데 두세 개 정도의 크고 작은 방들 이 별채처럼 만들어져 있어서 대여섯 가족들이 같은 울타리 내에 서 함께 생활하기에 크게 불편하지 않았다. 저우언라이 가족은 부 모, 삼촌, 유모가 같은 울타리 내의 별채에서 따로 생활했다. 작은 규모의 서당도 따로 있었다.

저우가 태어났을 때 중국은 안팎으로 매우 혼란스러웠다. 아편 전쟁과 태평천국 운동을 겪으면서 크게 흔들리기 시작한 청조는

19세기 후반 이후로는 이미 회복 불가능한 상태로 쇠락의 늪에 빠져들었다. 북쪽에서는 청일 전쟁에 승리한 대가로 대만과 랴오둥(遼東)반도를 차지한 일본이 한반도를 발판 삼아 만주 지역으로 진출할 계획을 구체화하고 있었다. 남쪽에서는 홍콩에 기지를 둔 아시아 함대가 개전 몇 시간 만에 스페인 함대를 격파하며, 필리핀을 식민지로 만든 미국도 서구 열강들이 벌이는 약육강식의 전쟁터에 뛰어들 태세였다.

중국 내의 상황도 어수선했다. 서 태후가 변법개혁을 시도한 광서제를 중난하이의 외딴 섬에 유폐한 것도, 캉유웨이(康有爲)와 량치차오(梁啓超) 등 반란의 주역들이 일본으로 망명해서 양무와 자강의 꿈이 백일천하로 끝났던 것도 저우가 태어난 무술년의 일이었다. 이를 계기로 서양의 과학 기술과 정치 제도를 중국에 접목시키려 했던 어중간한 개혁에 실망한 지식인들 사이에서 혁명만이 중국을 구할 수 있다는 목소리가 나오기 시작했다. 베이징 대학이 세워진 것도 저우가 태어난 것과 같은 해의 일이었다. 현대적 인재 양성을 목표로 한 변화의 일부였다.

저우의 집안도 나라 안팎의 사정 못지않게 어려웠다. 저우가 태어났을 당시에는 가세가 이미 기울대로 기울어진 후였다. 그런대로 괜찮았던 살림도 할아버지가 세상을 뜬 이후에는 현상 유지조차 힘들어졌다. 청렴했던 할아버지가 남겨놓은 재산은 집 한 채가 전부였다. 논이나 밭은 없었고 네 명의 아들도 집을 떠났거나 무능하거나 병약했다.

집안에서 제일 똑똑했던 저우의 큰아버지 저우이경(周貽賡)은 일자리를 찾아 일찍 동북 지방으로 떠났다. 둘째인 저우의 부친, 저우이녕(周貽能)은 성실하고 마음씨 좋은 호인이었지만 능력은 별로 없었다. 집에 있는 시간보다 밖에서 떠도는 시간이 더 많았고 벌이가 신통치 않아 살림에 큰 도움이 되지도 못했다. 게다가 술을 좋아해서 얼마 되지 않은 수입은 술값으로 쓰기 바빴다. 작은 삼촌 저우이쿠이(周貽奎)는 반신불수여서 경제 활동이 어려웠다. 막내 삼촌 저우이간(周貽淦)은 오랫동안 폐병으로 투병 중이었다. 자식이라도 있으면 도움이 될까 싶어 생후 6개월을 겨우 넘긴 조카 저우언라이를 양자로 들였지만 병세는 나아지지 않았다. 결국 저우이간은 스무 살을 갓 넘긴 젊은 나이에 세상을 떴다.

저우를 기른 어머니들은 자란 환경이나 성격이 달랐다. 생모인 완 씨는 독학으로 겨우 글을 깨친 수준이었지만 밝고 서글서글한 성격에 영리하고 과단성 있는 여장부 타입이었다. 완 씨의 친정아버지는 부인을 여럿 두고 자식도 서른두 명이나 두었다. 가족의 수를 모두 합치면 수십 명이었다. 이렇듯 대가족 가운데서 자란 생모 완 씨는 사교성이 좋고 현실 판단력이 뛰어났다. 같은 항렬의 사촌 자매들 중 열두 번째였던 그를 집안에서는 '열두 번째 아줌마'라고 불렀다. 식구들이 워낙 많다 보니 집안에는 다툼이 많았고 그럴 때마다 이 '열두 번째 아줌마'가 나서서 해결사 역할을 딱 부러지게 해냈다.

양모 천 씨는 생모 완 씨와는 대조적이었다. 청빈한 선비 집안의 무남독녀로 어려서부터 글을 배워 매우 박식했다. 외유내강의 성격이었고, 집에서 글을 읽거나, 그림, 서예로 시간을 보냈다. 천 씨는 혼인한 지 1년 만에 홀로 남게 되자 외부 출입은 일절 끊은 채 오로지 저우의 교육에만 정성을 쏟았다. 어린 저우도 하루 종일 그의 곁을 떠나지 않고 학업에 열중했다. 그 덕분에 저우는 어려서부터 고전들을 많이 읽었다.

저우에게는 세 번째 어머니도 있었는데, 바로 유모 장장(蔣江) 씨였다. 장장 씨는 이웃 마을에 사는 이였는데, 생모인 완 씨나 양모인 천 씨와 다른 점들을 갖고 있었다. 서민 출신이라 가난했으며 신분과 지식이 두 어머니들과 비교할 바가 아니었다. 하지만 인정 많고 구수한 성격으로 어려운 집안에 웃음과 활기를 불러넣어 주곤 했다. 특히 저우의 두 어머니가 모두 일찍 세상을 떠나자 저우를 친자식처럼 아끼고 돌봐 준 사람이 유모 장장 씨였다. 저우가 톈진에서 중학교를 다닐 때에도 톈진까지 와서 저우를 만났을 정도로 저우를 각별히 챙겼다.

저우는 이들 세 어머니로부터 각기 다른 의미에서의 큰 영향을 받았다고 한다. 씩씩하고 서글서글하고 사교적인 성격, 지적이고 차분한 내성적 성격을 각각 생모와 양모로부터 물려받았고, 유모에게서는 봉건 사회에서 서민의 생활이 어떤 것인지를 배웠다고 한다. 저우에게 생명을 준 사람이 생모 완 씨였고 지식을 가르친 사람은 양모 천 씨였다. 유모 장장 씨는 저우에게 서민의 애환에 대한 눈을 뜨게 해 주었던 것이다.

어린 시절의 저우는 매우 총명했고 학문에 대한 열의와 재능도 대단했다. 한번 읽으면 바로 이해했고 배운 것은 잊어버리는 일이 없었다. 기억력이 비상했을 뿐 아니라 예의 바르고 남에 대한 배려심도 남달랐다. 집안과 이웃 어른들에게는 순종적이었고, 동생들에게는 자상했다. 어린 나이에도 유교적 전통이 몸에 배어 있었다. 비록 몰락한 집안이었지만, 저우는 스예 집안의 전통을 잇는 '마지막 스예'라 부를 만했다.

저우는 여섯 살 되던 해에 고향을 떠나 생모 완 씨의 친정인 칭허로 가서 약 4년 동안 살았다. 양모 천 씨와 두 동생들도 함께 갔다. 칭허에 살다가 도중에 양모의 친정인 바오잉(保應)에서도 잠시 살았지만 곧 다시 칭허로 돌아왔다. 이때 이미 생모과 양모는 폐결핵을 앓고 있었는데, 이는 당시에는 불치병으로 여겨졌다. 결국 한 해 간격으로 두 사람 모두 칭허에서 세상을 떠나고 말았다. 당시 저우는 열 살이었고 둘째는 여덟 살, 그리고 막냇동생은 겨우 네 살이었다.

저우가 외가로 이사를 가게 된 것은 생각지도 않았던 복권 소동 때문이었다. 저우가 화이안에 살던 시절에 저우의 아버지와 외삼촌이 함께 산 복권이 당첨된 것이다. 당첨금은 당시로는 제법 큰 돈인 1만 위안이었다. 그러나 이후 흥청망청 이를 낭비해서 오히려 빚을 지게 되었다. 결국 집안 식구끼리 다투는 일까지 생겨 저우의 생모가 식구들을 데리고 친정으로 피난을 갔던 것이다. 이는 1964년 8월 저우가 조카딸에게 털어놓은 집안의 숨겨진 이야기였다. 『저우언라이 가세(周恩來家世)』에도 이 이야기가 비교적 상세하게 기록되어 있다. 이 일 때문인지는 몰라도 저우가 총리가 된 이후 제일 먼저 한 일 중 하나가 복권을 없앤 것이다. 어린 시절 저우가 겪었던 복권 소동은 어린 마음에 큰 상처를 남겼던 것 같다.

저우는 생모는 외가 칭허의 선산에 묻고, 양모의 시신은 운구해서 고향으로 돌아왔다. 양모를 양부 저우이간의 옆에 묻어 준 저우는 고향 집에서 두 동생들과 함께 매우 힘든 생활을 해야 했다. 두 모친의 장례를 치르면서 많은 돈을 써서 집안 형편이 어려워진 데다 잦은 제사와 집안의 경조사를 챙기느라 생활이 걷잡을 수 없이 곤궁해졌다. 집의 방을 내주고 세를 받기도 했지만 충분하지 않았다. 집에 남아 있던 물건 중 돈 될 만한 것들은 전당 잡히며 겨우 연명해 나갔다. 훗날 저우가 회고하기로는 당시에 가난 자체보다도 전당포에 들락거리면서 아는 사람들을 만나는 것이 더 괴로운 일이었다고 한다.

절망에서의 탈출

가난 속에서 어렵게 살아가던 저우에게 구원의 손을 내민 것이 큰아버지 저우이경이었다. 1910년 봄 저우가 열두 살 되던 해의 일이다. 펑텐(奉天, 지금의 선양(瀋陽))에서 지방 정부의 하급 관리로 일하던 큰아버지가 저우를 자신이 살고 있던 동북 지방으로 오게 했다. 자식이 없던 큰아버지는 조카인 저우가 고향에서 힘든 생활을 하고 있는 것을 안타깝게 생각하고 있었다. 그러던 중에 사촌 동생이 장시성으로 출장 갈 일이 생기자 돌아오는 길에 고향에 들려 저우를 동북으로 데려오게 했다. 고향에서 비참한 생활을 하고 있던 저우에게 이는 절망으로부터의 탈출이었고 새로운 미래를 향한 도약이었다.

동북으로 온 저우는 처음에는 오촌 아저씨가 살고 있던 톄링(鐵嶺)으로 갔다. 이곳의 인강서원(銀崗書院)에서 1년 동안 공부했다. 그러다가 큰아버지가 살고 있던 펑텐에 현대식 교육 기관인 둥관(東關) 모범 학교가 생기자 그곳으로 옮겨서 2년간 다녔다. 그 후 큰아버지가 직장을 톈진으로 옮기면서 1913년 8월부터는 톈진의 명문 난카이 중학교에서 공부하게 되었다. 4년의 중학교 과정을 정식으로 마친 저우는 1917년 6월에 졸업했다. 고향을 떠난 지 만 7년 만의 일이었다. 이때 저우의 나이 열아홉으로 바야흐로 청년기에 접어들 시기였다.

중학교 시절의 저우는 작문에서 뛰어난 재능을 보였다. 난카이 중학교 재학 3년 동안 발표한 글이 300여 편으로 글자 수로 따지면 13만 자나 되었다. 작문 성적은 항상 전교 1등이었다. 둥관 모범 학교 개교 2주년을 기념해서 지은 감상문은 1912년 10월 상하이 다둥 출판사가 펴낸 『전국 중학생 우수 작품 선집』에 실리기도 했다. 난카이 중학교 개교 10주년 기념 작문 대회에서는 최우수상을 받았고 난카이 중학 3학년 때에는 교내 주간지 《교풍》의 창간을 주도했다. 탁월한 글 솜씨에 기획력까지 있었음을 알 수 있다.

또한 '경업군락회(筍文郡樂會)'라는 학생 조직을 만들고 이를 주도적으로 이끌어 나갔다. 경업군락회에는 문학, 예술, 연극, 체육 등 여러 분야의 산하 조직들이 있었는데 저우는 연설, 연극, 체육 분야에서 열심히 활동했다. 연설반 부반장을 했고 연극반에서는 주연을 맡아 여러 차례 공연도 했다. 난카이 중학교 개교 11주년을 맞아 「일원전」이라는 연극을 상연했는데, 난카이 중학교는 남자 학교여서 모든 역할을 남학생들이 맡아야 했다. 저우가 여주인공 역을 맡았는데 매우 큰 인기를 끌었다.

톈진시청에서 계장급 관리였던 큰아버지의 수입은 많지 않았고, 생활은 어려운 편이었다. 그래서 저우는 2학년 때부터는 학교 장학생으로 선발되어 등록금을 면제받았고 학교에서는 등사 일을 도와주거나 현수막을 만드는 등의 소일거리로 생활에 힘을 보태야만 했다. 기숙사 식당의 밥값은 비싸서 학교 앞의 거리에서 파는 음식으로 식사를 해결하는 일도 많았다. 그러나 가난은 결코 저우의 곁을 떠나지 않았다. 저우는 주말에도 주로 학교에서 지냈으며, 계절의 변화에 관계없이 한두 벌의 옷으로 버티면서도 빨래를 자주 해서 항상 차림새는 깨끗하게 유지했다.

저우와 같은 해에 입학한 학생은 78명이었고, 이 중 28명이 저우와 함께 졸업했다. 저우의 졸업 성적은 89.72점으로 1등이었다. 저우는 졸업생 대표로 졸업식의 답사를 했다. 난카이 중학교의 학적부는 저우에 대해 다음과 같이 기록하고 있다. "성격이 착하고 성실함. 감성이 풍부하고 동료들을 잘 도우며 우애가 깊음. 가정이 빈곤하여 학비를 제때 내지 못하고 고생하면서도 능력이 있고 예술에 재능이 있음. 연설을 잘하고 문장력이 출중하고 수학 성적이 우수함."

난카이 중학교를 졸업한 후 저우는 바로 일본으로 건너갔다. 소련에서 볼셰비키 혁명이 터지기 두 달 전쯤인 1917년 9월이었다. 저우가 일본으로 간 것은 난카이 중학교의 창립자인 옌슈의 영향이 컸다. 물론 당시 중국에서 일본에 대한 관심이 높은 점도 있었을 것이다. 평소 저우에 대해 각별한 애정과 관심을 갖고 경제적으로도 많은 도움을 주었던 옌슈는 자신의 아들 네 명을 모두 일본에 유학시킬 정도로 일본에 대한 관심이 컸다. 장남은 도쿄 고등 사범 대학, 차남은 도쿄 공대, 삼남은 도쿄 의과 대학, 막내는 도쿄 미술 대학을 다녔다. 그런 옌슈였으므로 졸업 후의 진로를 놓고 고민하던 저우에게 일본 유학을 추천한 것은 어쩌면 당연한 일이었다.

옌슈는 저우가 일본 국립 대학으로부터 입학 허가를 받고 국비 장학생이 되라고 권했다. 가정 형편이 어려웠던 저우는 옌슈의 추천을 기꺼이 받아들였다. 1917년 9월, 톈진에서 배를 타고 떠난 저우는 고베(神戸)에 도착했다. 이후 저우는 대입 예비 학교에도 다니는 등 나름대로 열심히 준비했다. 그러나 막상 일본에 간 저우는 일이 생각대로 풀리지 않아 고생을 많이 했다. 이듬해 3월과 7월에 최고의 명문으로 꼽히던 도쿄 고등 사범과 도쿄 제일 고등의 입학 시험을 치렀지만 낙방이었다. 일본어 성적이 나빴던 것이 가장 큰 원인이었지만 여러 가지 사정으로 공부에 집중하지 못기도 했다.

일본에 도착한 저우는 얼마간 문화적 차이에 적응하지 못해 고생했다. 외국에 혼자 살면서 외로운 데다가 일본어도 서툴러 많은 불편을 겪었다. 일본 체류 초기에 친구들에게 보낸 편지를 보면 이때의 저우는 허무주의에 빠진 것처럼 보일 정도로 방황하는 모습을 보인다. 이렇듯 어려움을 겪은 저우는 도쿄의 난카이 중학교 동창 모임에 자주 나가 모교 동창들과 어울리면서 향수를 달래기도 했다. 중국인 학생들의 항일 시위에도 열심히 참가했다. 특히 일본에 도착한 이듬해 5월에 난카이 중학교와 톈진 법정 학교 졸업생들이 중심이 되어 만든 '신중국 학회'에 가입한 저우는 학회에서 주최하는 행사에는 빠지지 않고 열심히 참가했다. 정치적 문제에 관심이 많았던 저우는 이런 행사에서 고향 친구들을 만나 향수를 달래고 대학 입시에 대한 강박에서 벗어나려 했던 것 같다.

경제 사정도 어려웠다. 옌슈와 친지들의 도움에 의존해야 했던 저우는 항상 생활비가 부족했다. 한 곳에 오래 머물지 못하고 싸구려 하숙방이나 친구의 집에서 신세 지면서 떠돌이 생활을 할 때가 많았다. 밥도 거리에서 싼 음식을 사먹었고 아침을 먹지 않고 하루에 두 끼만 먹고 지내는 날들도 적지 않았다.

고향에서 들려오는 소식도 실망스러웠다. 저우는 일본에 있는 동안 고향에 남아 있던 동생 저우언서우(周恩壽)와 편지를 주고받았고, 난카이 시절의 친구들과도 부지런히 연락을 취했는데, 이들이 전해주는 소식은 맥 빠지는 것들이 대부분이었다. 특히 도쿄에 도착한 이듬해 1월 초에 그동안 고향에서 병으로 고생하던 작은 삼촌 저우이쿠이가 세상을 떠났다는 소식을 접하자 저우는 매우 비통해했다. 일본 체류 중에 저우가 쓴 일기를 보면, 삼촌이 세상을 떠났는데도 머나먼 이국 땅 일본의 좁은 방에 향을 피워 놓고 절하는 것 외에는 아무 것도 할 수 없는 자신의 무기력한 모습에 대한 좌절과 울분이 잘 나타나 있다.

이렇게 힘들고 실망스러운 일들이 많았지만 일본에서 보낸 1년 8개월은 저우에게 헛된 시간이 아니었다. 비록 대입 시험에는 떨어졌지만 어느 정도 일본어를 구사할 수 있게 되어 일상적 대화도 제법 할 수 있게 되었다. 또 메이지 유신 이후 빠르게 근대화의 길을 걷고 있던 일본의 발전상도 직접 목격할 수 있었다. 물론 군국주의의 길을 향해 가는 일본이었지만 부국강병의 꿈을 이루고 있던 일본의 모습은 조국의 장래를 걱정하던 젊은 저우에게 큰 자극이 되었다.

저우에게 중요한 것은 무엇보다도 이때에 사회주의 사상에 눈을 뜨기 시작했다는 것이다. 저우가 도쿄에 있을 당시 일본에서는 사회주의에 대한 관심이 높아지고 있었다. 가와카미 하지메(河上

肇), 고토쿠 슈스이(幸德秋水), 사카이 도시히코(堺利彦) 같은 진보 성향의 학자들이 사회주의 이론을 적극적으로 소개하고 있었다. 대학과 서점에서도 이들의 강의와 저서들이 인기를 끌었다. 그중에도 저우에게 제일 큰 영향을 끼친 사람은 가와카미 하지메였다.

독일에서 공부를 마치고 귀국한 후 1908년에 교토 제국 대학 법학부에서 강의를 시작해 1915년에 정교수가 된 가와카미는 사회주의 이론의 대가로 평가받고 있었다. 특히 1916년 9월 11일부터 12월 26일까지 약 100일 동안 53회에 걸쳐 《아사히 신문》에 연재했던 그의 『가난 이야기』는 이듬해 3월 단행본으로 출판되어 2년 동안 30쇄를 펴내는 대기록을 세울 정도였다.

저우도 가와카미의 글을 열심히 읽고 그의 강연도 들었다. 뿐만 아니라 가와카미가 재직하고 있던 교토 대학에 가서 그의 강의를 정식으로 청강하려 했을 정도로 그에 대한 관심이 높았다. 물론 사회주의에 대한 관심은 그때가 처음은 아니었다. 당시 중국의 젊은 이들 대부분이 그랬듯이 저우는 일본에 가기 전부터 진보적 사상에 관심이 많았다. 중국에서 진보적인 책들을 읽었고, 궁인쑨(龔隱蓀), 쩌우룽(鄒容), 가오거우(高戈吾), 천쯔스(陳子式) 같은 급진 개혁을 지향하는 인물들을 만나기도 했다.

그러나 이 당시에 사회주의에 대한 저우의 관심은 호기심 수준을 크게 벗어나지 못했다. 중국에서는 마르크스나 레닌의 저서들이 본격적으로 번역되기 전이었기 때문에 공산주의나 사회주의 관련 서적들은 구하기 힘들었다. 그러던 저우는 일본에 와서 가와카미 같은 인물들의 책을 읽으면서 사회주의에 대해 본격적으로 관심을 갖게 되었고, 당시로서는 수준급의 지식도 갖추게 되었던 것이다.

5·4 운동과 각오사

저우는 1919년 4월 난카이 대학에 입학하기 위해 톈진으로 돌아오 자마자 정치적 소용돌이 속으로 빠져들었다. 반제국주의를 기치로 하는 5·4 운동의 뜨거운 열기가 온 중국을 뒤덮고 있었고 저우는 그 열기 속으로 빠르게 휩쓸려 들어갔다. 마치 오래 기다렸던 일 인 것처럼 저우의 행동에는 주저함이 없었다. 9월에 난카이 대학 에 정식으로 입학해 92번이라는 학번도 받았지만 곧 시위에 가담 했다는 이유로 제적당하자 그 후부터는 아예 학업을 포기하고 직 업 운동가 이상으로 열심히 반정부 활동에 몰두했다.

베이징과 톈진을 오가며 학생 운동 연합체를 만들었고 며칠씩 베이징에 머물면서 베이징 대학 교수이자 훗날 중국 공산당의 창 당 과정에서 핵심적 역할을 한 천두슈(陳獨秀)와 리다자오(李大釗), 훗날에 자신의 정치적 경력에서 각별한 인연을 맺게 되는 장선푸 (張申府) 등의 전국적인 진보 계열 인물들과도 가까워졌다.

일본에서 돌아온 저우가 톈진 지역에서 했던 많은 일 중에 특히 빼놓을 수 없는 일은 '각오사(覺悟社)'를 만들어 반정부 운동을 주도했던 일이다. 각오사는 사교 모임이 아니었다. 정치적 성격이 강한 소수 엘리트들의 비밀 결사체에 가까웠고, 적어도 스스로는 그렇게 자부하고 있었다. 회원은 스무 명으로 남녀 동수였다. 모두 비밀 준수를 서약하고 이름 대신 암호를 사용하기로 했다. 사용할 암호는 추첨으로 정했는데 저우는 5번을 뽑아 '우하오'가 되었다. 나중에 저우가 자주 사용했던 이름인 '우하오'가 이때 만들어진 것이다. 1번 '이하오'는 연설반장이자 나이가 가장 어린 덩원수(鄧文淑)였다. 덩원수가 바로 5년 뒤 저우의 아내가 된 덩잉차오인데, 덩원수란 이름은 이후 공산당원이 되면서 개명하기 전까지 그가 사용했던 이름이다.

각오사가 한 일 중에 가장 대표적인 것은 일본이 제출한 21개 요구에 항의하며 벌인 반정부 활동이었다. 독일이 1차 대전에서 패하자 일본은 산둥(山東)반도를 위시해 중국에서 독일이 가지고 있던 이권을 차지하겠다는 이른바 21개 요구 조건들을 내놓았다. 이에 반대하는 톈진 지역 학생들이 거리로 뛰쳐나와 격렬한 시위를 벌이자 성 정부는 휴교령을 내리고 무자비한 탄압으로 맞섰다. '1·29 유혈참안'(流血慘案)으로 알려진 이 사건을 주동한 혐의로 몇몇 각오사 회원들이 체포되었다. 그러자 이 운동을 주도했던 저우가 경찰에 자진 출두해서 구속되었다. 이후 6개월만에 저우를 비롯한 학생 대표들은 불기소 처분으로 석방되었다.

이 사건은 저우의 일생에서 매우 중요한 전환점이 되었다. 저우 자신의 말을 빌리면 이때 감옥에 있던 저우의 마음속에서 '사상이

진동했고 마음속에 혁명의 싹들이 터졌다'고 한다. 저우의 마음속에서 진동한 사상이 어떤 사상이었고, 싹튼 혁명이 어떤 성격의 혁명이었는지는 확실하지 않다. 그러나 일본에 있는 동안 사회주의에 대해 본격적인 관심을 갖게 된 저우가 톈진으로 돌아와서 반제국주의 운동에 깊이 뛰어들었고, 이 때문에 감옥 생활까지 하게 되면서 사회주의 혁명이 중국의 미래라는 생각을 하게 되었다고 해석할 수 있다. 비록 정제된 이론을 바탕으로 수용한 사회주의는 아니었지만, 저우는 5·4 운동 전후로 중국 전역을 거세게 집어삼킨 반제국주의적 민족주의를 사회주의와 동일시하며, 사회주의가 중국을 구할 수 있는 유일한 이론적 탈출구라는 생각을 굳히게 된 것으로 볼 수 있다.

감옥에서 나온 저우는 얼마 후 근공검학 프로그램 학생들을 태운 배를 타고 프랑스로 떠났다. 프랑스로 떠나게 된 것은 저우가 출옥을 앞두고 있을 당시에 만난 친구의 영향도 컸다. 1920년 6월 초 어느 무더운 날에 근공검학으로 프랑스 유학을 떠나는 난카이 중학교 시절의 친구 리위루(李愚如)가 작별 인사차 감옥으로 저우를 면회하러 온 것이다. 저우가 석방을 앞두고 자신의 장래 문제에 대해 깊이 고심하고 있던 때였다.『저우언라이 연보』에 의하면 면회실에서 리위루가 곧 파리로 떠난다고 말하자 저우가 즉석에서 시를 하나 지어 주었다고 한다. '3개월 후에 마르세유나 파리 교외에서 너를 만날 수 있을지 모른다'는 내용이었다. 저우가 프랑스로 떠나는 친구의 이야기를 듣고 자신도 프랑스로 가기로 마음을 정했음을 시사해 주는 대목이다.

실제로 저우는 그로부터 5개월 후인 11월 7일 상하이를 출발해서 한 달 넘는 항해 끝에 12월 13일 마르세유에 도착했다. 일본에서 1년 8개월 동안 실망과 좌절을 경험한 그가 톈진으로 돌아와서 학업을 포기한 채 반정부 시위운동에 거의 모든 시간과 정열을 쏟아부은 지 18개월 만에 낯선 땅 유럽에서 사회주의 혁명가로서 새로운 도전을 시작한 것이다. 감옥에서 터진 혁명의 싹을 키워 본격적인 혁명가의 길을 향해 첫 발걸음을 내디딘 것이다.

근공검학과 공산당 가입

1920년 12월 13일 저우를 태운 2만 톤 급 우편함 포르토스호가 상하이를 출발해서 말라카 해협과 지중해를 거쳐 목적지 마르세유 항에 도착했다. 상하이를 떠난 지 36일 만이었으며, 1만 6000킬로미터에 달하는 거리를 항해한 길고 지루한 여행이었다. 항해 기간 중에 저우를 포함한 197명의 제15기 근공검학단 학생들은 10층 높이의 배 맨 밑 화물칸에서 새우잠을 자야 했다. 저우는 대부분의 시간을 갑판 위에서 보냈다. 갑판 위에 서서 끝없이 펼쳐지는 바다와 그 위를 나는 갈매기를 바라보면서 자신과 조국의 미래에 대해 깊은 생각에 잠기곤 했다. 배가 베트남과 싱가포르, 인도의 캘커타 등지에 기착할 때마다 그곳과 중국을 비교하며 주위의 동료들과 함께 조국과 민족의 앞날을 걱정했다. 일행 중에는 각오사 동지 궈룽전(郭隆眞)과 장뤄밍(張若茗)을 비롯해 난카이 중학교 시절 가까이 지냈던 동창들도 여러 명 있었다.

여기서 한 가지 주목할 점은 저우가 근공검학단에 끼어 있기는 했지만 중불 교육회에서 돈을 받는 장학생은 아니었다는 점이다. 실제로 그가 유럽에 체류하는 동안 중불 교육회의 장학금을 받았다는 주장을 뒷받침할 수 있는 자료는 없다. 그가 처음 유럽에 도착했을 때 프랑스가 아닌 영국의 대학에서 공부할 계획을 세웠다는 점과 프랑스에 있을 때에도 대학에 적을 두고 공부를 하거나 공장에서 일을 한 적이 없었다는 점도 그가 중불 교육회 장학생이 아니었다는 주장을 뒷받침해 준다.

중불 교육회의 지원을 받는 학생들은 원칙적으로 프랑스로 거주지가 제한되었을 뿐 아니라 학교에 등록하지 않으면 장학금을 받지 못했고 심한 경우에는 중국으로 송환되기도 했다. 만일 저우가 근공검학 장학생이었다면 독일이나 벨기에 등 여러 곳을 마음대로 다니지 못했을 것이고, 프랑스 대학의 학적이 없었기 때문에 오래 버티지 못하고 본국으로 추방되었을 것이다.

저우는 톈진을 떠나기 전에 난카이의 창립자이자 자신의 후원자였던 옌슈로부터 자신이 옌슈 장학생으로 선발되었다는 소식과 함께 500위안을 받았다. 이 돈으로 뱃삯 등을 내고 나머지는 첫 해 생활비 등으로 사용했다. 저우는 옌슈 장학금 이외에도 톈진에서 발행되는 신문인 《이스바오(益世報)》의 통신원으로 받는 원고료 수입이 있었다. 실제로 유럽에 있는 동안 저우는 《이스바오》에 많은 기사를 실었다. 1921년부터 1922년까지 1년 동안 57건의 기사를 게재했다. 일주일에 하나씩 기사를 실은 셈인데 이는 상주 특파원 이상의 수준이었다. 또 저우는 1923년부터는 사실상 중국 공산당 유럽 지역 책임자였고 당으로부터 상당 액수의 금전적 지원을 받고 있었던 것으로 추측된다. 이러저러한 이유로 저우는 유럽에 있는 동안에는 재정적 문제로 크게 고민하지는 않았던 것으로 보인다.

파리에 도착한 저우는 예상보다 오래 파리에 머물렀다. 원래는 파리에서 바로 런던으로 갈 계획이었지만 오랜 여행과 낯선 이국 풍토 때문인지 파리에 도착하자마자 병이 난 것이다. 그래서 유럽에 도착한 뒤 두 주 정도 파리에 있는 난카이 시절의 친구 집에 머물렀고, 1921년 1월 5일 런던에 도착했다. 저우의 처음 목적은 옌슈가 영국 주재 중국 공사에게 써준 추천장으로 런던의 대학에 입학하는 것이었다. 그러나 저우는 런던에서 오래 머물지 않고 곧 에든버러로 떠났다. 런던의 생활비가 너무 비싼 데다가 에든버러 대학에서는 영어 시험만 합격하면 입학을 허가해 주겠다고 했기 때문이다.

그러나 저우는 에든버러에도 오래 있지 못하고 1921년 2월 초, 약 5주만에 다시 파리로 돌아갔다. 에든버러 대학 입학을 위한 영어 시험이 9월에야 있었고, 학기의 시작도 10월이었기 때문에 7개월 가까이를 마냥 기다려야 하는 것이 저우에게 힘든 일이었다. 게

다가 파리에 비해 런던이나 에든버러의 생활비가 훨씬 비싸기도 했다. 당시 런던은 생활비가 연평균 200파운드로 파리의 두 배였다. 에든버러는 저우에게 너무 조용하고 심심한 곳이기도 했다. 영국에는 중국 유학생이 200명 정도에 불과했지만 파리에는 2000명이나 있었다. 저우는 톈진 《이스바오》에 자주 기사를 써 보내기도 해야 했기에 여러모로 에든버러 보다는 파리가 좋을 수밖에 없었다.

파리로 돌아온 저우는 다시는 에든버러로 돌아가지 않았다. 처음에는 봄과 여름을 파리에서 보낸 후 다시 에든버러로 돌아가서 입학시험을 보고 공부를 계속할 생각도 했지만 막상 파리에 온 저우는 그곳을 근거지로 3년 6개월 동안 바쁘게 지냈다. 톈진의 감옥에서 결심했던 유학의 꿈은 포기한 채, 1924년 7월 귀국할 때까지 중국 학생들의 반정부 시위를 주도하고 유럽 중국 공산주의 청년단을 결성하는 등 중국 공산당 당원으로서 본격적인 혁명가의 길을 걸었다. 영국에서 돌아온 지 얼마 되지 않아 파리에서 장선푸와 류칭양(劉淸揚) 부부를 만난 게 그의 인생의 항로를 통째로 바꿔 놓은 것이다.

1920년 12월 27일, 저우보다 5살 연상으로 마오와는 동갑이었던 장선푸가 파리에 도착했다. 그는 1920년 10월 리다자오와 함께 공산주의 베이징 소조(小組)를 창설한 인물이었다. 당시 유럽에는 소련에서 볼셰비키 혁명이 성공한 후 무정부주의, 길드 사회주의, 페이비언 사회주의 등 각종 진보 이데올로기가 난무하고 있었다.

물가가 오르고 실업자는 증가했다. 광산 노조의 파업이 그치지 않아 사회적 불안이 심화되고 있었다. 그 틈을 이용해 소련이 코민테른을 통해 사회주의 혁명의 확산을 추진하고 있었다. 1920년에 프랑스 공산당이 창당되었고 이듬해 4월 영국에서는 100만 명의 노동자들이 참가한 대규모 시위도 있었다.

이런 분위기 속에서 프랑스에 있던 중국 학생들 사이에 공산주의에 대한 관심이 빠르게 확산되자 국내에서 공산당 창당을 준비하고 있던 천두슈와 리다자오가 유럽 지부를 만들기로 하고 그 책임자를 찾기 시작했다. 그때 나타난 사람이 장선푸였다. 베이징 대학 교수로 있던 장선푸는 중불 교육회가 프랑스 리옹에 세울 불중 대학 교수로 내정되어 부임할 준비를 하고 있었다. 장선푸는 같은 베이징 대학 교수였던 천두슈와 리다자오와도 가까운 사이였다. 장선푸는 여러모로 중국 공산당 유럽 지부 창설을 맡기에 적합했고 이 임무를 위해 파리로 간 것이었다.

저우가 장선푸와 류양칭 부부를 파리에서 처음 만난 것이 정확히 언제인지는 확실하지 않다. 『저우언라이 연보』에는 1922년 3월 초, 저우가 이들 부부와 함께 프랑스에서 독일로 가서 베를린 남쪽 교외의 작은 집을 빌려 같이 살기 시작했다는 기록만 있을 뿐 이전의 관계에 대한 언급은 없다. 저우가 이들 부부를 만나 같이 중국 공산당 유럽 소조 결성을 위해 협력하기 시작한 것은 저우가 에든버러에서 파리로 돌아온 1921년 2월 초일 가능성이 높다. 물론 장선푸 부부가 파리에 도착한 시기는 저우가 처음 파리에 도착한 직후이기도 해서 이때 만남을 가졌을 수도 있다. 하지만 저우가 파리에 도착한 직후 병치레를 하며 친구의 집에서 머물다가 2주 후 런던으로 떠났다는 것을 생각하면 저우의 런던, 에든버러 방문 이후에 이들을 만났다고 보는 것이 타당할 듯하다.

장선푸와 류칭양 부부는 저우와 특별한 관계였다. 장선푸는 베이징의 진보적 지식인들 사이에서 매우 잘 알려진 장래가 촉망되는 지식인이었다. 저우도 5·4 운동 전후로 베이징에서 한두 차례 그를 만난 적이 있었다. 저우와 류칭양은 서로 잘 아는 사이였다. 류칭양은 5·4 운동 시기에 톈진 여성 애국 동지회의 회장을 맡은 톈진 여성계의 대표적 인물이었다. 류칭양은 저우와 함께 각오사를 만들고 활동을 주도하기도 했다. 이런 점들을 생각하면 중국 공산주의 유럽 소조를 결성하라는 비밀 임무를 받고 파리에 온 장선푸 부부가 저우를 우선 접촉 대상으로 선정한 것은 놀라운 일이 아니었다.

저우의 공산당 입당 시기에 대해서는 이견이 있다. 저우가 1922년에 입당했다는 주장이 있고, 저우 자신도 그의 입당 시기를 1922년이라 말한 적이 있다. 그러나 1985년에 중국 공산당 중앙 조직부는 저우의 입당 시기를 1921년 봄으로 확정했다. 덩샤오핑의 딸 덩룽(鄧鎔)도 당의 미공개 기록을 인용해서 저우가 1921년 3월 파리에서 장선푸, 류칭양, 자오스옌(趙世炎), 천궁페이(陳公培)와 함께 '공산주의 유럽 5인 소조'를 결성했다고 말한 바 있다.

저우가 스스로 자신의 입당 시기를 1922년이라고 한 것은 아마도 1921년 3월 파리 공산주의 소조가 결성되었을 당시에는 조직의 존재가 비밀이었고 저우가 당원이라는 사실도 비밀이었기 때문일 가능성이 높다. 이 가설은 저우가 장선푸와 류청양을 만난 것이 1921년 2월, 즉 그가 에든버러에서 파리로 돌아온 직후였다는 주장과도 앞뒤가 맞는다. 저우는 1921년 2월 에든버러에서 파리로 돌아와 장선푸와 류양칭을 만났고 이들과 자오스옌, 천궁페이까지 다섯 명이 3월에 중국 공산주의 유럽 소조를 결성했던 것이다.

저우가 중국 공산당 유럽 지부가 아니라 공산주의 유럽 소조에 가입한 것은 당시에는 중국 공산당이 정식으로 창당되지 않았기 때문이다. 중국 공산당사 연구실이 펴낸 『중국 공산당 70년(中国共产党的七十年)』에 의하면 1921년 7월 상하이에서 창당된 중국 공산당은 1920년 후반부터 중국 국내외에서 결성되기 시작한 중국 공산주의 소조들이 그 모체가 되었다.

창당 대회에 참석한 대표들은 제일 먼저 성립된 상하이 소조를 대표한 리다자오를 비롯하여 창사 소조를 대표하는 마오쩌둥, 우한 소조를 대표하는 둥비우(董必武), 지난(济南) 소조를 대표하는 왕진메이(王盡美), 베이징 소조를 대표하는 장궈타오(張國濤), 광저우(廣州) 소조를 대표하는 천궁페이, 일본 소조를 대표하는 저우푸하이(周佛海), 그리고 광저우에 있던 천두슈 대신 참석한 바오후이승(包惠僧) 등 열세 명이었다. 일곱 개의 소조 중 여섯은 중국 내에 있었고 하나는 일본에서 결성된 해외 조직이었다.

창당 대회 당시에 유럽 소조의 성립이 중국 내에 알려졌는지는 확실하지 않다. 통신 시설이 미비했던 당시의 사정을 고려하면 중국 내에서는 유럽 소조의 성립을 몰랐을 가능성이 높다. 그러나 유럽 소조의 결성 자체는 공산당의 창당 이전에 이루어졌고, 이는 천두슈와 리다자오의 부탁에 의한 것이었기 때문에 유럽 소조도 일본 소조와 마찬가지로 창당 대회에 참석할 자격이 있었을 것이다.

그렇기 때문에 비록 창당 대회에 참석하지는 못했지만 저우도 창당 이전에 성립된 소조의 당원이었기 때문에 중국 공산당의 창당 주역의 자격이 있는 셈이다. 공산당 중앙 조직부가 저우의 입당 시기를 1921년 봄이라고 확정지은 것도 그런 의미로 볼 수 있다. 저우를 중국 공산당의 창당 멤버로 보는 것이다.

1921년은 저우의 유럽 체류 기간 중 매우 중요하고도 바쁜 해였다. 공산당 조직을 확대하는 일뿐 아니라 프랑스에 살고 있던 중국인 노동자와 유학생들을 상대로 반정부 시위를 조직하고 공산주의 이론과 사상을 선전하는 일에 혼신의 힘을 쏟았다. 당시 유럽에는 3000여 명의 중국 학생들이 체류하고 있었는데 2000여 명이 프랑스에 살고 있었다. 영국과 벨기에에 각각 200여 명, 독일에 300여 명이었다. 중국인들이 프랑스에 많이 머물고 있었던 것은 유럽 체류 중국인들의 대부분이 근공검학 프로그램으로 온 학생들이었기 때문이다.

프랑스에 살고 있던 중국인들의 생활은 매우 어려웠다. 가뜩이나 가난한 집안 출신이 대부분이었고, 공장의 노동자로 취업해 버는 돈과 중불 교육회가 보내 주는 작은 생활 보조금이 수입의 전부였기 때문이다. 이들은 프랑스에 도착하자마자 생활고에 시달려야 했다. 이후 실업 문제가 심각해져 직장 구하기가 점차 어려워졌고, 중불 교육회가 보내주는 돈마저 중단되었다. 집에서 조금이나마 여비를 가져온 몇몇 학생들도 6개월이 채 안 되어서 돈이 떨어졌다. 자격 미달 등을 이유로 입학이 거절당하거나 학비를 내지 못해 학교에서 추방당하는 학생들이 늘어나면서 중국인들 사이에 불만이 빠르게 쌓여 갔다.

프랑스에 체류하는 중국인들은 대체로 남부 루아르의 몽타르지 지역과 중부 공업 도시 그랑당에 몰려있었다. 몽타르지는 농촌 지역이어서 생활비가 쌌고, 그랑당은 공장이 많아 벌이가 괜찮았기 때문이었다. 몽타르지 지역에는 차이허썬(蔡和森), 차이창(蔡暢) 자매, 차이창의 남편 리푸춘(李富春), 리웨이한(李維漢), 왕뤄페이(王若飛), 차이허썬의 아내 샹징위(向警予) 등이 있었고 그랑당에는 자오스옌, 리리싼(李立三), 덩샤오핑 등이 있었다. 몽타르지 지역의 리더는 차이허썬이었고 그랑당 지역의 리더는 자오스옌이었다. 자오스옌과 차이허썬 사이에 묘한 경쟁심 같은 게 있어 협력이 원만하지 못했다. 몽타르지와 그랑당의 공동체 역시 이들 두 사람들을 구심점으로 서로 경쟁하는 모양새였다.

두 사람 모두 리더로서 훌륭한 자격을 갖추고 있었다. 1920년 여름에 프랑스에 도착했던 자오스옌은 출국 전에 이미 천두슈와 만나 공산주의자가 되었고 차이허썬 역시 마오쩌둥과 함께 창사에서 신민회를 만들었던 인물로 둘 다 국내에서 잘 알려진 인사들이었다. 그러나 두 사람의 성격은 대조적이었다. 차이허썬은 성격이 불같이 급해 다른 사람들과 어울리는데 문제가 있었던 반면 자오스옌은 선이 굵고 포용력이 있어 학생들 사이에서 인기가 높았다.

서로를 경쟁자로 인식하고 있어 협력이 원만하지 못했던 두 사람이 서로 손을 잡고, 그랑당과 몽타르지 지역의 중국 학생들을 하나로 뭉치는 데에는 저우의 역할이 있었다. 저우는 그랑당과 몽타르지를 오가며 두 사람을 만나 서로 힘을 합쳐야 한다고 끈질기게 설득한 끝에 자오스옌과 차이허썬을 앞세워 중국 유학생 연합회를 만들었다. 이 조직을 통해 중국 학생들을 반정부 시위 운동으로 이끌면서 공산당 조직을 확산시켰다.

1921년 6월에 일어난 차관 반대 운동은 저우의 노력이 결실을 맺은 사례로 볼 수 있다. 이 운동은 중국의 북양 정부(北洋政府)가 프랑스 정부와 비밀 교섭을 통해 차관을 들여오고 무기를 구매하려 했던 사건이 계기가 되었다. 북양 정부와 프랑스 정부 간에 비밀 협상이 진행되고 있다는 보도를 접한 저우는 중국 유학생 연합회를 중심으로 프랑스의 중국 노동자 조직인 화공회와 국제 평화 촉진 위원회, 동아시아 문제 연구회, 파리 통신사, 주간 유럽 등 6개 단체들을 모아 차관 반대 위원회를 조직했다.

부패한 군벌 정부와 이와 결탁한 프랑스 정부에 대한 불만은 프랑스에 있던 중국 학생과 노동자들을 단결시킬 수 있는 절호의 기회를 제공했다. 이 기회를 놓칠 수 없었던 저우는 6월 30일 차관 반대 위원회를 통해 300여 명의 중국인들과 파리 시내 중심가에 모여 대규모 집회를 열었다. 이 집회에는 저우를 포함하여 자오스엔, 차이허썬, 리리싼, 천이(陳毅), 쉬터리(徐特立), 류칭양, 위안쯔전(袁子貞) 등이 참가했다. 프랑스의 중국 학생과 노동자들이 함께 결집한 첫 집회였다.

그 후 북양 정부와 프랑스 정부가 7월 25일 비밀협정을 체결했다는 사실을 알게 된 저우는 8월 13일 다시 파리에서 2차 시위를 조직했고 결국 파리 주재 중국 공사관 비서실장 왕쩡스(王曾思)를 학생 시위대 앞에 불러내 차관을 강행하지 않겠다는 서약서를 받아넴으로서 차관을 중단시켰다. 프랑스에서 저우가 주도한 첫 시위가 성공한 것이다. 유학생들 사이에서 인기가 높았던 자오스엔과 차이허썬을 앞세우면서도 자신은 뒤에서 이를 조정하고 실무를 챙기는 저우의 스타일이 드러난 사건이자, 이로써 맺은 첫 결실이었다.

유럽 사회주의 청년단

1922년부터 저우는 유럽에서 중국 공산당의 공개 조직을 만드는 작업에 본격적으로 뛰어들었다. 소조의 결성으로 유럽에서 중국 공산당 비밀 조직이 만들어지고 본국에서 공산당이 공식으로 창당되었기 때문에 이제는 당의 활동을 본격적으로 전개하기 위한 공개 조직이 필요하게 된 것이다.

그해 3월 장선푸와 류칭양 부부와 함께 베를린 교외로 거처를 옮긴 저우는 파리, 베를린, 브뤼셀 등 유럽의 주요 도시들을 다니며 중국 학생들을 만나 공산당 조직 창설의 필요성을 설득했다. 그 결과 1922년 6월 파리 교외의 한 숲속에서 중국 소년 공산당을 발족시켰다. 거의 모두가 학생이거나 비슷한 또래의 젊은이였기 때문에 '소년' 공산당이라는 이름을 붙였지만 실제로는 유럽 최초의 중국 공산당 공개 조직이었다.

프랑스, 독일, 벨기에 등에서 18명이 참석했고 그중에는 자오스엔, 리웨이한, 왕뤄페이, 그리고 천두슈의 두 아들도 있었다. 3일 동안의 회의는 자오스엔, 저우, 장보젠(張伯簡)을 중앙 집행 위원으로 선출하고 종료되었다. 자오스엔이 서기를, 저우가 선전을, 장보젠이 조직을 맡았다. 당시 장보젠이 독일에 살고 있어서 리웨이한이 조직 업무를 대행했다.

공식적으로 서기로 뽑힌 것은 자오스엔이었으나 실제 책임자는 저우였다. 참석자들과 연락을 취하고 장정의 초안을 만드는 일부터 회의록을 정리하는 일까지 모두 저우의 몫이었다. 유럽 최초의 중국 공산당을 조직하는 데에 가장 중요한 역할을 한 사람이 바로 저우였던 것이다. 이렇게 구성된 소년 공산당의 첫 과제가 본국의 중국 공산당과 공식 연계를 맺는 일이었고 이 일의 실무 역시 저우가 맡았다. 쉬운 일이 아니었다. 본국과 멀리 떨어져 있는 데다가 당시에는 통신 수단마저 원활하지 않았다. 프랑스에서 소년 공산당이 성립되기 한 달 전인 1922년 5월, 중국에서 사회주의 청년단이 결성되었다. 그러나 이 소식이 유럽에 전해진 것은 그해 여름을 넘긴 가을, 10월경이었다.

본국에서 사회주의 청년단이 결성되었다는 소식을 들은 저우를 비롯한 유럽 소년 공산당 집행 위원회는 한 달 뒤인 11월 리웨이한을 중국으로 파견했다. 여비는 각자 주머니를 털어 보탰다. 소년 공산당을 중국 사회주의 청년단의 유럽 지부로 만들어 달라고 요청하기 위해서였다. 그러나 리웨이한이 중국에 도착했을 때에 이미 천두슈는 1923년 1월부터 개최된 제4차 인터내셔널 회의에 참석하기 위해 모스크바로 떠난 다음이었다.

당시 중국 공산당의 지도부는 실질적으로 천두슈 일인 체제였다고 할 수 있었기 때문에 천두슈가 없다는 것은 당 지도부가 없다는 의미였다. 바다 건너 1만 6000킬로미터를 달려온 것이 모두 허사가 되는 순간이었다. 한편 저우를 비롯한 파리의 중국 소년 공산당 간부들은 이 소식을 접할 길이 없었기에 중국 땅에서 어떤 일이 벌어지고 있는지는 꿈에도 모르고 있었다. 중국 공산당과 프랑스의 중국 공산당 활동을 연계시키는 일은 정말 힘든 일이었다.

다행히 파리에 있던 천두슈의 두 아들을 통해 모스크바에 체류 중인 천두슈와 연락이 닿았다. 이름을 '소년 공산당'에서 '청년단'으로 바꾸고 '중앙 집행 위원회'에서 '중앙'을 빼고 '집행 위원회'로 바꾸는 등의 몇 가지를 수정하면 가입을 허락하겠다는 천두슈의 약속을 받아낸 것이다. 이로써 2월 17일부터 20일까지 파리에서 임시 대회를 열어 소년 공산당이 중국 사회주의 청년단 유럽 지부로 개칭되었다. 이 회의는 소년 공산당으로서는 마지막 회의이자 중국 사회주의 청년단 유럽 지부의 창립 대회이기도 했다. 모두 42명의 대표가 참석했고, 그중 38명이 프랑스 대표였다. 벨기에 대표 2명 중에는 후일 저우의 막역한 전우로서 부총리에 오르는 녜룽전(聶榮臻)도 있었다.

저우는 얼마 후 새로운 임무를 부여받고 모스크바로 떠나게 된 자오스옌의 후임으로 중국 사회주의 청년단 유럽 지부의 서기로 정식 선출되었다. 저우가 명실상부한 유럽의 중국 공산당 책임자로서 본격적인 활동을 시작한 것이다. 저우는 거처도 자오스옌이 살던 파리 고드프루아(Godefroy) 17번가에 있는 고드프루아 호텔 2층의 작은 방으로 옮겼다. 1923년 여름, 저우가 스물다섯 때의 일이다.

유럽 지역의 중국 공산당 책임자로서 저우는 국민당과의 합작에 모든 힘을 쏟았다. 1922년 8월 본국에서 열린 공산당 중앙 위원회 전체 회의에서는 공산당원들이 개인 자격으로 국민당에 가입하기로 결정된 바 있었다. 유럽에서도 국공 합작이 실질적으로 이루어지고 있었다. 중국 공산당 유럽 지부 서기로서 저우가 국공 합작의 책임을 맡고 있었다. 1923년 초, 왕쭝치(王宗岐)는 국민당 유럽 지부 창설을 위해 파리로 건너왔고, 저우와 접촉하며 적극적인 협력을 시작했다. 왕쭝치는 근공검학 프로그램으로 건너온 인물로, 리옹에서 벌어진 학생 시위 사건에 연루되어 리리싼, 차이허썬 등과 함께 본국으로 송환당한 바 있었다. 저우도 이때의 사건을 계기로 왕쭝치와 잘 알고 지내는 사이였다. 저우는 6월 16일 리옹에서 왕쭝치와 회동을 가졌다. 당시 공산주의 청년단 유럽 지부의 단원은 80여 명에 달했는데, 이 회동에서 이들 모두 개인 자격으로 국민당에 가입하기로 합의한 것이다.

같은 해 11월, 리옹에서 열린 국민당 유럽 지부 결성 대회에도 많은 사회주의 청년단원들이 참석했다. 이 대회에서 왕쭝치는 집행 위원장에 선출되었고 저우는 총무부장, 리푸춘은 선전부장, 네룽전은 통신처장에 선출되었다. 명목상으로는 국민당 유럽 지부였지만 실무적인 인원을 장악한 것은 공산당이었으므로 사실상 국민당 유럽 지부보다는 공산당 유럽 지부라는 표현이 더 어울리는 조직이었다. 공산당으로서는 이렇듯 국민당과의 합작을 통해 유럽에서 조직을 확대하고 더욱 적극적으로 활동할 수 있는 길이 열렸다고 볼 수 있었다. 물론 이 과정에서 저우의 노력이 작지 않았다. 하지만 저우는 파리에 더 이상 머물 수 없게 되었다. 얼마 후 중국의 공산당으로부터 귀국하라는 명령을 받은 것이다.

저우가 중국 공산당 유럽 지부 서기로 근무한 1년을 포함해, 유럽에 체류한 3년 6개월의 시간은 저우에는 매우 중요했다. 이 기간 동안 중국 공산당의 창당 멤버가 되었고, 프랑스 내의 중국 학생 사회를 단결시켰으며, 중국 공산당 유럽 지부를 설립했고, 국민당과의 합작을 성공시켰다. 이렇듯 눈에 보이는 업적뿐만 아니라 후일 수많은 어려움을 극복하고 공산주의 혁명을 이뤄내는 과정에서 뜻을 같이하고 협력할 많은 동지들을 만난 것도 큰 수확이었다.

이 시기에 저우에게 있었던 중요한 사건 중 하나는 바로 덩샤오핑과의 만남이다. 그때까지만 해도 덩샤오핑은 덩시셴(鄧希賢)이라는 이름으로 알려져 있었다. 덩샤오핑은 열여섯의 나이로 저우보다 한 달 정도 먼저 프랑스에 도착해 있었다. 한동안 여기저기 대학과 직장을 찾아 옮겨 다니던 그는 1923년부터 사회주의 청년단 활동에 참가하기 시작했다. 이듬해 1924년 초, 《소년》에서 《적광(赤光)》으로 제호를 바꾼 사회주의 청년단의 기관지를 발행하는 일을 하면서 저우와 가까워졌다. 격주간지인 《적광》은 저우가 편집의 책임자였고, 리푸춘이 발행, 덩샤오핑과 리다장(李大章)이 인쇄를 맡았다.

인쇄라는 번듯한 말로 불렀지만 당시의 인쇄 작업은 극도로 원시적이었다. 원고를 먹지에 손으로 직접 쓴 다음, 이를 등사판으로 밀어 찍어냈다. 저우가 종이에 글을 쓰고 리푸춘이 먹지에 이를 옮기면, 덩샤오핑은 이를 등사판에 올려놓고 미는 역할이었다. 이 작업은 등사판을 미는 힘의 강도에 따라 인쇄의 농도가 들쭉날쭉해지는 까다로운 일이었다. 그러나 덩샤오핑은 이 일을 아주 잘 해서 그가 등사판을 밀어 만든 신문은 깨끗하게 글씨가 찍혀 나왔다. 덩샤오핑은 '등사판 박사'라는 별명도 얻었다. 이 솜씨를 자주 칭찬한 것이 바로 저우였다.

이들은 모두 저우가 사용하던 비좁은 2층 단칸방에서 같이 지냈다. 잠도 같이 자고, 회의도 같이 했으며, 식사도 같이 했다. 빵조각과 야채수프가 전부여서 식사라고 부르기도 민망한 수준이었다. 돈이 없을 때에는 그나마도 없어 수프 대신 물을 마시며 버텼다. 이러한 생활을 6개월 이상 함께하며 지냈으니 서로 가까워질 수밖에 없었다. 덩샤오핑이 프랑스에 체류하는 동안 가장 가깝게 지낸 사람이 바로 저우였다. 이 사실은 덩샤오핑이 직접 자신의 막냇딸 덩룽에게 털어놓은 이야기였다. 덩샤오핑은 저우를 형처럼 생각하고 따랐다. 후일 정치적 동지로, 혹은 후견자와 피후견자의 관계로 동고동락하게 된 두 사람의 관계는 이 파리의 작은 2층 단칸방에서 시작되었다.

저우는 유럽에 체류하는 동안 많은 글을 남겼다. 톈진의 《이스바오》에는 저우가 유럽 특파원의 자격으로 기고한 영국의 대외 정책, 탄광 노동자들의 파업, 노동당의 동향, 아일랜드와 중동에서 나타난 영국 경찰의 잔악상 등 다양한 주제에 관한 57건의 기사가 실렸다. 《소년》에도 「공산주의와 중국」, 「종교 정신과 공산주의」를 비롯한 여러 편의 글이 실렸고, 《적광》에는 「군벌 치하의 중국」, 「혁명 구국론」을 비롯해 30여 편의 글이 실렸다. 다만 이 글들에서 심오한 사회주의 이론의 전개나 서구 사회의 모순에 관한 날카로운 분석은 찾아보기 힘들다는 아쉬움이 있다. 대부분의 글이 당원과 일반 독자들을 상대로 공산주의 혁명의 당위성을 강조하고 당의 입장을 옹호하려는 취지였기 때문이다. 대부분의 글에서 혁명은 불가피하고 반드시 성공한다는 결론으로 이어졌다. 깊이 있는 분석보다는 신념에 찬 선전 선동가로서의 인상이 강하게 풍긴다.

일례로 1924년 6월 1일자《적광》에 실린「중국 공산주의자들의 국민당 입당 문제」라는 글에서 저우의 이러한 성향을 잘 살펴볼 수 있다. 저우는 이 글에서 국민당과의 합작이 사회주의 혁명의 포기라는 비난을 의식한 듯 "중국의 현실에 비추어 사회주의 혁명이 단계적으로 진행될 수밖에 없으며, 무산 계급과 유산 계급이 합작하여 봉건 계급을 타파하는 국민 혁명"이 완성되면, 이후에 "무산 계급의 자산 계급에 대한 계급 혁명이 있을 것"이라고 역설한다. 제1보가 없이는 제2보도 있을 수 없는 것처럼 국민 혁명이 없으면 사유 제도의 타파나 무산 계급에 의한 전정(專政)도 있을 수 없다는 것이 저우의 논리였다. 또 1922년 12월,《소년》제5호에 실린「10월 혁명」에서는 "10월 혁명의 성공 비결이 공산당의 영도에 있다"고 전제하면서 "공산주의의 진정한 완성을 위해서는 공업의 발전이 선행되어야 하지만, 그렇다고 공업이 발달되지 않은 나라가 자본주의 방식으로 발전되기를 기다린 후에 혁명을 해야 하는 것은 아니다. 반대로 후진국에서 공산주의 혁명이 일어난 후 무산 계급 전정을 통해 국가 자본의 발전을 실현하는 것이 자본가 계급들과의 경쟁을 통한 자본주의 국가 발전보다 훨씬 더 효과적"이라고 주장하기도 했다. 중국과 같이 자본주의가 발전하지 못한 후진국에서도 공산주의 혁명이 성공할 수 있으며, 오히려 공산당의 집권하에 경제 발전이 더 빠르게 이루어질 수 있다는 것이었다.

이런 주장은 사유제가 자본주의의 최대 약점이며 사유제의 철폐로써 비로소 중국의 경제 발전이 가능하다는 논리로 이어진다. 그가 1922년 9월 1일자 《소년》 제2호에 게재한 세 편의 글 중 「공산주의와 중국」이라는 글에서 이러한 논리를 엿볼 수 있다. 저우는 이 글에서 국가 사회주의, 무정부주의, 길드 사회주의 등을 비판하고 "자본주의의 병(病)은 사유제이며 사유제를 없애지 않고는 어떤 개혁도 효과를 거둘 수 없다. 따라서 공산주의자의 사명은 사유제를 타도하고 공유제를 도입하는 것"이라고 주장한다. 이 글 역시 다른 글과 마찬가지로 '공산주의만이 중국을 구할 수 있다'는 결론으로 이어진다.

이 시기에 남긴 저우의 글들은 비록 심오한 분석으로 나아가진 못했지만, 다양한 정치적, 사회적 현실의 문제들에 관한 저우의 폭넓은 관심을 보여 준다. 저우가 이러한 글을 쓸 당시에는 글을 쓰면서 참고할 수 있는 자료도 빈약했고, 저우 혼자서 집필과 편집을 도맡아 해야 했기 때문에 어려운 점이 많았을 것이다. 이러한 상황을 고려하면 분석의 깊이나 이론적 수준보다는 사회 현실에 관한 그의 관심과 열정에 주목하는 것이 필요할 것이다. 그리고 무엇보다도 이 글들에서는 그의 문학적 재능이 단연 돋보인다. 저우는 이 시기부터 국민당을 비롯한 외부 세력과의 협력과 합작, 당의 입장을 홍보하는 선전과 선동에 재능을 발휘하기 시작했는데, 이러한 자질이 이 시기에 썼던 글에서도 고스란히 드러난다.

혁명의 바람에
힘싸이다

제2장

周恩來

황푸 군관 학교와 동정

1924년 7월 파리를 떠난 저우는 홍콩을 거쳐 같은 해 9월 초에 광저우에 도착했다. 고국의 땅을 밟은 저우는 자신이 유럽에 머물렀던 지난 4년 동안 엄청나게 달라진 중국을 목격했다. 청조가 신해혁명으로 멸망했지만 이를 대신할 새로운 정부는 수립되지 않았고, 전국은 군벌에 의해 분할된 채 극도의 혼란에 빠져 있었다. 북방에서는 돤치루이(段祺瑞), 펑위샹(馮玉祥), 장쭤린(張作霖)이 경합하고 있었고, 허난(河南)·후베이(湖北)·후난에는 베이징에서 쫓겨난 우페이푸(吳佩孚), 산시(山西)에는 옌시산(閻錫山), 장쑤·안후이(安徽)·장시·푸젠(福建)에는 쑨촨팡(孫傳芳), 윈난(云南)은 탕지야오(唐繼堯), 광시(廣西)는 루룽팅(陸榮廷), 구이저우(貴州)는 위안쭈밍(袁祖銘), 광둥(廣東)은 천중밍(陳炯明)이 각각 활거하고 있었다.

마치 중국 전체가 군벌들이 통치하는 여러 개의 독립 왕국으로 분할된 것 같았다. 군벌들은 서로 조금이라도 더 많은 땅을 차지하기 위해 쉴 새 없이 서로를 견제하고 협력하는 형국이었다. 신해혁명의 지도자 쑨원(孫文)은 이런 군벌들을 상대하기에 국민당의 세력은 너무 약하다고 판단하여 공산당과의 합작을 선택했다. 공산당의 도움도 필요했지만 쑨원이 생각한 것은 공산당과의 합작을 통한 소련의 지원이었다. 국공 합작과 소련의 지원이 분열된 중국을 통일할 수 있는 유일한 길이라고 생각한 것이다.

공산당의 입장에서도 국민당과의 합작은 필요했다. 1921년 7월 상하이에서 열린 창당 대회에서 합작 논의가 나왔다. 이는 공산당 내부에서 처음으로 나온 합작 논의였는데, 코민테른의 대표 마링(Maring)이 제의한 것이었다. 이 제의는 회의 참석자 12명 중 10명의 반대로 부결됐다. 그러다가 이듬해 8월, 코민테른의 지시에 따라 열린 공산당 중앙 위원회 특별 회의에서 합작 결의안이 통과되었다. 국공 합작이 공산당의 당론으로 최종 확정된 것은 1923년 6월에 개최된 제3차 전국 대표 대회에서였다. 당 대 당의 합작은 아니었고, 공산당원들이 개별적으로 국민당에 가입하는 형식을 취했기 때문에 국민당 1차 대회에서는 많은 공산당원들이 공산당의 당적을 가진 채 대회에 참석했다. 국민당원뿐 아니라 공산당원들 상당수가 국민당의 중앙 집행부로 선출되기도 했다. 리다자오와 마오쩌둥도 국민당 집행부에 이름을 올렸다.

코민테른이 국민당과의 합작을 추진했던 것은 당시 중국 내에서 공산당의 지지 기반이 너무 취약하여 독자적 혁명 추진이 불가능하다는 판단 때문이었다. 창당 당시 중국 전역의 공산당원은 60명이 채 되지 않았다. 공식 통계로는 57명이었는데 정확한 숫자는 아무도 알지 못했다. 상하이에서 열린 창당 대회에는 이들 당원들을 대표해 12명이 참여했다. 이들이 대표하는 지역 조직은 중국 전역의 6개 소조, 해외에 있는 2개의 소조였다. 소조는 각 지역에 흩어져 있었는데 각 소조의 조원이라고 해도 손에 꼽힐 정도였다. 전국적 조직망을 갖춘 것도 아니었고, 조직이 설치된 곳에서도 결코 조직의 성장 가능성을 예측하기는 힘든 상황이었다. 이에 비해 광둥 지역을 근거지로 한 국민당은 이미 전국 정당으로서의 모습을 갖추고 있었다. 조직이나 자금 면에서는 공산당과 비교가 되지 않을 정도로 막강했다.

대중적 인식에서도 국민당이 절대적으로 유리한 입장이었다. 중국을 구할 수 있는 정당으로써 공산당을 신뢰하는 중국인은 극소수였다. 지지율뿐 아니라 지지자들의 열성도 모자랐다. 공산주의가 무엇인지 모르는 사람들이 대부분이었다. 물론 농민들과 도시 노동자들이 지주와 자본가들의 착취에서 해방을 바라는 열망은 존재했다. 그러나 대부분의 사람들은 이 문제를 '계급 투쟁'이라는 시각에서 인식하지는 않았다.

도시 노동자들은 연대 의식이 약했기 때문에 이들을 조직적 세력이나 계급으로 보기 어려웠다. 이들은 개별적으로 제국주의의 억압에서 벗어나고, 군벌들의 수탈과 착취에서 해방되기를 원했다. 이러한 목적을 달성시켜 줄 수 있는 수단이라면 그것이 공산주의인지 자본주의인지는 상관이 없었다. 삼민주의를 기치로 국민혁명을 내세우는 국민당에 대한 호응과 지지가 컸던 것도 그 때문이었다. 쑨원이 전국적인 지도자로 추앙받았던 것도 그가 이러한 국민적 염원을 실현시켜 줄 수 있는 정치인으로 평가받았기 때문이다. 국민당은 이때까지만 해도 국민 혁명의 주체로서 인정받고 있었다. 당시 중국에서는 쑨원에 대적할 수 있는 인물은 공산당 안에서도, 다른 어느 곳에서도 찾을 수 없었다. 그래서 공산당은 국민당과 대결하는 전략을 포기하고 국민당 속으로 들어가 국민당의 조직을 이용해 당세를 확장하는 이른바 '안으로부터의 혁명 전략'을 선택한 것이다.

저우가 유럽에서 돌아와 광저우에 도착했던 1924년 가을은 국공 합작이 결실을 거두기 시작하면서 공산당의 세력 확장이 급격히 이루어지고 있던 때였다. 공산당으로서는 국민당의 근거지인 광저우에서 공산당의 세력을 확장시킬 수 있는 유능한 인재가 필요했다. 저우가 바로 그런 인재로 인정받았기 때문에 당으로부터 귀국 지시를 받은 것이다. 저우는 유럽에서 공산주의 청년단을 만들었고, 유럽에서 국민당과의 합작을 성공적으로 추진한 경험을 가지고 있는 인재였다.

저우는 9월 초, 중국 공산당 광둥성 위원회의 위원장이 되었고 얼마 지나지 않아 황푸 군관 학교(黃埔軍官學校)에서 정치 경제학을 강의하면서 이 학교의 정치부 주임을 맡게 되었다. 저우가 맡은 광둥성 위원회는 1922년 설립 당시 광저우 지역을 관할하던 조직이었는데 당원의 수가 부족해서 1년 만에 당 조직이 해체된 지역이었다. 말하자면 '사고 지구당'인 셈이다. 그러다 국공 합작이 본격화되면서 국민당 본부가 자리한 광저우 지역의 중요성이 커졌다. 공산당으로서는 본부가 있는 상하이 못지않게 광저우를 중시해야 했고, 이로써 광둥성 위원회가 다시 부활했다. 이 책임을 저우가 맡은 것이다.

새로 위원장에 취임한 저우는 소련에서 교육을 마치고 귀국한 천두슈의 아들 천옌녠(陳延年)을 위원장의 비서 겸 조직부장으로 임명하고 바로 조직 재건에 착수했다. 저우와 천옌녠은 프랑스에서 같이 일한 경험도 있어 서로 호흡이 잘 맞았다. 두 사람은 광둥성 위원회의 발전을 위해 주야로 열심히 뛰었다. 그 결과 광둥성 위원회는 저우가 위원장으로 있었던 기간에 광저우뿐 아니라 광둥성과 광시성, 즉 양광 지역과 샤먼(廈門), 홍콩까지 조직을 확대할 수 있었다. 3개월이라는 짧은 기간 동안 이룬 업적으로는 대단한 것이었다.

저우는 곧 황푸 군관 학교로 자리를 옮겼다. 저우가 황푸 군관 학교로 오는 데에는 장선푸가 중요한 역할을 했다. 1924년 6월 설립된 황푸 군관 학교는 소련의 지원을 받아 광저우 근교의 황푸에 설립된 중국 최초의 현대식 군 간부 양성 기관이었다. 학교의 설립 자금 대부분을 소련이 댔다. 국공 합작의 정신에 따라 학교의 상징적인 대표격인 총리 자리는 쑨원이 직접 맡았고, 교장은 장제스(蔣介石), 당 대표는 좌파의 거두 랴오중카이(廖仲愷), 당 대표를 보좌하는 정치부 주임은 우파의 다이지타오(戴季陶), 부주임은 장선푸가 맡았다. 우파 대표로 장제스와 다이지타오가, 좌파 대표로는 랴오중카이와 장선푸가 학교의 요직에 포진해서 좌우가 서로 견제하며 균형을 이루었다. 이는 국공 합작의 정신에 따른 것이었다.

파리에서 저우를 공산당 소조에 가입시킨 인물이기도 한 장선푸는 1923년에 소련을 거쳐 중국으로 돌아온 후 랴오중카이를 돕고 있었다. 황푸 군관 학교가 설립된 지 얼마 지나지 않아 우파 대표였던 다이지타오가 공산당원과 함께 일할 수 없다며 고집을 피운 뒤 업무를 거부한 채 홍콩으로 가버렸다. 이 자리를 대행한 것이 우파의 소위안충(邵元沖)이었다. 그러나 소위안충은 워낙 경험이 없었고, 능력도 부족해서 내부의 불만이 많았다. 그러던 중 소위안충이 쑨원을 따라 북쪽으로 자리를 옮겼고, 주임 자리가 공석이 된 것이었다. 랴오중카이는 장선푸와 상의해서 이 자리에 저우를 천거했고, 쑨원이 이를 받아들여 저우가 새 주임으로 임명되었다.

저우를 정치부 주임에 임명한 것은 쑨원 본인이긴 했지만, 쑨원은 저우에 대해 잘 몰랐다. 두 사람이 만났다는 기록은 없으며, 실제로 만났을 가능성도 낮다. 쑨원은 주로 광둥성 지역에서 활동했고 저우는 동북 지방과 톈진, 베이징 지역이 활동 무대였다. 국공 합작 이후 저우가 파리에서 국민당의 프랑스 조직을 만드는 준비 위원회의 총무부장이 되었을 때, 저우가 받은 임명장에 새겨진 이름도 쑨원이기는 했다. 그러나 이는 행정 요식일 뿐 쑨원이 저우를 정치부 주임에 직접 임명할 정도로 잘 알지는 못했던 것으로 판단된다. 그렇기 때문에 저우가 황푸 군관 학교의 정치부 주임 자리에 오른 것은 파리에서부터 저우를 잘 알고 있던 장선푸가 랴오중카이에게 강력하게 천거한 것이 주요인이었다고 볼 수 있다. 이러한 사례들을 통해서 볼 때, 저우의 인생에서 장선푸는 매우 중요한 인물이었다. 프랑스에서 저우의 공산당 입당을 주선했고, 저우가 중국으로 돌아와서 맡은 첫 직책인 황푸 군관 학교의 정치부 주임이 되는 과정에서도 결정적 역할을 한 사람이 바로 장선푸였다.

저우가 정치부 주임에 취임한 후 제일 먼저 착수한 일은 황푸 군관 학교와 광저우 지역의 군사 기관에 공산당 조직을 침투시키고 공산당 세력을 확장하는 일이었다. 당시 정치부에는 중간직 간부는 한 명도 없었고 기록을 담당하는 하위직만 두 명 있을 뿐이었다. 그래서 저우는 정치부에 지도과, 편찬과, 총무과를 신설하고, 1기 학생 중에서 똑똑한 공산당원을 골라 과장으로 앉혔다. 정치교육 명목으로 학생들을 상대로 공산주의 이론 교육을 꾸준히 실시한 결과, 1기 학생들 490명 중 50명 이상의 학생들을 공산당원으로 포섭할 수 있었다. 물론 이들 모두 비밀 당원이었다.

또한 황푸 군관 학교와 무군 강무 학교, 계군 군관 학교, 비행 학교 등 인근 학교에서 훈련 중이던 청년들을 모아 중국 혁명 청년 군인 연합회도 만들었다. 뿐만 아니라 공산당 최초의 혁명 무장 세력이자 후일 홍군의 주력 부대 중 하나가 되는 철갑 차대도 만들었다. 중국 혁명 군인 연합회는 황푸 군관 학교와 다른 군사기관을 연결하는 고리로써 역할을 했고 철갑 차대는 대원수부(大元帥府) 직속으로 편성된 공산당 최초의 무력 조직이었다. 대장, 부대장,

정치위원 모두 공산당원으로 후일 예딩(葉挺)이 지휘하는 독립 여단의 모체가 되었다.

이렇게 군사 부문의 업무가 증가하자 저우는 국민 혁명군과 황푸 군관 학교 내의 공산당 조직을 지도하기 위해 공산당 광둥구 위원회에 군사부를 만들고 스스로 책임자가 되었다. 이는 중국 공산당이 만든 첫 군사 조직이었다. 저우는 일찍부터 혁명 수행 과정에서 무력의 중요성을 강조해 왔고, 비로소 스스로 공산당 내 최초의 군사 부문 지도자가 된 것이다. 이때부터 저우는 군사 분야의 지도자로 두각을 나타내기 시작했다.

저우가 군사 지도자로서 맡은 첫 임무는 동정(東征)이었다. 광둥 정부 지도부가 혼란에 빠져있는 틈을 이용하여 동(東)강 유역의 군벌 천중밍이 광둥을 공격하려 하자 이를 토벌하기 위해 광둥 정부가 감행한 출병을 '동정'이라 이른다. 당시 국민당의 내부 사정은 매우 불안했는데 이는 쑨원의 사망으로부터 비롯된다. 1924년 10월, 베이징에서 정변을 일으켜 직계 군벌의 수령 차오쿤(曹錕)을 감금하고 정권을 잡은 펑위샹이 쑨원을 베이징으로 초청했다. 11월에 쑨원은 이 초청에 응해 베이징으로 떠난다. 그러나 쑨원은 이 여정 도중에 지병이 악화되었고, 이듬해 1월 베이징에 도착했을 때는 병원에 입원해야 하는 상태였다. 결국 1925년 3월, 쑨원은 베이징에서 세상을 뜨고 말았다. 쑨원이 베이징으로 떠나고 광저우에서는 쑨원의 후계 자리를 둘러쌓고 혼란한 암투가 벌어졌다. 천중밍은 이 틈을 이용해 광저우를 공격하려 했다. 이에 광둥 정부는 북양 군벌의 지지를 얻으며 스스로 광둥 구원군 총사령관이라 칭했던 천중밍의 토벌에 나섰다.

동정군은 모두 3군으로 구성되었다. 쉬충즈(許崇智)가 이끄는 약 1만 명의 오군(粤軍) 주력 부대가 우로군(右路軍)이 되어 하이펑(海豊)과 루펑(陸豊)을 거쳐 차오산(潮汕)으로 진격해서 천중밍군의 주력인 훙자오린(洪兆麟) 부대를 공격했다. 약 6000명의 류전환(劉震寰)의 계군(桂軍)은 중로군(中路軍)이 되어 후이저우(惠州)의 양쿤루(楊坤如) 부대를 공격했고, 약 3만 명의 양시민(楊希民)이 이끄는 운남군은 좌로군(左路軍)이 되어 린후(林虎) 부대를 공격하기 시작했다.

황푸 군관 학교의 병력은 모두 3000명이었는데, 제1교도단과 제2교도단으로 편성되어 우로군을 지원하기로 되어 있었다. 허잉친(何應欽)이 제1교도단을, 왕바이링(王柏齡)이 제2교도단을 인솔했다. 장교들은 대부분 얼마 전 단기 과정을 수료한 1회 졸업생들이었고 사병들은 새로 모집한 신병들이었다. 제2기로 입학한 신입생들은 학생 총대로 편입되어 교도단을 따르도록 했다. 제1교도단은 창설된 지 불과 3개월밖에 되지 않았고 제2교도단은 이보다도 짧아서 창설된 지 1개월 남짓이었다. 모두들 전쟁이라고는 처음 참가하는 신참들이었다. 제1교도단과 제2교도단, 학생 총대를 합쳐 '교군(校軍)'이라 불렀는데 장제스가 지휘를 맡았고 정치 업무는 저우가 책임졌다. 교군은 규모가 작고 전투 경험이 없었기 때문에, 출정 전에는 교군을 후방에서 부상자들을 돌보고 보급 업무를 하는 지원 부대로만 여겼다.

그러나 전투가 시작되자 예상이 빗나가기 시작했다. 류전환의 중로군과 양시민의 좌로군은 꼼짝도 않은 채 전세를 관망하기만 했다. 국민당 우파의 거두 후한민(胡漢民)의 계속되는 독려에도 불구하고 중로군과 좌로군은 이런저런 평계를 대며 적을 향해 진격할 생각은 않고 지켜보기만 했다. 이런 상황이기에 전투는 오히려 교군의 몫이 되었다. 이들은 경험이 없는 신병임에도 불구하고 용감하게 잘 싸웠다. 교군은 오군 제7사단, 제2여단의 병력과 함께 파죽지세로 전진했다. 1925년 2월 15일 새벽, 교군은 전투를 개시한 지 불과 한 시간 만에 단수이(淡水)를 함락시켰다. 이후 2월 28일에는 천중밍의 고향인 하이풍을 점령했고, 3월 6일에는 천중밍의 근거지인 차오저우(潮州)와 산터우(汕頭)를 점령했다.

제1교도단은 멘후(棉湖)에서 천중밍의 부대 중에서 가장 용감하다는 린후 부대와도 정면으로 부딪쳐 치열한 전투 끝에 물리쳤다. 6000여 명에 달하는 린후의 정예 부대는 유리한 고지를 선점하고 교도단 병력을 향해 중화기를 쏘아 댔으나 포병의 엄호를 받은 제1교도단이 백병전을 벌인 끝에 적의 진지를 점령했다. 황푸 군관학교 학생과 졸업생으로 구성된 병사들이 전쟁을 승리로 이끄는 결정적인 역할을 해낸 것이다.

아무도 교군이 이렇듯 큰 성과를 거둘 것을 예상하지 못했다. 물론 국민당의 우로군, 그중 특히 제2사단과 제7여단이 동정군의 주력 부대로서 열심히 싸웠고 전과도 적지 않았다. 하지만 사기나 투지 면에서는 교군이 앞섰다. 전투가 시작되면 교군은 목숨을 아끼지 않고 선봉에 서서 적을 향해 돌격했다. 작전 측면에서도 떨어지지 않았다. 비록 짧은 기간 동안이지만 학교에서 배운 현대식 작전으로 적을 압도했다. 무엇보다도 엄격한 규율을 지키고 모범적인 대민 관계를 유지해서 민중들의 환영을 받기도 했다. 이렇듯 동정의 성공으로 국민당 정부는 천중밍의 부대를 장시와 푸젠으로 몰아내고 광둥과 광시 지역을 완전히 평정했다. 북진 계획을 추진할 수 있는 기반을 마련한 것이다.

이 과정에서 저우의 공이 적지 않았다. 3개월 후에 있었던 제2차 동정에서도 그랬다. 저우는 이제 동정군의 총정치부 주임이 되어 정치 교육을 책임졌을 뿐 아니라 작전을 수립하고 집행하는 일에도 중요한 역할을 했다. 그래서 9월 황푸 군관 학교의 교군이 국민 혁명군 제1군으로 개편되었을 때 소장 계급을 달고 국민 혁명군 제1군의 정치부 주임과 제1사단 당대표가 되었다. 군사령관 장제스와도 원만한 협력 관계를 유지했다.

또한 저우는 그해 11월에는 동강 행정 위원으로 임명되어 현급 지방 조직 25개의 행정을 책임졌다. 저우로서는 처음으로 맡은 행정직이었다. 1949년 공산당 정부 수립 이후 전 중국의 행정을 책임지게 된 저우의 행정직 경력이 1925년 말 남쪽 광둥성 동강에서 시작된 것이다. 그러나 저우의 광둥 시기는 길지 않았다. 황푸 군관 학교에 온 지 2년 만에 다시 자리를 옮겨야 했기 때문이다. 중국 공산당 본부의 소재지인 상하이에서 보다 무겁고 험난한 직책이 그를 기다리고 있었다.

혁명 동지와의 결혼

광저우에서 보낸 시기는 저우 개인에게도 매우 중요했다. 국공 합작이라는 태풍의 눈 속에 직접 뛰어 들어 이를 성공적으로 추진했고, 후일 당의 주요 간부로 일할 인재들을 포섭하고 양성했다. 또한 공산당의 무력 조직을 창설했고, 군사 전략가, 행정가로서 경험과 명성을 쌓기 시작했다. 그러나 이에 못지않게 중요한 일은 덩잉차오와의 결혼이었다. 저우는 광저우에 도착한지 1년 후 공산당 광둥성 위원회 부녀부장으로 부임해 온 덩잉차오와 부부가 되었다. 1925년 8월 8일의 일이었다.

두 사람의 결합은 지극히 간소하게 이루어졌다. 그것은 마치 이후 51년에 걸친 두 사람의 부부 관계를 보여주는 예고편 같았다. 덩잉차오는 저우와의 결혼을 위해 혼자서 배를 타고 광저우로 왔다. 덩잉차오가 탄 배가 광저우에 도착했을 때 그녀를 마중 나온 사람은 아무도 없었다. 저우는 사무실 일이 너무 바빠서 나올 수 없어서 대신 직원을 보냈는데, 이 직원도 늦게 도착한 것이다. 덩잉차오는 홀로 저우가 보내준 편지에 쓰인 주소로 저우의 집을 찾아갔다. 집은 빈 집이었다. 결국 두 사람의 해후는 그날 저녁 저우가 퇴근한 뒤, 늦은 시간에야 이루어졌다. 덩잉차오로서는 섭섭한 감정이 없지 않았지만 큰 불평은 없었다. 약혼식이나 결혼식 같은 것도 없었다. 광저우 시내의 조그만 한 칸짜리 방에서 소꿉놀이 같은 첫 살림이 시작됐다. 가재도구도 없었고 저우가 사용하던 1인 용 침대 옆에 같은 크기의 침대 하나를 더 들여와 서로 붙여 놓은 것이 전부였다. 가까운 동지들에게는 사탕을 한 알씩 돌리는 것으로 결혼 신고를 마쳤다. 저우가 바빴기 때문이기도 했지만 그보다 더 중요한 이유는 혁명을 도모하는 사람들에게 결혼식은 부르주 아들이나 하는 사치이자 옛 시대의 낡은 유물이라 여겨졌기 때문이다. 두 사람 모두 같은 생각이었다.

덩잉차오와 저우는 톈진 각오사 회원으로 서로 잘 알고 있었지만 처음부터 서로를 결혼 상대로 생각한 것은 아니었다. 저우의 경우에는 톈진에서는 물론이고 프랑스 유학 시절 한동안은 덩잉차오를 진지한 결혼 상대로 고려하지 않았다. 한수인의 주장에 따르면 저우가 프랑스로 떠나기 전에 덩잉차오가 손수 만든 스웨터를 저우에게 선물했으며, 프랑스에 있는 동안 서로 뜨거운 편지를 주고받았다고 하지만 이를 입증할 만한 자료는 없다. 저우와 덩잉차오의 통신 선집에서도 두 사람이 주고받은 '뜨거운' 편지는 찾을 수 없다. 덩잉차오의 측근들도 한수인의 주장을 뒷받침할 증언은 하지 않고 있다. 1955년부터 1992년까지 37년간 덩잉차오의 개인 비서로서 그림자처럼 그를 보좌한 자오웨이(趙煒)의 자서전에 따르면 덩잉차오가 죽기 전에 불태워 버린 수백 통의 개인 서신 중에도 '뜨거운' 편지는 없었다고 한다.

공산당 중앙 문헌 연구실에서 발간한 『저우언라이전』에 따르면 저우는 덩잉차오와 결혼을 결심하기 전에 마음에 두고 있던 한 여성이 있었다. 장뤄밍이라는 여성으로 저우와는 톈진에서부터 가까운 사이였다. 각오사 회원이었고 프랑스 유학도 함께 갔다. 장뤄밍의 존재는 저우의 조카로 중난하이에서 저우와 함께 살았던 저우빙더가 2017년에 쓴 회고록 『나의 큰아버지 큰어머니 저우언라이와 덩잉차오(我的伯父伯母周恩来邓颖超)』에도 나와 있다. 덩잉차오가 조카에게 직접 해준 이야기이다. 덩잉차오의 말에 따르면 저우가 장뤄밍을 결혼 상대로 맘에 두고 있었던 적이 있었지만 교제하는 과정에서 생각을 접었다고 한다. 장뤄밍은 귀하게 자란 탓인지 성격이 너무 곱고 약해서 혁명가의 아내로서는 부족하다는 판단을 했다고 한다. 그 대신 '용감하고 강인한 샤오차오(小超, 덩잉차오의 애칭)'를 선택하기로 한 것이다. 장뤄밍을 포기한 후 저우는 한동안 독신으로 살아갈 생각도 했다. 하지만 덩잉차오와 편지를 주고받던 저우는 덩잉차오에게 매력을 느끼고 청혼하기에 이른다. 그가 중국으로 돌아오기 1년 6개월 전인 1923년 봄의 일이었다.

저우가 결혼을 하기로 생각을 바꾼 데에는 프랑스에서 가까이 지내던 혁명 동지들의 역할이 컸던 것으로 보인다. 당시 저우의 주위에는 혁명 동지들끼리 결혼한 부부가 많았다. 차이허썬과 샹징위 부부, 차이창과 리푸춘 부부가 대표적인 경우이다. 이들은 저우와 매우 가까이 지내며, 저우 역시 혁명 동지와 결혼할 것을 권유했다. 저우 스스로도 이들 동지들이 결혼 생활을 하면서도 혁명가로서 훌륭한 길을 걷는 것을 보고 독신으로 살겠다는 생각을 포기했다고 한다. 덩잉차오는 자오웨이에게 자신은 처음부터 혁명가와 결혼했다는 말을 자주 했다고 한다. 이 말의 의미는 이렇게 이해할 수 있을 것 같다. 저우와 덩잉차오의 결합을 단순히 남성과 여성, 두 개인의 결합보다는 혁명의 길을 걷는 두 직업 혁명가들 사이에 이루어진 동지로서의 결합으로 보는 것이 더 적합하다는 것이다.

두 혁명가의 부부 생활은 다른 부부들의 생활과는 다를 수밖에 없었다. 직업 혁명가들의 결혼 생활이 어떤 것인지는 덩잉차오가 첫 아기를 가졌을 때 이를 유산시킨 일에서도 짐작할 수 있다. 아기가 태어나면 자신들의 혁명 활동에 방해가 될 것이라고 판단한 덩잉차오는 아이를 유산시켰다. 결혼한 지 6개월도 채 지나지 않은 1925년 봄의 일이었다. 일을 마치고 저녁 늦게 집에 돌아온 저우에게 덩잉차오는 배 속의 아기를 유산시켰다고 말했다. 어지간해서는 화를 내지 않던 저우도 이때는 달랐다. 화가 머리끝까지 치민 듯 왜 그랬느냐고 따졌다. 아기는 두 사람의 아기이기 때문에 적어도 유산시키기 전에 아기 아버지가 될 자신과 상의를 했어야 한다고 고함을 질렀다. 그런 저우에게 덩잉차오는 아기가 혁명의 길을 걸어가는 데 방해가 될 것 같아 유산했다고 대답했다. 저우와 상의하면 당연히 아기를 낳자고 할 것이기 때문에 혼자서 결심하고 단행해 버렸다는 대답이었다. 덩잉차오는 화를 삭이지 못하고 씩씩대는 저우를 달래며 아기는 또 낳으면 되지 않느냐고 이야기했다.

그러나 두 번째 아기도 살리지는 못했다. 1927년 4월 15일, 덩잉차오가 둘째 아이를 해산하려 산고를 겪고 있었다. 몇 달 전 혼자 상하이로 떠난 저우는 이날 상하이 사변 때문에 정신없이 분주했다. 그날은 광저우에서도 상하이와 마찬가지로 살벌한 풍경이 벌어지고 있었다. 공산당과 결별을 선언한 국민당은 경찰과 군대를 동원하여 공산당원들을 색출했고 무자비하게 처형하고 있었다. 거리에는 사람들의 비명 소리와 핏자국으로 가득 차 있었다고 한다. 이런 와중에 교외의 한 농가로 피신한 덩잉차오가 친정어머니의 도움을 받아 아이를 해산하려 했지만 아이의 머리가 너무 커서 난산이 되었다. 서툰 동네 조산사는 집게를 사용하여 아기를 꺼내려 했지만 이 과정에서 두개골이 부서졌다. 아기는 결국 세상의 빛을 보지 못한 채 사산되고 말았다. 결국 이를 마지막으로 덩잉차오는 더 이상 아이를 갖지 못하게 되었다. 두 사람은 죽을 때까지 반세기 이상을 자식 없는 부부로 살았다.

저우가 덩잉차오에게 무관심했거나 부부 관계에 문제가 있는 것은 아니었다. 저우는 51년 동안 결혼 생활에 충실한 남편이었으며 덩잉차오도 마찬가지였다. 두 사람의 부부 관계가 혁명 동지적이었다는 말은 부부로서의 관계와 혁명가로서 해야 할 일을 항상 구분했다는 뜻이다. 공과 사를 엄격히 구분했고 부부 간에도 직업에 관한 일은 서로 일절 말하지 않았다. 혁명가로서의 저우는 죽음을 앞둔 절박한 상황에 뛰어들면서도 이를 알리지 않고 내색도 하지 않았다. 업무와 관련된 기밀은 아예 입 밖에 꺼내지도 않았다. 1927년 7월 말 난창의 추수 봉기를 지휘하기 위해 우한을 떠나는 날에도 저녁을 먹은 후 집을 나서면서 '주장(九江)에 간다'는 이야기만 했다. 덩잉차오 역시 왜 가는지 며칠이나 머무는지 등은 아예 물어보지도 않았다. 이 여정이 영원한 작별이 될지도 모르는 상황이었는데도 그랬다. 그것이 혁명의 길을 걷는 부부들이 감수해야 할 운명이라고 받아들였다. 1964년 10월, 중국이 원자폭탄 실험에 성공했을 때에도 덩잉차오는 그 사실을 신문을 보고서야 알았다. 저우의 장례식에 덩잉차오가 바친 조화에는 '샤오차오가 언라이 동지를 애도한다'는 내용의 글귀만 적혀 있었는데, 이는 부부의 인연보다 동지적 결합을 앞세우고 있다는 것을 보여 준다. 이들 부부는 그렇게 반세기 이상을 동지로 같이 살았다. 둘 다 부부로서의 삶에 앞서 혁명 동지로서 일생을 같이하기로 약속했고 이를 죽을 때까지 지켰다.

상하이 사변과 난창 봉기

1926년 12월 저우가 2년 남짓한 광둥 생활을 청산하고 상하이로 와서 당 중앙 조직부 비서 겸 상하이 지구당 군사부장에 취임했을 때에는 국공 합작은 이미 파탄의 길로 가고 있었다. 쑨원이 사망한 후 왕징위가 이끄는 좌파가 국민당 내의 주도권을 장악했지만, 1925년 8월 20일 광저우에서 일어난 랴오중카이의 피살 사건을 계기로 장제스가 이끄는 신우파에 밀리고 있었다. 장제스는 이듬해 1월 광저우에서 개최된 국민당 제2차 전국 대표 대회에서 국민 혁명군 총감이 되어 군권을 장악했고 그 후에는 더욱 집요하게 공산당과의 결별을 위한 구체적 수순을 밟아 갔다.

이미 1925년 11월 시산(西山) 회의에서 공산당과 결별을 결의한 이들 국민당 신우파는 1926년 3월에 일어난 중산함 사건을 구실로 공산당 탄압의 고삐를 바짝 조여 오기 시작했다. 5월에는 당무 정리안을 통과시켜 국민당 지도부에서 공산당원들을 모조리 축출했고 이듬해 2월에는 장제스가 이끄는 북벌군이 항저우를 점령했다. 3월에는 저장(浙江)성과 장쑤성마저 장악했다. 이렇게 국민당 우파가 공산당의 근거지인 상하이로 진격, 공산당원들을 제거하고 국공 합작에 최후의 일격을 가할 준비를 착착 진행하고 있었지만 상하이에 있던 저우와 공산당 중앙 조직은 엄청난 비극이 다가오고 있다는 사실을 모르고 있었다. 오히려 국민당 군대의 상하이 점령을 돕기 위해 동분서주하고 있었다.

당시 상하이 지역은 쑨촨팡의 군벌 부대가 장악하고 있었으나 이들은 이미 공산당이 주도한 노동자들의 3차 무장 봉기에 의해 시 외곽으로 쫓겨난 상태였다. 국민당의 북벌군이 진격해 온다는 소식을 들은 상하이의 공산당 조직은 3월 21일 정오를 기해 80만 노동자들이 총파업을 강행하고 5000여 명의 공인 규찰대를 무장시켜 상하이를 무력 장악하기로 결정했다. 저우, 자오스옌, 리리싼 등을 필두로 무장 봉기 특별 위원회가 구성됐고 저우가 자오스옌, 구쉰장(顧順章) 등과 함께 전선 총지휘부를 만들어 노동자들의 무장 봉기를 일선에서 직접 지휘했다. 자오스옌과 구쉰장은 군대를 지휘한 경험이 없었기 때문에 실질적인 지휘는 저우의 몫이었다. 저우는 이미 광저우에서 두 차례의 동정에 참가한 경험이 있었기에 공산당으로서는 보기 드문 군사 작전 전문가였다. 저우는 광저우의 경험을 살려 사전에 치밀한 계획을 세웠다. 코민테른이 지원한 5000정의 소총으로 무장한 노동자들은 경찰서, 우체국, 상하이 중앙역을 신속하게 장악한 후 임시 인민 정부 수립을 선언했다. 거사가 일어난 지 30시간 만이었다. 상하이에 진입하는 국민당 북벌군을 환영할 준비도 마쳤다.

그러나 시 외곽에 주둔한 채 사태를 관망하고 있던 장제스의 군대는 공인 규찰대에게 무장을 해제하고 무기를 반납하라고 요구했다. 저우가 이를 거절하자 4월 11일 밤, 장제스의 군대는 행동을 개시하여 시내로 진입했다. 밤의 어둠을 이용해 청방(青幫), 홍방(紅幫) 등 상하이 지역의 폭력배들을 앞세워 수많은 노동자들을 체포했고, 이에 대항하는 노동자들에게는 무차별한 발포 명령을 내렸다. 유혈 사태가 지속된 5일 동안 목숨을 잃은 사람이 5000명을 넘었다. 저우는 장제스의 군대가 진입한 날 밤 11시에 주력 부대였던 국민군 26군 2사단의 사령부로 가서 사단장 스례(斯烈)에게 격렬하게 항의하다가 그 역시 체포될 뻔 했다. 26군의 당 대표와 잘 알고 지내던 공산당원 황청징(黃澄鏡)의 도움이 없었다면 저우도 이때에 목숨을 잃을 수도 있었던 것이다.

상하이 사변은 저우와 공산당을 창당 이래 최대의 위기로 몰아 넣었다. 노동자들의 무장 봉기를 직접 지휘했던 저우로서는 직업 혁명가로서 생애 최초의 참담한 실패를 경험해야 했다. 심리적 충격도 이루 말할 수 없이 컸다. 비록 저우 한 사람의 잘못은 아니라 해도 저우는 현지의 당 위원회 군사부장이자 무장 봉기를 지원하는 특별 군사 위원회 책임자이기도 했다. 또한 저우는 책임 문제를 떠나 수많은 당원들이 희생된 비극적 사건에 대해 엄청난 죄책감을 느낄 수밖에 없었다. 물론 저우는 당원들의 희생을 최소화하기 위해 모든 노력을 다했다. 특히 자신의 신변의 위험을 무릅쓰고 당의 기밀문서들을 안전한 곳으로 옮겨 이들이 국민당의 수중에 넘어가지 않도록 기민한 조치를 취했다. 그러나 이러한 사실들이 그에게 큰 위로가 되지는 못했다. 이 사건으로 프랑스 유학 시절부터 가까이 지내며 중국 공산당 유럽 지부를 함께 창설했던 자오스옌이 희생됐고, 궈룽전, 마쥔(馬駿), 마첸리(馬千里) 등 각오사 시절부터 가깝게 지낸 동지들을 잃었다. 그가 존경하던 인물인 리다자오도 살아남지 못했다.

상하이 사변은 저우에게 혁명가의 길이 얼마나 험난한 길인가를 다시 한 번 일깨워 주었다. 그동안 저우가 국민당과의 합작에 걸었던 기대가 얼마나 비현실적이었는지, 그리고 이를 위해 쏟았던 그의 열정이 얼마나 헛된 것이었는지를 절감하는 계기가 되었다. 후일 그가 술회한 것처럼 겨우 스물아홉이라는 젊은 나이의 저우는 혁명의 어려움을 과소평가하고 국민당의 의도를 너무 순진하게 여겼는지도 모르겠다. 사태를 지나치게 낙관적으로 보았고, 이로 인해 조금은 경솔한 행동을 했는지도 모르겠다. 그러나 저우에게 상하이 사변은 큰 교훈을 안겼다. 도시에서의 지지 기반이 취약한 공산당이 노동자 중심의 무장 봉기를 성공시키기가 얼마나 비현실적으로 힘든 것인지를 확인시켜 준 것이다.

저우 개인뿐 아니라 당 전체로서도 상하이 사변의 영향은 엄청나게 컸다. 5만여 명의 당원이 1만 명 이하로 줄었고 100만 명이었던 노동조합(공회) 회원은 3만여 명으로 줄었다. 게다가 1000만여 명에 달하던 농민 조합원들은 뿔뿔이 흩어져 사실상 조직으로서의 모습과 위력을 상실해 버렸다.

혁명의 노선과 전략을 둘러싼 혼선도 계속되었다. '과격 좌경 모험 노선'을 주창하는 사람들은 노동자 계급을 중심으로 도시에서 폭력 혁명을 계속 시도해야 한다고 고집했다. 이에 비해 온건파들은 도시에서 적과 정면 대결을 피하면서 농촌을 중심으로 혁명의 역량을 키워야 한다는 입장이었다. 이렇듯 좌우의 노선이 대립하는 가운데 당의 혁명 전략은 강온 사이에서 아슬아슬한 곡예비행을 계속했다.

상하이 사변 이후 저우는 빠른 속도로 당의 최고 지휘부에 진입했다. 상하이 사변의 후유증이 채 가시기도 전인 4월 25일부터 5월 9일까지 우한에서 공산당 제5차 대회가 열렸다. 저우는 당 중앙 위원으로 당선되었고 회의 마지막 날 개최된 5기 중앙 위원회의 1차 전체 회의(5·1중전)에서는 정치국원에 선출되었다. 상하이 사변의 뒤처리 때문에 회의는 참석하지 못했지만 생애 처음으로 당 정치국원 자리에 오른 것이다. 또한 5월 25일 열린 정치국 상무 위원회 회의에서는 중앙 군사부장에 임명됐고 나흘 뒤에는 장궈타오가 후난으로 떠나자 그를 대신해 정치국 상무위원 직무 대리가 되어 정치국 상무 위원회의 업무를 보기 시작했다. 그야말로 당의 최고 핵심 지도부에 들어간 것이다.

당시에는 급박한 상황이 계속되어 거의 매일 정치국 상무 위원회의 회의가 열렸다. 6월 4일부터 6월 하순까지는 저우를 비롯해 천두슈, 취추바이(瞿秋白), 차이허썬까지 네 명의 상무위원이 윤번제로 매일 당직 근무를 서면서 숨가쁘게 돌아가는 비상사태에 대비했다. 중앙 위원회나 정치국 회의를 개최할 상황이 아니었기 때문에 거의 모든 결정은 정치국 상무 위원회가 내렸다. 비록 직무 대리이긴 했지만 저우 역시 당의 수뇌부 일원이 되어 당의 최고 의사 결정에 직접 참여하게 되었다.

공산당 최고 지도부에서 저우의 활약은 단연 눈에 띄었다. 그해 8월에 정치국 임시 상무위원이자 공산당 중앙 군사부장 신분으로 중국 공산당 최초의 무력 봉기였던 난창 봉기를 총지휘했다. 이듬해 6월 모스크바에서 개최된 제6차 당 대표 대회에서는 그의 당내 위상과 역할이 절정을 이루었다. 6차 대회는 저우의 대회라 표현해도 과장이 아닐 정도였다. 정식으로 정치국 상무위원에 당선되고 당의 실질적 주도권을 장악한 것도 이 대회였다. 당 정치국 상무위원회는 저우와 샹중파(向忠發), 쑤자오정(蘇兆征), 차이허썬, 샹잉(項英) 등 5명으로 구성되었다. 권력 순위로는 총서기인 샹중파가 저우보다 앞섰지만 그는 노동자 출신의 상징적 인물에 불과했다.

1879년 후베이 한촨(漢川)에서 태어난 샹중파는 한마디로 기인이었다. 말 재주가 뛰어났고 마술도 잘해서 노동자들 사이에서 대중적 인기가 있었다. 스스로 노동계의 로빈 후드같은 존재라는 의미로 '노동자 도둑들의 두목'이라 자칭했다. 1922년에 당에 가입한 후 제5차 당 대회에서 중앙 위원에 당선되었고, 1927년 8월 7일에 열린 정치국 임시 회의에서 코민테른 대표의 강력한 추천으로 정치국에 진입했다. 이후 같은 해 10월에는 농공 대표단을 이끌고 모스크바를 방문한 후 코민테른 주재 중국 공산당 대표가 되어 모스크바에 남아 있었다. 코민테른 집행 위원회 주석인 니콜라이 부하린과 급속히 가까워 진 것이 이때였다. 샹중파는 코민테른의 지원하에 1928년 7월 19일 개최된 6·1 중전에서 당 총서기에 당선된다. 중국 공산당이 노동자 정당이라는 점을 과시하기 위해 코민테른이 무리하게 밀어붙인 결과로 나타난 이변이었다. 샹중파는 총서기로 당을 이끌어 나가기에는 부족한 인물이었다. 이후 샹중파는 1931년 6월, 총서기에 오른 지 3년 만에 국민당에 체포되어 처형되고 말았는데, 여러모로 코민테른이 중국에서 거둔 최대의 실패 중 하나였다.

샹중파가 당의 총서기 자리에 오르고 얼마 지나지 않아 차이허썬이 물러났고 쑤자오정도 귀국 후 병사했다. 이런 상황이었기에 저우는 당의 가장 핵심적 업무를 관장하는 사실상 당의 최고 책임자가 될 수밖에 없었다. 저우는 공식적으로도 당 정치국 상무 위원회의 비서장이었고 조직과 군사 문제를 담당하고 있었다. 이때 저우의 나이가 겨우 서른이었다. 파리에서 중국 공산당에 가입한지 7년 만의 일이었다. 이때부터 1931년 1월까지의 약 2년 5개월여의 기간 동안 저우의 당내 지위와 역할은 정점에 도달했다고 볼 수 있다. 당내의 서열로 따지면 저우는 마오보다 상급자였다. 특히 당 중앙 군사 위원회 서기로서 군사 분야에서는 당내의 최고 결정권자였다. 이 시기에 저우는 당 정치국 회의와 정치국 상무 위원회 회의를 주도했고 당의 주요 정책과 방침의 결정에 적극적으로 참여했다. 완벽하게 성공하지는 못했지만 적어도 이 기간 동안 리리싼 등의 급진 좌익 노선을 견제하면서, 당의 혁명 노선을 중국의 현실에 맞도록 온건하게 변화시키기 위해 그는 혼신의 힘을 다 했다.

온건 노선을 당의 공식 입장으로 확인한 6차 대회 이후 혁명 전략을 둘러싸고 당 중앙과 코민테른 원동국(遠東局) 사이에는 심각한 갈등이 있었다. 이 때문에 저우는 1930년 3월부터 8월까지 병을 핑계로 비밀리에 모스크바를 방문하기도 했다. 스탈린을 만나 설득하기 위해서였다. 저우의 설득 끝에 결국 스탈린은 그의 의견을 받아들였다. 스탈린이 코민테른 원동국이 아니라 중국 공산당의 손을 들어 준 것이다. 비록 짧은 기간 동안 유지되었지만 이 당시의 중국 공산당의 온건 혁명 노선과 전략은 저우의 생각과 철학에 가장 근접하는 것이었다.

여기서 한 가지 의문이 든다. 저우는 어떻게 해서 그토록 빠르게 승진할 수 있었을까? 저우는 상하이에서 노동자 시위를 주도한 인물이기 때문에 상하이 사변에 대한 책임에서 자유로울 수 없는 입장이었다. 난창 봉기도 결과적으로는 성공하지 못했기 때문에 전적 위원회의 서기로 거사를 현장에서 총괄 지휘했던 저우는 강등되거나 좌천되었어야 마땅했다. 이 사건과 비슷한 성격의 사건인 후난 추수 봉기를 지휘했던 마오는 정치국 후보에서 탈락했으며, 같은 사건에 연루된 이리용(易礼容), 샤밍한(夏明翰) 등도 마오쩌둥과 함께 후난성 성위 위원직을 박탈당한 바 있었다. 펑궁수(彭公述)는 정치국 후보 위원직에서 물러나기까지 했다. 심지어 예딩은 광저우 의거의 실패로 책임을 추궁당해 모스크바로 귀양을 가야 했고, 외롭고 힘든 생활을 계속하다 결국 당을 떠나고 말았다. 그런데 어째서 저우는 이 모든 일들에 깊이 관여했으면서도 오히려 승승장구했고, 실패의 책임 역시 경고 정도로 가볍게 넘어갈 수 있었을까?

이 이유는 몇 가지로 정리할 수 있다. 우선 상하이 사변 당시 저우는 최고 결정자의 위치에 있지 않았다. 상하이 사변은 국공 합작이라는 당의 노선이 빚어낸 비극이었다. 그저 당의 노선을 따라 임무를 충실히 실천한 저우가 책임져야 할 사건이 아니었던 것이다. 국공 합작과 상하이에서의 노동자 무장 봉기는 저우의 결정에 의한 것이 아니라 당 중앙의 최고 지도부가 내린 결정이었다. 물론 코민테른이 뒤에서 조종한 것이었지만 공식 결정은 정치국 상무위원회가 했다. 그래서 이는 당의 총서기 천두슈가 책임을 지게 되었다. 저우는 당 중앙의 잘못된 결정이 초래한 엄청난 비극의 현장에서 당의 기밀을 보호하고 인명 피해를 최소화하기 위해 자신의 생명을 걸고 필사적인 노력을 했다. 이 사실 때문에 저우는 오히려 높은 평가를 받았다. 그의 기민하고 헌신적 노력이 없었더라면 피해가 훨씬 더 컸을 것이라는 것을 동료들이 인정했기 때문이다. 그는 오히려 5차 전당 대회에서 정치국원에 선출될 수 있었다.

난창 봉기의 경우도 마찬가지였다. 난창 봉기를 단행하기로 결정한 것은 저우가 참석한 정치국 회의에서였지만, 그때는 이에 반대하는 사람이 한 명도 없었다. 상하이 사변과 국공 합작 결렬이라는 엄청난 사건들이 터져 당이 공중분해될 수도 있는 절체절명의 시점이었다. 당시 당내에는 과감한 무력 봉기의 필요성에 대한 광범위한 공감대가 형성되어 있었다. 무력 봉기만이 안으로는 당의 단합을 도모하면서, 밖으로는 당의 건재함을 과시할 수 있는 유일한 탈출구라는 판단이었다. 뿐만 아니라 난창의 경우에는 당시 상황을 살펴보면 승산이 충분한 시도였다. 문제는 오히려 난창을 점령한 뒤 바로 산터우로 가서 소련이 보내는 무기를 인수하고 재무장해서 다시 북벌을 시작한다는 코민테른의 전략이었다. 저우는 이때에도 역시 주어진 상황에서 혼신의 힘을 다해 피해를 줄였고, 초인적 능력과 기지를 발휘하여 위기 상황에서 탈출했다. 탈출이라는 표현도 맞지 않을 수 있다. 실제로 저우는 탈진해서 혼수상태에 빠져 들것에 실린 채 작은 배로 홍콩으로 후송되었다. 자칫 목숨을 잃을 수도 있는 절망적인 상황에서 용케 살아남은 것이다.

물론 저우의 빠른 출세를 그의 기민한 판단과 헌신적 노력 때문으로만 볼 수는 없다. 그는 창당 이전부터 당원으로 인정되었을 만큼 공산당의 원로 당원이었다. 또한 당에 대한 충성심과 혁명 노선에 대한 깊은 신념을 갖고 있었다. 조직과 군사 부문에서도 뛰어난 능력을 발휘해 당 지도부 내에서 조직과 군사 분야의 최고 전문가로 인정받고 있었다. 그가 당 중앙 조직부 서기 겸 상하이 지구당 군사부장이 되어 광저우에서 상하이로 옮겨 오게 된 것도 능력을 인정받았기 때문이었다. 광저우에서 당 조직을 재건했고, 황푸 군관 학교에서 군 지휘관으로서 경험을 쌓았으며, 특히 두 차례의 동정 작전에서 대단한 전과를 거둔 것이 이러한 능력을 증명하는 사례였다. 중국 공산당 지도자들 중에서는 이와 같은 경력을 가진 사람이 전무했다. 저우의 중용은 대안이 없는 상황에서 내려진 최선의 선택이었던 것이다.

저우의 출세 비결에는 그의 온유하고 성실하고 합리적 성격도 빼놓을 수 없다. 그는 자신의 주장을 앞세우기보다 상대의 의견을 존중하고 귀담아 들었고, 이견이 있는 경우에도 상대를 억압하거나 강요하지 않았다. 당의 노선이나 정책에 대해 불만이나 이견이 있는 경우에도 일단 당의 공식 입장으로 확정된 것은 마오처럼 이를 부인하거나 맞서 싸우는 대신 일단 수용한 다음 인내심을 갖고 이를 설득하고 고치려 했다. 그는 체제 밖에서 당을 공격하는 대신 언제나 당의 울타리 내에서 최선을 다하는 철두철미한 '조직인'이 었다. 그런 현실적 태도가 때로는 현실과 타협하는 기회주의적 처신으로 비칠 수도 있었지만 그에게 중용과 실용은 거의 본능적 가치로 내재화되어 있었다.

그의 중용사상과 실용주의가 보통 사람들의 기회주의나 인기영합주의와 구별될 수 있었던 것은 그가 남을 헐뜯거나 음해하거나 중상모략하지 않고 언제나 공명정대했다는 사실 때문이었다. 종합하자면 저우의 빠른 출세의 비결은 조직인으로서의 철두철미한 헌신과 성실, 당과 사회주의에 대한 충성과 흔들리지 않는 신념, 조직과 군사 전문가로서의 뛰어난 능력, 인간적으로는 온화하면서도 공명정대한 성격 등인 것이다.

왕밍 노선과 중화 소비에트 공화국

그러나 이렇게 높아지던 저우의 당내 위상은 1931년 1월 상하이에서 개최된 6·4 중전을 기점으로 다시 위축되기 시작했다. 코민테른의 중국 책임자 파벨 미프(Pavel Mif)가 모스크바의 중산 대학(中山大學)의 총장 재직 시절에 길러낸 젊고 과격한 중국인 제자들을 동원해 당권을 장악하고 당의 전략을 급진 좌경으로 선회시켰기 때문이다. 6·4 중전에서 저우는 정치국 상무위원직을 그대로 유지했지만 이미 당의 주도권은 미프가 지원하는 왕밍(王明)과 보구(博古) 등 볼셰비크 외인부대가 장악해 버린 상태였다.

이들 외인부대는 중국 혁명의 성격이 제국주의와 봉건 세력에 대항하는 자산 계급 민주 혁명이 아니라 무산 계급이 자산 계급을 타도하는 사회주의 계급 혁명이어야 한다고 주장했다. 전략 측면에서 당내 현실주의자들의 주장은 농민과 노동자가 연합하여 농촌에서 근거지를 건설하고, 게릴라 전략을 통해 적을 약화시키고 힘을 축적하면서 때를 기다려야 한다는 것이었으나, 외인부대에서는 이를 이단으로 간주했다. 이들은 이러한 전략 대신 하나 내지 몇 개의 성과 대도시에서 무장 봉기를 일으켜 소비에트 정권을 수립한 다음, 이를 전국으로 확대해 나가야 한다는 급진 전략을 추구했다.

혁명을 위한 여건을 바라보는 시선도 달랐다. 외인부대는 노동자와 농민 연합 세력이 전국에서 봉기하여 혁명을 성공시킬 수 있는 혁명의 고조기가 이미 도래했다고 주장했다. 반대파들이 이에 이의를 제기하면 기회주의 또는 투항주의라고 몰아붙였다. 이들의 주된 공격 대상은 리리싼이었지만 저우도 같은 비판에서 벗어나지 못했다. 저우에 대한 비판에 단골처럼 따라붙은 말은 '조화주의'였다. 좌익도 아니고 우익도 아닌, 가운데서 애매한 입장을 취했다는 의미였다. 그러나 실제로 이런 표현은 저우를 좌우 양쪽의 눈치를 보며 '간에 붙었다 쓸개에 붙었다' 하는 기회주의적 인물로 비난하는 것이었다. 심히 모욕적인 표현이었다.

이렇듯 모욕적인 비난에도 저우는 저자세로 대응했다. 새로운 지도부가 당권을 장악했고 대세가 이미 좌익 노선 쪽으로 기울기 시작했음을 간파한 저우는 자신의 과오를 인정하고 자신에 대한 비판을 수용했다. 왕밍 일파의 공격 목표가 자신이 아니라 리리싼이라는 사실을 꿰뚫어 보고 있기에 그랬는지는 모르겠다. 하지만 그동안 자신이 주도해 온 온건 혁명 노선이 무차별 공격을 받고, 자신을 인격적으로 모독하는데도 잘못을 인정하고 비판을 수용했다. 그가 이러한 비판을 수용했기 때문인지 투표에 부쳐진 그의 정치국 퇴출안은 반대 18표, 찬성 6표라는 압도적 차이로 부결되었다. 그래서 그는 다시 정치국원으로 선출되었고 정치국 상무위원과 중앙 군사 위원회 책임자로 임명되었다. 물론 실권은 이미 왕밍과 그의 외인부대가 장악한 후였다.

여기서 흥미로운 것은 저우와 리리싼에 대한 비판 내용이다. 왕밍 일파가 리리싼을 공격한 것은 그가 코민테른의 지시를 위반하고 마르크스·레닌주의를 배반했다는 이유였다. 그러나 실제로 리리싼이 추구한 혁명 노선은 왕밍이 주장한 것과 같이 도시에서의 무력 봉기에 의한 직접 혁명이었다. 오히려 코민테른의 지시에 반기를 든 것은 리리싼이 아닌 저우 쪽이었다. 저우는 그 일 때문에 모스크바까지 가서 스탈린을 만났다. 스탈린이 저우의 손을 들어 주었고, 1930년 7월에 열린 코민테른 집행 위원회에서 중국 문제에 대한 결의안을 채택하고, 중국에서 "전국적 범위의 직접 혁명을 추진할 여건이 성숙하지 않았다."라고 선언했던 것이다. 그리고 두 달 뒤에 중국 공산당 중앙 위원회가 열려 저우의 주장대로 다시 혁명의 노선을 온건 노선으로 선회하는 6·3 중전 결의문이 채택되었다. 그런데 어째서 비판의 대상에서 저우는 빠지고, 반대로 리리싼은 처벌받았을까?

아마도 이에 대한 대답은 권력 투쟁이라는 시각에서 찾아야 할지 모른다. 다시 말해 왕밍의 외인부대는 자신들의 권력 장악에 더 큰 위협으로써 저우보다는 리리싼을 크게 평가했다는 것이다. 저우는 언제나 2인자의 위치에 만족하는 유연한 성격의 소유자였기에 야심만만한 리리싼보다 덜 부담스럽다고 판단한 것이다. 이런 판단은 6·4 중전 회의에서 미프가 한 말에서도 짐작할 수 있다. "언라이 동지도 당연히 혼을 내 주어야 하지만 타도할 필요는 없다. 앞으로 그가 업무를 처리하는 과정에서 과거의 잘못을 시정하는지를 지켜볼 것이다." 저우는 1인자라는 위치를 추구하지 않았으며 누구와도 함께 협력하고 일의 성공에 크게 기여할 수 있는 특별한 능력의 소유자였다. 이를 미프와 그의 학생들이 높이 평가한 셈이다. 이제 저우는 상하이를 떠나 새 활동 무대인 장시를 근거지로 자신의 능력을 입증해야 할 처지가 되었다.

저우가 상하이를 떠나 장시로 간 데에는 또 다른 중요한 이유가 있었다. 저우가 장시로 떠났던 1931년 말의 상하이는 공산당에게는 더 이상 안전한 곳이 아니었다. 공산당에 대한 국민당의 탄압이 심해져서 공산당원들은 더 이상 버티기가 어려웠다. 특히 그해 4월, 당의 비밀 조직 책임자인 구쉰장이 우한에서 국민당 요원들에게 체포되면서 당의 기밀이 모두 노출된 것이다.

구쉰장은 누구보다도 상하이에 있는 당 중앙 지도층의 소재와 국민당에 침투해 있던 공산당 비밀 조직을 잘 알고 있었다. 후난에 있던 소비에트 근거지로 가는 장궈타오를 안내한 후 돌아오는 길에 우한에 들러 내연녀와 밀회를 즐기던 구쉰장은 국민당 요원들이 들이닥치자 아무런 저항 없이 두 손을 내밀어 체포에 응했다. 자신이 가진 정보를 과신했기 때문이었다. 자신의 정보가 국민당입장에서 매우 귀중한 것이라 판단했기 때문에 국민당의 최고위층과 이를 바탕으로 흥정해서 자신의 안전을 보장받을 수 있을 것이라고 믿었던 것이다. 이는 암흑가에서 잔뼈가 굵은 사람들도 흔히 하는 착각이었다.

구쉰장뿐이 아니었다. 당의 총서기로 있던 샹중파도 그해 6월에 국민당 요원에 의해 신원이 발각되어 체포되었고 얼마 후 처형당했다. 평소 돌출 행동으로 유명했던 샹중파는 우한의 어느 대로에서 마술사 복장을 하고 마술을 부리다가 신분이 들통나는 바람에 국민당 요원들에게 붙들렸던 것이다. 중국 공산당으로서는 치욕적인 사건이었고 저우에게도 대단히 충격적이었다. 자신이 당 중앙의 모든 첩보 공작을 책임지고 있었기 때문에 더욱 그랬다.

이런저런 이유로 중국 공산당 본부는 더 이상 상하이에 있을 수 없게 되었다. '외인부대'의 대장 격인 왕밍이 모스크바로 떠난 것도 그 때문이었다. 중국 공산당 중앙의 코민테른 대표라는 꼬리표를 달았지만 누가 봐도 피신이었다. 상하이에 남은 공산당 정치국 인원은 의결 정족수의 반에도 미치지 못했다.

최고 지도기관인 정치국 상무위원 4명 중 3명이 상하이를 떠났다. 당 총서기 샹중파는 국민당에 체포되어 처형당했고, 장궈타오는 허룽(賀龍)과 합치기 위해 장시로 떠났으며, 왕밍은 모스크바로 가 버렸다. 왕밍을 대신하는 '외인부대' 보구가 남았지만 그는 정치국원도 아니었다. 장원톈(張聞天)도 마찬가지였다. 장원톈 역시 정치국원이 아니었지만, 당시 상하이에는 이런 인물들이 임시 중앙이라는 이름으로 당을 장악하고 있었다.

이런 상황이었기에 저우도 더 이상 상하이에 남아 있을 이유가 없었다. 이미 저우는 1년 전에 중화 소비에트 공화국의 중앙국 서기로 선출되었으나 그동안에는 상하이 중국 공산당의 업무 때문에 대리인들에게 맡겨 놓은 상태였다. 이제 저우는 서기에 정식으로 취임하기 위해 상하이를 떠나 장시의 징강(井崗)산 근거지에 도착한 것이다. 국민당 비밀 요원들의 감시를 피해 상하이에서 푸젠성으로 들어와서 장시로 잠입하는 길고 지루하고 위험한 여행을 해야 했다. 낮에는 숨어 지내다가 밤을 이용해 험한 산을 넘고 강을 건넜다. 저우가 장시의 소비에트 근거지 루이진(瑞金)에 도착하는 데 거의 보름이 걸렸다. 차가운 겨울 날씨가 기승을 부리기 시작한 1931년 12월 말의 일이었다.

중화 소비에트 중앙국은 1930년 9월에 개최된 6·3 중전 이후에 설립된 당 중앙의 직속 기구였다. 저우의 건의에 따라 만들어졌다. 저우, 마오, 샹잉, 주더(朱德), 런비스(任弼時) 등 5명이 주석단에 선출되었고 서기는 저우가 맡았다. 소비에트 중앙국을 설치한 이유는 전국 각지에 만들어진 소비에트 근거지들을 통괄하기 위해서였다.

당시 소비에트 근거지로는 장시의 소비에트 중앙국을 비롯하여 후베이·허난·안후이 지역 근거지, 서부 후난·후베이 지역 근거지, 후난·후베이·장시 지역 근거지, 장시 동북 지역 근거지, 후난·장시 근거지, 푸젠·저장·장시 근거지 등 대소 15개가 양자강 이남에 산재해 있었다. 통신망이 제대로 갖추어지지 못해 이들 소비에트 근거지들을 멀리 떨어진 상하이에서 통합 지휘한다는 게 매우 어려운 일이었다. 그래서 가장 큰 소비에트 근거지가 자리 잡고 있던 장시의 루이진에 소비에트 중앙국을 설치하고 이를 통해 각지의 소비에트를 통일적으로 관할토록 했다.

　그러나 통일적 관할이 말처럼 쉽지는 않았다. 도시에 대한 무장 봉기를 고집하는 당 중앙과 이에 반대하는 현지 소비에트 근거지의 책임자들 사이의 갈등은 저우가 장시로 옮겨 온 후에도 계속되었고 마오와 저우의 관계에도 적지 않은 영향을 미쳤다. 소비에트 중앙국 서기였던 저우는 당 중앙을 대표해서 각 지역의 소비에트 근거지를 통솔해야 할 책임이 있었고, 농촌 근거지를 처음 창설하고 이를 정착시킨 마오는 마오대로 소비에트 근거지를 대표해 현지에 적합한 혁명 전략과 군사 전술을 옹호해야 하는 입장이었다. 이렇게 각기 다른 입장에서 만난 두 사람이 1932년부터 대장정이 시작된 1934년 10월까지 3년에 가까운 시간 동안 몇 차례의 고비를 넘기며 새로운 협력 관계를 만들어 나간 과정은 저우의 경력과 생애에서 매우 중요한 의미를 갖는다.

중앙 특과와 홍색대

장시 근거지로 온 저우가 마오와 새로운 관계를 만들어 나가는 과정을 살펴보기 전에, 당 정보 조직을 만들었던 저우의 상하이 시절을 잠시 살펴보려 한다. 저우는 난창 봉기가 실패한 후 다시 상하이로 와서 당 중앙의 조직과 군사 분야 책임자로 일하기 시작했다. 이때 저우가 무엇보다도 심혈을 기울인 것이 바로 당의 정보 조직을 만드는 일이었다. 정보는 국민당에게 밀려 있던 공산당의 압도적인 열세를 극복할 수 있는 방법인 동시에 당이 생존할 수 있는 유일한 수단이기도 했다.

합법적인 조직으로 인정받지 못하고 있던 공산당이 숨 쉬고 기댈 수 있는 언덕은 지하 세계가 유일했다. 하지만 상하이를 장악하고 있는 외국 경찰과 주먹 세계는 실질적으로 국민당과 내통하고 있었다. 그런 상황에서 공산당 본부의 안전과 지도자들의 활동을 보장할 있는 방법은 정보밖에 없었다. 이는 1927년 4월의 상하이 참사가 저우에게 준 뼈아픈 교훈이기도 했다.

저우는 당 조직국 서기 겸 정치국 상무위원으로서 당 중앙의 조직과 군사 분야의 책임을 맡아 중앙 정보 조직을 강화하는 일에 가장 먼저 착수했다. 1927년 11월과 12월 사이의 일이었다. 11월 14일에 개최된 당 중앙 정치국 상무 위원회 회의에서 당 중앙의 조직을 개편해 중앙 특과를 만들기로 결정했다. 특과 밑에는 총무, 정보, 행동 3과를 두었다. 그리고 얼마 후 무선 통신을 담당하는 제4과가 추가되어 모두 4개의 과로 편성되었다. 총무과는 예산 등의 행정 사무를 맡았고, 정보과는 주로 국민당과 관련된 각종 정보를 수집하는 일을 했다. 상하이에는 여러 외국 기관들도 진출해 있고 정체를 알 수 없는 수많은 첩보 기관들이 활동하고 있었다. 이들 상대로의 정보 수집도 당에 도움이 되었지만 인원이나 예산 등이 제한되어 있었기 때문에 국민당을 대상으로 한 정보 수집을 주로 했다. 가장 규모가 크고 활발한 과가 행동과였다. 인원도 가장 많았고 예산도 다른 과와는 비교할 수 없을 정도였다. 임무도 다양했다. 당 지도자들의 경호는 물론이고 지도자들의 숙소나 회의 장소를 물색하는 일도 했다. 필요하다면 무력으로 배신자들을 제거하고 체포된 당 인사들을 구출하는 일도 맡았다.

그래서 이들 행동과를 홍색대(紅色隊) 또는 타구대(打狗隊)라고도 불렸다. '타구대'란 개를 때리는 부대라는 뜻인데 주로 배신자들을 '개 잡듯이' 때려 제거한다는 뜻이었다. 이들 행동대원들에게는 총이나 수류탄이 지급되었다. 숫자는 40명 안팎이었지만 국민당 요원들에게는 공포의 대상으로 각인되기도 했다. 이 행동대원들은 체포된 런비스를 두 번이나 구출해 내기도 했다.

무선 통신과는 코민테른과 상하이의 당 중앙 그리고 중국 내 각 지역에 흩어져 있던 소비에트와 군부대를 연결하는 책임을 맡았는데 당시 사정이 열악해서 실제 운용에는 문제가 많았다. 그중에 가장 힘든 것이 좋은 무선 기기를 도입하는 문제였다. 주로 홍콩을 통했지만 가끔은 신장(新疆)이나 몽골을 통하기도 했다. 기기뿐 아니라 인력 확보도 중요한 문제였다. 무선 통신을 운용하기 위해서는 전문 인력을 훈련시키고 암호 체계도 만들어야 했다. 이들은 대부분 소련에 가서 단기 훈련을 받거나, 중국 내의 당 중앙이나 각 지방 단위에서 단기 훈련 프로그램에 참여했는데, 이 모든 활동에 저우가 관여했다. 어느 사소해 보이는 문제라도 저우의 손이 닿지 않은 곳이 없을 정도였다.

무선 통신을 운영하기 전, 중앙과 지방과의 연락을 담당한 것은 사람이었다. '교통 전사'라고 불린 이들은 화학 물질로 특수 처리된 비밀문서를 전하기 위해 상하이에서 장시까지 2개월 이상 걸리는 거리를 왕복했다. 상하이에서 배편으로 광둥이나 푸젠으로 넘어간 뒤, 다시 험한 산길을 걸어 목적지인 장시까지 갔다. 낮에는 국민당 요원들의 감시망을 피해 숨어 지냈고, 주로 밤길을 이용해 이동했기 때문에 시간이 많이 걸렸다. 시간도 시간이지만 안전이 더 문제였다. 적지 않은 교통 전사들이 이동 도중에 실종되었다. 중앙의 결정이 근거지에 전달되는 데까지 긴 시간이 걸리는 것도 문제였고, 아예 내용이 전달되지 못하거나 국민당으로 들어가서 역으로 공작을 당하는 경우도 있어서 당 운영에 큰 문제가 되었다.

상명하복을 생명처럼 여기는 공산당이었기에 더욱 문제가 될 수밖에 없었다. 공산당 조직은 상하이 공산당 본부의 지시 사항이 장시 등의 지역 거점에 전달되어야 움직일 수 있는 조직이었다. 그러나 이러한 연락 업무를 인편에만 의존하는 것은 한계가 있었다. 코민테른의 도움으로 무전 시설이 들어오기 시작한 1928년 6차 전당 대회 이후부터는 사정이 좀 나아지긴 했지만 근본적인 문제는 해결되지 못했다. 결국 공산당이 국민당과 벌이는 싸움은 자금과 조직 면에서 비교가 되지 않을 정도로 밀리고 있었고, 이 문제를 책임지고 있던 저우의 고민도 그만큼 컸다.

저우는 특과에 우수한 인재를 많이 모았다. 천겅(陳賡), 리커눙

(李克農), 첸좡페이(錢壯飛), 후디(胡底), 구쉰장 등이 핵심 인물이었다. 1903년생인 천겅은 평생 저우와 각별한 인연을 맺었다. 황푸군관 학교 시절 저우의 경호원으로 저우와 인연을 맺은 천겅은 대장정 때 저우가 병이 나서 혼수상태에 빠지자 나무로 들것을 만들어서 저우를 직접 어깨에 메고 다닐 정도였다. 저우의 추천으로 1926년 소련에 가서 정보와 비밀 통신 등에 관한 전문적 교육을 받은 그는 국민군 제20군 산하 연대장으로 저우가 주도한 난창 봉기에도 참가했다. 1928년 4월에 특과 정보과장을 맡아 1, 2차 반소공 전투에서 국민당 공격을 격퇴하는 데 큰 공을 세운 것도 천겅이었다. 내전 중에는 제2야전군 산하 제4병단의 사령관과 정치위원을 지냈고 건국 이후에는 윈난성의 성장 격인 지역 군사 위원회 서기를 지냈다. 한국 전쟁이 터지자 지원군 제3병단 사령관으로 참전했고 국방부 부부장까지 지냈다. 계급으로는 대장까지 진급했다. 저우가 만든 당 중앙의 특과에서 가장 핵심적 역할을 한 인물 중 한 명이었다. 저우는 천겅이 1961년에 상하이에서 병으로 세상을 떠나자 그의 장례 위원회 위원장을 맡아 마지막까지 애정과 감사를 표했다.

리커눙 역시 저우와 각별한 인연을 맺고 특과의 핵심 요원으로 활약했다. 저우보다 한 살 아래인 그는 1928년 초에 상하이에서 저우를 처음 만난 후 평생 저우 곁을 떠나지 않았다. 대장정 중에는 중앙 종대의 경호대장을 지냈고 시안 사건 때에는 저우의 측근으로 국민당과의 협상에 참가했다. 건국 후에는 당 중앙 군사 위원회 정보부장과 외교부 부부장 그리고 당 중앙의 정보 책임자인 사회부장을 지냈다. 한국 전쟁 때에는 저우의 지시에 따라 휴전 회담 중국 측 대표로 참석했고 건국 후 최초의 다자 외교 무대였던 제네바 회담에서 저우의 오른팔 역할을 맡아 신생 중국의 국위를 제고하는 데에 크게 기여했다. 리커눙은 반우파 운동이 끝나고 대약진 운동이 시작되기 직전인 1957년 말, 중풍으로 반신불수가 되었다가 1962년 2월에 사망했다.

초기의 특과 요원 중에 비교적 나이가 많은 편이었던 첸창페이는 특이한 경력의 소유자였다. 1896년생인 그는 베이징 의과 대학에서 공부하고 있던 의사 지망생이었다. 1925년에 공산당에 가입한 후 저우에 의해 특과 요원으로 발탁되었고, 국민당 정보기관의 최고 책임자인 쉬언쩡(徐恩曾)의 기요 비서가 되었다. 쉬언쩡은 국민당의 최고 실세인 천리푸(陳立夫)가 가장 신임하는 측근이었다. 첸창페이는 쉬언쩡의 기요비서였기 때문에 국민당 내의 가장 민감한 정치 정보와 군사 정보를 입수할 수 있었다. 1, 2차 소공(掃共) 때에는 첸창페이가 빼낸 정보 덕분에 공산당이 국민당의 군사 공격을 물리칠 수 있었다. 그러나 불행히도 홍군 총정치부 부비서장으로 장정에 참가하던 중 희생되고 말았다.

구쉰장은 문제가 많은 인물이었다. 1895년생으로 특과 구성원 중에서 가장 나이가 많았던 그는 주먹 세계에서 잔뼈가 굵은 사람답게 다부지고 강인했다. 말도 잘하고 마술과 변장 재주가 뛰어났다. 장쑤성의 빈민층 가정에서 태어난 그는 어려서 상하이로 와서 노동조합 운동에 투신했다. 특히 1925년의 5·30 시위 때에 상하이 부두 노조의 주석으로 맹활약했다. 1926년 가을, 구쉰장은 천경 등과 함께 소련으로 가서 정보와 경호 업무에 대한 단기 연수를 받고 1927년 2월 귀국했다. 귀국 후 장시성 군사 위원회 위원으로 일하다가 그해 3월 저우가 주도한 상하이 노동자 무장 봉기에서 공인 규찰대를 이끌고 상하이 시청을 점령해서 일약 유명해졌다. 그리고 이 사건이 계기가 되어 1927년 11월 14일 특과의 행동과 책임자 자리에 올랐다.

구쉰장을 누가 추천했는지 알 수 없지만 저우의 동의가 없으면 갈 수 없는 자리이기 때문에 적어도 저우가 반대하지는 않았을 것이라고 추측할 수 있다. 실제로 구쉰장이 우한에서 국민당 요원들에게 체포된 후 정치국 회의에서 이 문제가 논의되었을 때 저우가 '자아비판'을 하고 그 사건에 대한 책임을 받아들였다는 사실을 고려하면 저우 역시 구쉰장의 특과 책임자 임명에 일정한 정도에서 관여했다고 볼 수 있다. 그러나 구쉰장의 경력 중에는 첸창페이나 리커눙 같은 저우와의 특별한 인연은 없다. 저우가 당 중앙의 조직과 군사 담당 책임자로 일하면서 세운 업적 중의 하나인 특과 활동에서 구쉰장은 오히려 큰 오점을 남겼다. 결국 구쉰장 사건 이후 저우는 특과에서 손을 뗐고 캉성(康生)이 업무를 이어받았다.

구쉰장이 체포된 것은 1931년 4월 24일이었다. 구쉰장이 체포되었다는 전문이 우한의 국민당 정보 당국으로부터 난징의 중앙로 305호실로 올라왔다. '정원실업사'라는 위장 간판을 달고 있던 305호실은 국민당 중앙 조사과가 있는 곳이었다. 책임자가 바로 쉬언쩡이었다. 마침 그날은 토요일 오후였고, 쉬언쩡이 퇴근한후 첸챵페이 혼자 사무실에 남아 당직을 서고 있었다. 이때 우한의 국민당 정보 책임자로부터 쉬언쩡 앞으로 긴급 전문이 여섯 차례나 들어온 것이다. 이상하게 여긴 첸챵페이가 암호를 해독해 보니 깜짝 놀랄 만한 일이었다. 공산당 정치국 후보 위원이자 특과의 행동과의 책임자인 구쉰장이 체포되었다는 사실과 함께 구쉰장이 국민당의 최고 책임자를 만나 전하고 싶은 중요한 정보가 있다는 내용이었다.

사태의 심각성을 파악한 첸챵페이는 밤을 새워서 자신의 사위이자 비밀 당원인 류치푸(刘杞夫)를 상하이로 보내 리커눙에게 이사실을 알렸다. 리커눙은 이를 천경과 상의했고, 결국 이 내용이저우에게 보고되었다. 공산당 중앙의 비밀 조직에서 저우 다음으로 큰 책임을 맡고 있던 구쉰장은 공산당 최고 지도부의 인적 사항과 거주지를 누구보다도 잘 알고 있었다. 자칫 공산당 지도부가일망타진될 수 있는 절체절명의 순간이었다.

보고를 받은 저우의 대응은 재빨랐다. 상하이에서 오랜 노동 운동 경력으로 지하 세계의 사정을 잘 알고 있던 천윈(陳云)의 도움을 받아 즉시 상하이에 있던 당 지도자들을 안전한 장소로 피신하게 했고 구쉰장이 알고 있는 당의 기밀문서들을 모두 파괴했다. 암호도 바꾸고 이름이 알려진 특과 요원들도 지방의 안전한 곳으로

대피시켰다. 첸창페이, 리커눙, 천경 등은 장시의 소비에트 중앙국
으로 보내졌다. 그리고 구쉰장의 가족들에 대한 무자비한 보복을
단행했다. 타구대의 행동대원들이 임무를 맡았다. 배신자에 대한
철저한 보복은 저우가 정해 놓은 불문율이었다.

저우도 국민당의 보복을 받았다. 1931년 2월의 일로서 이른바
'오호' 등의 공산당 탈당 사건이었다. '오호'는 1920년 각오사 시절
저우가 사용했던 암호였다. 저우가 상하이를 떠나 장시로 온지 몇
달 후인 1931년 2월 16일부터 21일까지 상하이의 여러 신문에 이
상한 광고가 났다. 신보, 시보, 신문보 등 현지의 신문에 실린 광고
의 내용은 저우를 비롯한 243명의 공산당 당원들이 공산당을 탈
당한다는 광고였다. 물론 이 광고는 사실이 아니었다. 이 광고가
나왔을 때 저우는 이미 상하이에 없었다. 벌써 1930년 12월에 상
하이를 떠나 중화 소비에트 임시 정부의 수도 루이진에 도착해 중
앙 소구 중앙국의 서기직을 수행하고 있었다. 확인할 수는 없지만
자신의 가족들을 모조리 잃은 구쉰장이 상하이 신문들에 낸 광고
로 추정된다. 물론 국민당 정보기관의 도움이 없이는 있을 수 없는
일이었다. 그러나 이 사실이 아닌 광고는 훗날 사인방이 저우를 모
함하는 구실이 되었다. 저우가 특과 일을 수행하며 겪은 사건이 죽
을 때까지 그를 괴롭힌 셈이다.

제3장

위기를 바탕으로
내실을 다지다

周恩來

푸텐에서 닝두까지

1931년 12월, 저우는 중화 소비에트 임시 정부의 수도 루이진에 도착했다. 당시 루이진의 정세는 매우 불안했다. 저우는 이 지역의 당 최고 책임자였기에 그가 직접 챙길 일들과 급히 대책을 세워야 할 사안들이 많았다. 그 중에도 가장 시급한 것이 소구 숙반공작(肅反工作)의 뒤처리와 홍4군 총정치위원에 관한 일이었다. 두 사건 모두 마오와 직접 관련이 있었고 저우와 마오 두 사람의 관계에도 중요한 영향을 미쳤다.

반볼셰비키(Anti-Bolsheviki, AB)단 사건으로 알려진 소구 숙반공작 사건은 마오가 장시 근거지를 건설하는 과정에서 국민당의 끄나풀이라는 혐의로 무수한 인명을 무고하게 희생시켰다고 비난받은 사건이다. 창사 추수 봉기에 실패한 마오가 패잔병을 이끌고 장시성 징강산 골짜기에 있는 작은 마을 마오핑(茅萍)에 도착한 것은 1927년 늦은 가을이었다. 중국 남부 내륙 벽지에 위치해 있는 장시성은 농업이 주업으로 경제적으로는 매우 낙후되어 있었다. 특히 남부 지역은 산이 많고 경작지가 적어 경제 사정이 많이 어려

왔다. 그러나 전략적 관점에서 보면 장시는 마오에게는 더할 나위 없이 좋은 지역이었다. 서북쪽으로는 안후이성, 동쪽으로는 푸젠성, 서쪽으로는 후난과 후베이성이, 그리고 남쪽으로는 광둥성에 의해 둘러싸인 내륙의 고도와 같았다. 국민당의 입장에서 보면 독 안에 갇힌 쥐의 모양새였지만 마오는 달리 보았다. 산세가 험해서 지키기가 좋고 외부와 차단되어 있어 자력갱생이 가능하다고 생 각했다. 가난한 사람들이 공산주의 혁명을 지지할 가능성이 높다 는 판단도 있었다. 전략적 요충지이기도 했다. 북쪽으로 양쯔강을 건너면 난징이나 우한으로 연결되며, 서쪽으로는 중국의 곡창지대 인 후난과 후베이와 연결된다. 동쪽으로 그리 멀지 않은 거리에 상 하이가 있고, 남쪽으로는 푸젠을 통해 남중국해로 연결된다. 사통 팔달까지는 아니었지만 문을 닫으면 지키기가 쉬웠고, 문을 열면 대도시와 곡창 지대로 이어졌다.

문제는 군대였다. 정권이 총구로부터 나온다는 믿음을 갖고 있 던 마오로서는 혁명을 위해서는 먼저 군대를 양성해야 했다. 그러 나 당시의 사정을 보면 마오가 거느린 병사들은 그야말로 오합지 졸이었다. 배움이 없는 농촌 출신들이 많아 왜 혁명을 해야 하는지 사상적으로 이해시키기 어려웠다. 이들을 설득하기 위해 마오는 정치 교육을 강조했다. 혁명의 정당성을 주입시켜 사상적으로 무 장된 군인을 만들고자 한 것이다. 그것만이 국민당 군대를 이길 수 있는 길이라 믿었다.

당시 마오가 이끄는 6000여 명의 홍군은 네 부류로 나누어 볼 수 있었다. 첫 번째는 마오의 직계 부대였고, 두 번째는 난창 봉기에 실패한 뒤, 1928년 4월에 징강산으로 들어와 마오와 합류한 주더와 천이의 휘하 부대였다. 세 번째는 마오가 징강산에 오기 전부터 이 지역을 통치하고 있던 토호 세력의 병력이었고, 네 번째는 현지에서 홍군에 합류한 신병들이었다. 어느 부류에 속한 병사들이든 당과 혁명에 대한 충성심을 믿기는 어려웠다. 첫 번째 부류와 두 번째 부류는 그나마 좀 낫긴 했지만 이 병사들의 경우에도 당과 혁명에 대한 믿음은 거의 없다고 봐야 했다. 세 번째 부류인 토호 세력의 병력은 산적들과 크게 다르지 않았다. 사상이나 이념은 아예 없었다. 그저 남의 재물을 뺏고 사람을 죽이는 훈련만 받았을 뿐, 혁명의 필요성이나 전투의 당위성에 대해서는 이해하지도, 이해하려 하지도 않았다. 신병들의 경우는 더욱 더 심각했다.

신병 중에는 자진해서 입대한 경우도 있긴 했지만, 대부분은 혁명이나 공산주의 이념과는 상관없이 숙식을 제공하고, 비록 많은 액수는 아니었지만 월급도 준다는 광고를 보고 들어온 사람들이었다. 나오는 월급을 가족들에게 부치는 것이 오로지 그들의 관심사였다. 그런 이들이었기에 월급을 주지 않으면 손쉽게 탈영을 선택했다. 어떻게 보면 용병과도 크게 다를 바가 없었다.

이런 상황에서 국민당의 첩자 조직인 AB단 세력들이 홍군 내에 침투해 있다는 소문이 돌았다. 이에 마오는 1930년 말 홍군 내에 침투한 AB단을 색출하기 위해 대대적인 숙청 활동을 개시했다. 국민당 군대의 대규모 공격에 대비하여 혁명 근거지 내의 지주, 부농 등 반혁명 분자들을 숙청하는 것을 목적으로 내세웠지만 실제로 이 과정에서 무고한 사람들이 많이 희생되었다. 병사들의 과거 행적이나 가족 상황 등을 조사하는 과정에서 혹독한 고문이 가해졌고 고문을 이기지 못한 병사들의 허위자백으로 억울한 죽음을 당한 사람들이 기하급수적으로 늘어났다. 홍군 4만 4000명 중에서 4000명 이상이 희생되었다. 열 명 중 한 명꼴로 희생된 것이다.

1930년 12월 이런 숙청 활동 와중에 푸톈(富田) 사건이 발생했다. 푸톈 사건은 일종의 항명 사건이었다. 마오는 홍4방면군 전적위 서기로서 홍군의 최고 지휘관이었다. 그런 마오가 자신의 직계 부하인 리사오쥬(李韶九)를 숙반공작의 책임자로 임명해서 푸톈 지역으로 보냈다. 리사오쥬는 과격한 인물이었다. 그는 홍20군이 AB단 세력의 근거지라는 소문을 믿고 이에 대해 무자비한 탄압을 감행한 것이다. 홍20군의 많은 사람들이 체포되고 처형되었다. 이에 홍20군 산하의 제174단 정치위원 류디(劉敵) 등이 반발하여 리사오쥬 부대를 공격했다. 이를 항명으로 여긴 마오는 많은 병력을 보내 류디를 비롯한 사건의 주모자들을 처벌했다. 반란의 주역이었던 홍20군에서는 부대장, 소대장급의 간부들이 모조리 투옥되었고 그중 많은 이들이 목숨을 잃었다. 숙청은 너무나 철저하고 가혹해서, 숙청이 끝난 뒤 홍20군은 전투 부대로서의 기능을 상실해 홍7군에 편입되어야 할 정도였다.

문제는 이 과정에서 무고한 사람들이 수없이 목숨을 잃었다는 사실이다. 나중에 밝혀진 일이지만 주모자로 숙청된 류디조차도 AB단원이 아니었다. 오히려 그는 장시 근거지를 개척하고 홍20군을 강력한 무장 세력으로 키워 낸 주역이었다. 푸텐 사건은 가해자와 피해자 모두 불만을 갖고 있던 시한폭탄 같은 사건이었다. 1931년 12월, 저우가 책임자로 부임한 루이진의 소비에트 중앙국은 바로 이런 상황에 있었다.

다행히 저우는 푸텐 사건의 후유증을 무난히 잘 처리했다. 저우는 도착하자마자 바로 여러 사람들을 만나고 전후 사정을 파악했다. 1932년 1월 25일 소비에트 중앙국 회의를 소집하고, 마오가 지나치게 가혹한 숙청을 진행했다는 합의를 이끌어 냈다. 마오도 저우가 여러 사람들과의 합의로 이끌어 낸 결론을 받아들였다. 스스로의 잘못을 시인한 것이다. 사건의 원인을 제공한 리사오쥬는 직무 정지 조치와 함께 6개월 동안 농촌에서 재교육을 받았다. 비교적 가벼운 처벌이었다. 무고한 생명이 많이 희생되긴 했지만 사건의 본질이 항명이었기 때문에 명분이 아예 없었다고는 할 수 없었다. 이에 마오가 자신의 실수를 인정하고 실무 책임자가 견책을 받는 선에서 사건을 마무리한 것이다. 원칙에 충실하면서도 한쪽으로 치우치지 않고 조화와 균형을 강조하는 저우 식의 해법이 복잡한 사건을 원만하게 해결하게 했던 것이다.

푸텐 사건에 비해 마오의 총정치위원직을 둘러싼 공방은 사건의 본질이 매우 복잡하고 그 정치적 함의도 무거웠다. 마오와 저우 두 사람 간의 관계뿐 아니라 코민테른과 중국 공산당의 관계, 상하이의 당 중앙과 장시 소비에트 중앙국의 관계, 소비에트 중앙국과 홍군 전적위원회의 관계 등이 모두 얽혀 있었다.

마오가 맨 처음 홍군의 지휘권을 뺏긴 것은 1929년 6월 말 푸젠성 룽옌(龍岩)에서 개최되었던 홍4군 제7차 당 대표자 대회에서였다. 이 회의의 주요 의제는 홍군의 사상 교육과 지휘 체제였다. 구체적으로 말하면 당과 군의 관계였다. 당을 대표하여 전방의 부대들을 지휘하는 전적 위원회가 군을 장악해야 한다는 게 마오의 주장이었다. 홍4군의 전적 위원회 서기인 자신이 군을 장악해야 한다는 말이었다. 격렬한 토론을 거쳐 13명의 전적 위원을 뽑는 투표가 진행되었다. 결과는 예상 밖이었다. 마오가 전적 위원회의 서기로 당선되지 못한 것이었다. 주더는 홍4군 총사령관에 유임되었고 서기로는 천이가 선출되었다.

결국 마오는 홍4군을 떠나 푸젠성 서부 지역의 한 군 병원으로 요양을 떠났다. 부인 허쯔전(賀子珍)과 경호원만 여정에 함께했다. 명목상으로는 마오는 병 치료를 위해 자진해서 전적 위원회를 떠난 것으로 포장되었지만, 실제로 이 결과는 홍4군을 키웠다는 자부심에 가득 차 있던 마오에게 참기 힘든 치욕이었다. 이 날의 치욕은 이후 마오와 저우의 관계뿐 아니라 당의 앞날에도 검은 그림자를 길게 드리웠다.

이 날의 투표 결과는 마오 개인에 대한 반발 측면이 강했다. 마오는 과격한 성격의 독재자였다. '당 우위'를 내세워 민주적 절차를 무시하고 마음대로 일을 처리했다. 회의 때에 터져 나오는 불만들은 대개 마오의 거친 성격과 권위적 태도에 대한 비판이었다. 이런 마오와 달리 주더의 성격과 태도는 온화했다. 마음씨가 착해 좀처럼 화를 내지 않았고, 누구에게나 친절해서 병사들 사이에서도 매우 인기가 있었다.

천이 역시 마오와 다른 스타일의 인물이었다. 마오보다 훨씬 부드럽고 포용력이 있었다. 천이는 마오를 따르기보다는 주더를 더 좋아하고 따랐다. 천이의 모나지 않고 두루뭉술한 성격은 외교관적인 기질처럼 보였는데, 천이는 이후 1958년에 저우로부터 외교부장직을 물려받게 된다. 이렇듯 성격이 다른 인물들이 모인 홍4군의 최고 전방 지휘부 내부는 편이 갈렸고 갈등의 전선이 생기기 시작했다. 저우는 상하이에 있을 때부터 이 문제에 대한 해법을 찾기 위해 고심하고 있었다. 저우는 당시 당 중앙의 정치국 상무위원이면서, 핵심 부서인 군사부장과 조직부장을 맡고 있었기에 이 사안은 저우가 풀어내야 할 최대의 숙제였다.

1929년, 저우가 상하이에서 당 중앙의 업무를 보고 있었던 때에 중앙과 소비에트 중앙국에는 두 차례 편지가 오고갔다. 2월에 중앙이 소비에트로 편지를 보냈다. 형식은 편지였지만 실제 내용은 상급 기관인 중국 공산당 중앙이 하급 기관인 소비에트 중앙국에 내린 작전 지시문이었다. 총서기 상중파가 중앙을 대표하는 발신자로 되어 있었지만 내용을 작성한 것은 저우였다. 받는 이 역시 소비에트 중앙국으로 적혀 있었지만 실제 수신인은 마오였다. 저우가 마오에게 작전을 지시한 셈이었다. 지시의 핵심은 마오와 주더에게 장시를 떠나 근무지를 상하이의 중앙으로 옮기라는 것이었다. 그런데 정작 마오가 이 편지를 받은 것은 이로부터 2개월 후인 4월이었다. 당시 상하이와 장시 사이의 연락이 인편으로 연결되었다는 사실을 고려하더라도 꽤 늦은 것이었다. 1929년 초에 시작된 국민당 군대의 대규모 공세에 밀린 마오가 징강산의 근거지를 떠나 여기저기 피해 다녔던 것도 편지 전달이 늦어진 이유였다.

당 중앙에서 마오와 주더를 상하이로 부른 것은 1928년 6월 모스크바에서 열렸던 당 6차 대회에서 채택된 혁명의 우경화 전략 때문이었다. 6차 대회에서는 중국에서의 공산주의 혁명 전망을 어둡게 보았고, 이 판단을 근거로 당분간 국민당 군대와 정면 대결을 피하면서 조용히 역량을 키워 나가기로 한 것이다. 1929년 초에는 국민당의 대규모 공격이 임박했다는 판단으로 홍군의 무장 역량을 후난과 장시 접경 지역의 농촌에 분산시키면서 토지 혁명을 통해 농촌 근거지 확대에 주력하려 했다. 이른바 '큰 것은 숨기고 지도부는 분산시킨다'는 전략이었다. 마오와 주더라는 두 지도자가 홍군 내에 남아 있으면 적의 주목을 끌게 되므로 홍군이 공격의 표적이 된다고 보았다. 이것이 마오와 주더에게 장시를 떠나라는 지시의 이유였다. 장시 근거지에서 1년 이상 1만여 명을 무장 투쟁에 동원한 '귀한 경험을 살려 혁명의 전국적 확산에 기여'하라는 부드러운 표현을 사용했지만 실제 내포한 의미는 소환 명령에 가까웠다. 이미 홍군의 지휘권을 뺏긴 상태였기에 마오는 이러한 지시를 자신을 제거하려는 함정일 수도 있다고 판단했다. 결국 마오는 중앙의 지시를 따르지 않고 상하이행을 거부했다. 마오와 저우 사이에는 일촉즉발의 위기감이 흐르고 있었다.

타협안을 내놓은 것은 역시 저우였다. 마오가 근거지를 떠나기 어렵다면 근거지의 실정을 잘 아는 사람이 대신 상하이로 와서 중앙과 협의하자는 절충안을 내놓은 것이다. 이 임무를 띠고 상하이로 온 사람이 천이였다. 마오를 대신해서 올 만한 사람이 천이 밖에 없었다. 군 지휘관인 주더는 현장을 떠날 수 없었고, 마오는 병원에서 몸과 마음의 상처를 달래고 있었다. 상하이로 온 천이는 저우가 주관한 정치국 회의에 출석해서 룽옌 회의에서 표출된 홍4군의 내부 문제와 마오의 거취에 대해 상의했다. 마오와 주더의 불화에 대해서도 자세히 보고했다.

그래서 저우를 비롯해 리리싼, 천이 세 사람이 대책반이 되어 이 사안에 대한 논의를 거듭했고 그 결과 마오의 주장을 수용하기로 결정했다. 저우가 핵심적인 영향을 미쳤다. 저우는 중앙의 정세 판단이 지나치게 비관적이었음을 시인하고 2월에 했던 작전 지시를 철회했다. 물론 1929년 3월, 장제스와 계군 사이에 벌어진 장계 전쟁의 영향도 있었다. 결국 당 중앙이 마오의 주장을 수용한 것이었다. 당이 군대를 장악해야 하고, 정치위원이 군사 작전권을 행사해야 한다는 주장이었다.

이런 과정을 거쳐 1929년 9월 당 중앙은 홍4군 전적 위원회로 새로운 작전 지시를 보낸다. 이른바 '9월 서신'으로 알려진 두 번째 편지였다. 그리고 이 서신에 기초해 1929년 12월 말 푸젠성 구톈(古田)에서 홍4군 제9차 대표 회의가 열렸다. 이 회의에서 마오가 홍4군 전적 위원회 서기에 복귀하기로 결정된다. 마오가 홍4군 전적 위원회 서기로 복귀했을 뿐 아니라 모든 군사 작전에서 당 우위의 원칙을 확정짓고 군에 대한 당의 통제와 정치 교육을 강화하기로 당의 공식 입장이 확정됐다.

마오의 입장에서는 당 중앙과 장시의 홍4군 전적 위원회가 벌인 힘 싸움에서 완벽한 승리를 거둔 셈이었고 저우의 입장에서 보면 구톈 회의는 상하이를 떠나기 전에 마지막으로 마오와의 공조를 과시할 수 있었던 기회였다. 그러나 이후 상하이를 떠나 장시로 옮겨 간 저우는 마오와의 공조가 그 전처럼 쉽지 않음을 깨닫게 되었다. 두 사람의 관계가 다시 시험대에 오르게 된 것이다.

저우가 장시에 도착한 후, 두 사람의 협력 관계가 결정적인 장애물을 만나게 된 것은 1932년 10월 닝두(寧都)에서 열린 소비에트 중앙국 전체 회의였다. 이 닝두 회의에서 상하이의 중앙 지도부는 마오가 적에 대한 공격을 늦추는 등 '우경 기회주의적' 과오를 계속하고 있다며 공격했다. 그러면서 마오를 홍군 제1방면군 총정치위원 직에서 해임하고 그를 후방으로 보내 정부 업무를 맡도록 하자고 제의했다. 그리고 이 자리를 저우에게 맡기려 했다. 홍군 제1방면군은

1932년 7월 간더우(干都) 공격이 실패한 뒤 홍군의 편제를 개편해서 만들어졌다. 동로군과 서로군 편제를 없애고 1군단, 3군단, 5군단의 병력을 통합해 만든 홍군의 주력 부대였다. 이 제1방면군의 총사령 관을 주더가 맡고 있었고, 총정치위원은 마오가 맡고 있었다. 총정 치위원은 군사 작전까지 관장할 수 있었고, 이는 마오가 사실상 홍군의 최고 지휘관이라는 의미였다. 상하이의 중앙 지도부는 이 마오의 자리를 저우에게 맡기고, 이 자리에서 물러나는 마오에게 정부직을 맡겼다. 정부직은 루이진의 중화 소비에트 임시 정부의 주석직으로 중요한 자리가 아니었다. 당시는 전쟁을 치르는 상황이었기 때문에 행정직은 군의 작전을 지원하는 한직일 수밖에 없었다.

닝두 회의에서 마오가 자리에서 밀려날 위기에 처하자 저우는 마오의 유임을 주장했다. 당장 군을 지휘할 수 있는 사람은 마오밖에 없다고 역설했다. 특히 이 시기에는 만주 장악을 끝낸 일본군이 상하이를 공격하기 시작했고, 장제스는 군벌들의 연합 세력을 상대로 벌인 중원 전쟁에서 승리한 이후 총통 자리에 복귀해 50만 명의 대부대를 동원해서 장시의 소비에트를 공격해 왔다. 홍군에 대한 네 번째 소탕 작전이었다. 저우의 주장은 이러한 위기 상황에서 마오 같은 유능한 지휘관에게 후방의 지원 업무만을 맡게 하는 것이 부당하다는 것이었다.

그러나 저우가 역설해도 지도부의 결정을 바꾸기에는 역부족이었다. 지도부를 장악한 '외인부대'가 가진 마오에 대한 반감이 너무 깊었다. 결국 마오는 총정치위원직을 박탈당하게 될 위기에 몰렸다. 사태가 불리해지자 마오는 굴욕적인 상황 속에서 총정치위원 직에 연연할 필요가 없다며 스스로 자리를 박차고 떠나 버렸다. 상하이에 앉아서 계속 군사적 강공을 주장하는 당 중앙의 외인부대와 자신의 고집을 굽히지 않는 완강한 마오의 간격은 좁혀지지 않았다. 저우가 갈등 조정을 위해 애썼지만 어쩔 수 없는 상황이었다.

이후 장제스의 마지막 소탕 작전에 밀려난 공산당은 대장정의 험난한 여정을 시작했다. 중국 공산당의 역사가 새로운 단계에 돌입하게 된 것이다. 저우와 마오, 두 사람의 관계 역시 새롭게 시작할 수밖에 없었다. 저우는 대장정을 계기로 마오를 최고 지도자로 받들면서 자신은 군사 분야가 아닌 외교 분야로 새로운 활동 영역을 개척해 나가게 되었다.

여기에서 한 가지 짚고 넘어갈 것이 있다. 당 중앙의 지도부가 저우를 장시의 소비에트 중앙국으로 보낸 것이 마오를 밀어내기 위한 의도였다는 주장이다. 1988년에 발표된 한 제목 미상의 논문이 이러한 주장을 담은 대표적인 사례라 할 수 있다. 이 논문에서는 1931년 12월에 저우가 상하이를 떠나서 장시 소비에트의 수도 루이진으로 온 것은 이 지역의 군사력을 장악하고 있던 마오를 제거하려는 왕밍과 보구가 미프와 함께 꾸민 코민테른의 음모라고 주장했다. 이 주장은 저우도 이러한 음모에 대해 알고 있었으며 이에 참여한 저우는 코민테른의 하수인이었다고 간주했다. 즉 이 시기 당권을 장악한 외인부대와 한패였다는 것이다.

그러나 이런 주장은 신빙성이 떨어진다. 우선 객관적 사실에 부합하지 않는다. 이 논문에서는 저우가 소비에트 중앙국 서기로 임명된 것이 6·4 중전 때였다고 기술하고 있다. 그러나 실제로 저우가 소비에트 중앙국의 서기로 내정된 것은 1930년 9월의 6·3 중전 때였다. 미프와 그의 제자들이 상하이로 와서 당 중앙의 권력을 장악하기 이전의 일이다. 그보다 중요한 근거는 저우가 루이진에 와서 소비에트 중앙국의 서기로 보여준 행동이다. 갈등을 중재하려 했던 저우의 노력은 마오로부터 홍군의 지휘권을 뺏기 위한 것과는 거리가 멀었다. 이렇듯 잘못된 주장이 나온 것은 아마도 논문이 발표되었던 당시에는 공개되지 않았던 자료들이 많았기 때문일 것이다. 오늘날까지 밝혀진 사실들을 통해 오류가 바로잡히게 된 것이다. 그러나 결과적으로 저우는 상하이에서 루이진으로 온 뒤에 마오가 차지하고 있던 홍군 지휘권을 넘겨받게 되었다. 이를 계기로 마오와 저우, 두 사람의 관계가 크게 바뀌게 된 것도 사실이다.

대장정과 쭌이 회의

대장정은 중국의 공산주의 혁명 시기에 일어난 역사적 사건 중 가장 중요한 사건이었다. 공산당의 중앙 지도부와 홍군은 국민당 군대의 공격을 버티지 못하고 징강산 근거지를 탈출해서 만 1년 동안 쫓겨 다니다가 1935년 10월, 서북부의 산시 지역에 도착해서 새로운 혁명 근거지를 만들고 새로운 시대를 열었다.

홍군은 막강한 화력과 엄청난 수적 우세를 앞세운 국민당 군대에게 1년 내내 쫓겼다. 24개나 되는 강을 허름한 부교(浮橋)에 의존해 건너야 했다. 18개의 산맥을 넘어야 했고, 이 중에는 만년설로 뒤덮인 험준한 설산도 있었다. 끝이 보이지 않는 광활한 대초원과 발을 헛디디면 빠져 죽을 수 있는 늪지대를 며칠씩 걸어서 통과해야 했다. 긴 여정 동안 11개의 성과 54개의 도시를 거쳤다. 장정의 길이는 총 1만 5000킬로미터나 되었다. 대장정을 시작할 당시에는 8만여 명이었던 인원이 1년 후, 종착지인 우치전(吳起鎭)에 도착했을 때에는 8000명도 남지 않았다. 많은 사람들이 병으로 죽거나, 얼어 죽거나, 굶어 죽었다. 물론 전투로 목숨을 잃은 경우도 있었다. 실종된 사람과 도망친 사람들은 더 많았다.

공산당의 지도부는 병력의 손실이 많아지자 젊은 민간인을 상대로 신병 모집에 열을 올렸다. 이러한 이유로 어린 병사들이 많았다. 15사단의 경우에는 병사들의 평균적인 나이가 18세였고, 사단장은 겨우 25세였다. 당 중앙의 지휘부도 큰 차이가 없었다. 당 중앙의 총 책임자였던 보구도 24세였고 코민테른이 파견한 독일인 군사고문 리더(李德, Otto Braun)도 30대 초반이었다. 이러한 사실이 보여 주는 것은 대장정에 참가한 홍군 부대가 대체로 10대 후반의 어린 병사들과 20대 초반의 풋내기 장교들, 30대 초반의 미숙한 지휘관들로 구성되었다는 것이다. 군대라고 부르기에도 부끄러운 수준의 허술한 부대였다. 그러나 반대로 말하면 홍군은 이렇듯 오합지졸이라 부를 만한 군대를 이끌고 장정을 완수한 것 자체만으로 역사적인 의미가 크다고 할 수 있다.

대장정이 시작되었을 때 홍군 지도부나 구성원들이 공산주의에 대해 얼마나 강한 신념을 가지고 있었는지는 알 수 없다. 대부분의 구성원들이 대장정을 시작한 것은 신념 때문이라기보다는 살아남기 위해서 다른 선택지가 없었기 때문일 것이다. 그러나 대장정이 끝났을 때 공산주의에 대한 구성원들의 신념은 1년 만에 상당히 견고해졌다. 불가능하다고 여겼던 일을 해냈기 때문이기도 하고, 대장정을 계기로 새로운 대내외의 전략적 환경이 펼쳐지고 있었기 때문이기도 하다. 새로운 환경에 맞서 새로운 전술도 등장하고 있었다. '장시 시대'를 뒤로 하고 후일 역사가들이 '옌안(延安) 시대'로 이름붙인 새로운 시대가 서서히 전개되고 있었다.

1933년 가을, 국민당의 5차 공세가 시작되었고, 1934년 4월 홍군은 국민당 군대와 처음으로 대규모 정면 대결을 벌인 광창(廣昌) 전투에서 처절한 패배를 당했다. 장제스의 독일인 군사 고문 한스 폰 제크트(Hans von Seeckt)의 '보류 작전'에 밀린 홍군은 8000명 이상의 사상자를 내며 큰 손실을 입었다. 이 전투로 인해 최종 방어선이 무너져 국민당 군대가 공산당 소비에트 근거지로 들어오는 길이 뚫리게 되었다.

그런 상황에서 1934년 5월, 루이진에서 개최된 공산당 정치국 서기처 회의에서는 장시의 소비에트 지구 근거지를 포기한다는 결정이 내려졌다. 새로운 전략 근거지를 찾는다는 의미에서 '전략적 전이'라는 이름을 붙였지만 어디로 가야 할지 얼마나 가야 할지 계획은 불투명했다. 분명한 사실은 징강산에는 더 머물 수가 없다는 것이었다.

대장정의 준비 작업은 철저히 비밀리에 진행되었다. 마오마저도 10월 초, 대장정 착수가 임박했을 때에야 이 사실을 알았다. 저우를 비롯해 아무도 마오에게 대장정에 관한 사실을 귀띔하지 않았다. 이는 마오의 마음에 깊은 상처를 남겼다. 대장정에 관한 모든 결정은 리더, 보구, 저우 세 사람으로 구성된 3인 지휘조가 내렸다. 리더는 군사 작전, 보구는 정치를 맡았다. 저우는 군사, 정치 계획의 집행에 책임을 맡았다. 실권은 리더와 보구에게 있었고, 저우의 책임은 이들이 내린 결정을 집행하는 일에 있었다.

3인 지휘조가 대장정에 관한 사안을 결정하고 이를 집행하는 것은 결코 쉬운 일이 아니었다. 누가 떠나고 누가 남을지를 결정하는 일도 어려웠지만, 무엇을 가져가고 무엇을 남겨 둘지를 결정하는 일도 힘들었다. 무엇 하나 쉬운 일이 없었다. 물론 어디로 가느냐 하는 문제가 가장 어려운 결정이었다. 하지만 그보다도 시급한 현안은 국민당 군대가 쳐 놓은 4중의 포위망을 어떻게 뚫고 나가느냐 하는 문제였다.

칸(赣)강을 건너면서 장정에 오른 홍군의 본대는 그런대로 세 번째 방어선까지는 용케 잘 뚫고 나갔다. 어떤 곳에서는 적과 막후 협상을 벌이기도 했고, 어떤 곳에서는 아예 돈으로 매수하기도 했다. 그래서인지 인명 피해가 그리 많지는 않았다. 그러나 마지막 방어선을 뚫기 위해 펼친 샹(湘)강 전투에서는 엄청난 손실을 입어야 했다. 3차 방어선까지 살아남았던 6만 명 이상의 홍군 병력은 이 전투로 반 넘게 사라져서 3만 명 이하로 줄었다. 치명적인 피해였다. 장정을 떠난 지 한 달 반 정도가 지난 1934년 12월 초의 일이었다.

상강 전투를 치른 후 지도부는 이후의 진로를 두고 매일같이 논쟁을 벌였다. 코민테른의 군사 고문으로서 홍군의 작전을 지휘한 리더는 후난의 서쪽으로 이동하자고 주장했다. 그곳에 근거지를 개척한 허룽이 지휘하는 2, 3군단과 합류하자는 주장이었다. 이러한 주장과 달리 마오는 구이저우 방향으로 가야한다는 의견을 냈다. 후난 지역에는 이미 30만의 국민당 군대가 홍군이 오기를 기다리고 있다는 정보가 있었기 때문이다.

적이 약한 곳으로 가야 생존 가능성이 높다는 사실은 전쟁의 초보적인 상식이었지만, 당과 군권을 장악하고 있던 외인부대 지도자들은 막무가내였다. 특히 군사 작전의 최고 결정권자였던 리더는 자신의 주장을 굽히지 않았다. 코민테른이 중국 공산당의 상급 조직이며, 자신은 그러한 코민테른을 대표하고 있다는 점을 상기시키면서 공산주의 조직의 최고 규율인 상명하복을 강요했다. 리더에게 대장정은 홍군의 사활이 걸린 사안이기보다는, 자신과 코민테른의 권위가 걸린 사안처럼 보였다.

대장정의 방향을 둘러싼 논쟁에 소모되는 시간이 길어지면서 반소공 작전 실패에 대한 책임론이 불거지기 시작했다. 왜 장정에 나서게 되었는지, 왜 작전에 실패했는지 그 원인을 추궁하는 불만들이 터지기 시작한 것이다. 회의가 계속될수록 홍군 내에서는 작전 실패에 대한 책임론이 거세졌다. 중하위급 장교들 사이에서도 그랬지만 특히 고위 지도자들 사이에서는 작전 실패에 대한 불만이 끓어오르고 있었다. 고위 지도자 중에서 작전 실패의 책임론을 가장 강하게 제기한 대표적 인물로는 장원톈과 왕자상(王稼祥)이 있다. 이들은 원래 외인부대의 일원이었지만 광창 전투 때부터 리더의 작전 능력에 심한 불만을 갖게 되었다. 후일 마오는 장원톈과 왕자상이 대장정 도중 리더와 보구의 잘못된 지도 노선을 바꾸는 데에 매우 중요한 역할을 했다고 인정한 바 있다.

장원톈과 왕자상의 이러한 변화는 저절로 일어난 일이 아니었다. 마오의 역할도 중요했다. 마오는 리더의 군사 지도에 불만이 있는 사람들을 대상으로 집요한 설득 공작을 벌였다. 장원톈의 불만을 눈치 챈 마오는 그를 설득하려 노력했다. 기회가 있을 때마다 그와 함께 걸으며 이야기를 나누거나, 같은 막사에서 묵으면서 대화를 나누었다. 왕자상은 4차 반소공 작전 도중에 박격포탄이 몸에 박히는 부상을 당해 들것에 실려 다녔는데, 당시 마오도 병이 나서 들것을 타고 다녀야 했다. 이때에 두 사람은 들것을 마주한 채 누워 이야기를 나누곤 했다. 부상자를 위한 들것이 반역의 밀모 장소가 된 셈이다.

마오의 주장은 설득력이 있었다. 국민당의 소공 작전의 전 과정에 걸쳐 리더의 군사적 대응이 얼마나 미숙하고 비현실적인가를 조목조목 지적하는 논리가 치밀했다. 뿐만 아니라 이대로 가면 공산당에 미래가 없다는 마오의 주장에 많은 사람들이 동조하기 시작했다. 대장정 초기에는 엄청난 피해를 입었고 그 후 매일같이 쫓기는 상황이 계속되었으며, 이대로 가면 홍군은 전멸하고, 공산주의 혁명은 실패할 수밖에 없다는 불안감이 확산되고 있었다. 불안감은 전염병처럼 빠르게 번져 갔다.

저우 역시 리더의 작전에 대해 큰 불만을 가지고 있었다. 저우는, 중국 현지의 실정을 무시한 채 툭하면 서구의 군사 이론, 특히 클라우제비츠를 들먹이면서 국민당 군대와 전면 승부를 주장하는 리더를 불신할 수밖에 없었다. 상강 전투 이후 힘든 상황이 계속되면서 저우와 리더의 논쟁은 더욱 과격해졌다. 어떤 때에는 저우가 책상을 쳐서 책상 위에 있던 등불이 바닥으로 떨어지는 일도 있었다. 좀체 화를 내지 않는 냉정한 성격의 소유자인 저우에게는 흔하지 않은 행동이었다.

이렇듯 여러 갈등이 불거지는 와중에 1934년 12월 11일 퉁다오(通道)에서 작전 회의가 열렸고, 그로부터 일주일 후인 18일에는 리핑(黎平)에서 정치국 회의가 열렸다. 이후 1935년 1월 1일에는 허우창(猴場) 회의가 있었다. 이 회의들을 거쳐 홍군 2, 3군단과 합류하려는 계획은 백지화되었고, 쓰촨(四川)과 구이저우의 접경 지역에 새로운 근거지를 개척하는 것으로 방침이 정해졌다. 리더의 반대가 계속되자, 우창 회의에서는 그의 군사 지휘권을 몰수했다. 그리고 군사 지휘권에 관한 최종 결정을 내리기 위해 다음 행선지인 쭌이에서 정치국 확대회의를 개최하기로 했다. 회의를 주재한 저우가 강하게 주장한 결과였다.

쭌이 회의 형식을 정치국 확대회의로 정한 것도 저우였다. 정치국 회의의 소집 여부와 참석 인원에 대한 결정은 저우의 동의 없이는 불가능했다. 장정을 지도하는 3인 지도자 중에 리더와 보구가 작전 실패의 책임으로 신뢰를 받지 못하고 있었기 때문에, 저우가 당의 군사 정책에 가장 중요한 발언권을 가질 수밖에 없는 상황이었다. 그런 상황에서 퉁다오, 리핑, 허우창에서의 갑론을박이 계속되자 저우는 마오와 상의해서 쭌이 회의의 형식을 정치국 확대회의로 결정한 것이다.

정치국 회의의 형식이 확대회의로 결정되면서 정치국원 이외에도 주요 군 지휘관들과 당 중앙의 지도자들이 참석할 수 있게 되었다. 군 지휘관들과 중앙 부서 책임자들 중에는 리더 등 외인부대가 작전 실패에 대한 책임을 져야 한다고 생각하는 사람들이 많았기 때문에 저우가 쭌이에서 정치국 확대회의를 열기로 한 것은 외인부대가 장악해 온 군 지휘권에 대한 최후의 일격이나 마찬가지였다. 회의 직전에 군 지휘 계통과는 관계가 없던 류사오치에게 전보를 보내 회의에 참석하게 한 것도 저우였다. 톈진에 있는 저우언라이 기념관에는 이때 저우가 류사오치에게 보낸 쭌이 회의 참석 초청장 사본이 전시되어 있다.

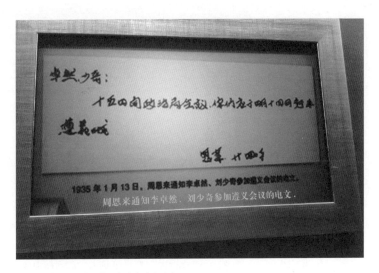

저우가 류사오치에게 보낸 쭌이 회의 참석 통지문

쭌이는 중국에서도 가장 가난한 성 중 하나인 구이저우에서 두 번째로 큰 도시였다. 1935년 1월 7일 류보청(劉伯承)이 이끈 홍군 선발대가 쭌이를 점령하자, 2일 후에 중앙 종대가 도착했다. 저우 등 지도부는 이곳 쭌이에서 며칠 동안 휴식을 취하기로 결정했다. 대장정이 시작된 이후 처음 갖는 비교적 긴 휴식이었다. 모처럼 홍군 내에서 웃음소리가 들렸다. 마오의 부인 허쯔전, 저우의 부인 덩잉차오, 주더의 부인 캉커칭(康克清) 등 장정에 참가한 홍군 지휘관의 부인 30여 명도 빨랫거리를 챙기며 모처럼의 휴식을 반겼다. 비가 가끔 내리긴 했지만 날씨도 나쁜 편은 아니었다. '비를 맞지 않고 사흘을 갈 수 없고, 산을 건너지 않고 삼 리를 갈 수 없다'는 속담이 있을 정도로 산이 많고 비가 잦은 지역치고는 그런대로 괜찮은 날씨였다.

회의는 이 지역의 군벌 보후이장(柏輝章)이 살았던 양옥집 2층 방에서 열렸다. 회의에서 리더의 통역을 맡았던 우슈취안(伍修權)의 회고록에 의하면, 회의실은 좁았지만 등나무 의자들을 긴 장방형 테이블 사이사이에 끼워 넣어 여러 사람들이 앉을 수 있게 했다고 한다. 창문은 시골에서는 보기 드문 스테인드글라스였다. 천장 가운데에는 멋진 석유등도 달려 있었다. 석탄 난로를 이용한 난방이 가능해서 밤에도 춥지 않았다.

회의는 3일간 매일 오후 늦게 시작해서 새벽까지 계속됐다. 낮에는 군사 작전을 지시하고 전선의 상황을 챙겨야 했기 때문에 회의를 할 수 없었다. 그래서 아예 해 질 무렵에 저녁을 먹고 회의가 시작됐다. 참석자는 모두 20명으로 다음과 같았다. 홍군 총사령관 주더, 홍군 총정치위원 저우언라이, 홍군 총정치부 주임 왕자상, 중앙 책임자 보구(일명 친방셴(秦邦憲)), 중화 소비에트 공화국 임시 중앙 정부 주석 마오쩌둥, 동 인민 위원회 주석 장원톈, 동 국가 정치 보위국 국장 덩파(鄧發), 총공회 서기 천윈, 총공회 위원장 류사오치, 공청단 서기 허커취안(何克全, 일명 카이펑(凱豐)), 홍군 총참모장 류보청, 홍1군단장 린뱌오, 홍1군단 정치위원 녜룽전, 홍3군단장 펑더화이(彭德懷), 홍군 총정치부 대리 주임 리푸춘, 홍3군단 정치위원 양상쿤(楊尙昆), 홍5군단 정치위원 리쭤란(李卓然), 중앙 비서장 덩샤오핑, 군사 고문 리더, 통역 우슈취안이었다. 원래 참석하기로 되어 있었던 9군단장 뤄빙후이(羅炳輝)와 정치위원 차이수판(蔡樹藩)은 부대의 행군이 늦어져 참석하지 못했고, 펑더화이와 리쮜란은 회의 도중 소속 부대가 국민당 부대의 공격을 받아 일찍 쭌이를 떠났다.

회의에서 먼저 말문을 연 것은 당 중앙의 책임자인 보구였다. 그는 국민당의 5차 위소 기간 중 홍군의 군사 전략을 보고하면서 국민당 군대가 장비나 병력 면에서 홍군을 압도했다면서, 이는 지방 소비에트 정부와 각급 조직의 지지가 부실했던 것이 홍군이 실패한 가장 중요한 이유라고 강변했다. 홍군의 작전에는 아무런 문제가 없었다는 것이었다. 이와 달리 보구에 이어 두 번째로 발언에 나선 저우는 홍군의 작전에 실수가 있었다고 지적하면서 스스로 먼저 책임을 지겠다고 했다. 작전에는 아무런 잘못이 없었다는 보구의 발언을 지휘부 3인 중의 한 사람이 정면으로 부인한 것이다. 회의장에 긴장감이 돌기 시작했다. 세 번째로 발언한 장원톈 역시 보구의 주장을 강하게 반박했다.

마오가 네 번째 발언자였다. 마오는 한 시간 이상이나 군사 작전의 실패를 조목조목 지적했다. 후일 출간된 리더의 회고록에 의하면 마오는 발언 내용을 꼼꼼하게 준비해서 원고지에 미리 적어 가지고 나왔다고 한다. 적의 숫자가 많았던 것이 실패의 원인이라는 보구의 변명에 대해, 마오는 1차부터 4차까지의 국민당 공격에서 적의 숫자가 많았는데도 홍군이 이를 물리친 이유는 뭐냐고 되물었다. 결국 홍군의 실패는 적의 수적 우세나 지방 조직의 비협조가 아니라 홍군의 비현실적 작전과 미숙한 지휘 때문이라는 것이 마오의 논지였다. 마오의 발언이 끝나자 왕자상, 장원텐 등이 일제히 마오의 주장을 지지했다.

저우도 다시 발언권을 얻어 보구의 주장을 강하게 반박했다. 군 작전의 책임자였던 리더는 회의장 입구 모퉁이에서 아무 말도 하지 않고 우슈취안의 통역을 들으면서 계속 담배만 피우고 있었다. 보구를 지지한 참석자는 허커취안뿐이었다. 1931년 초부터 코민테른을 등에 업고 당을 좌지우지해 온 외인부대에 대한 압도적인 불신임이었다. 이제 새로운 전략을 모색해야 한다는 것이 이 자리에 모인 거의 모든 당 중앙 지도자들의 생각이었다.

쭌이 회의의 결과는 코민테른의 간섭이 없는 상황에서 열렸다는 사실이 중요한 역할을 했다. 대장정에 착수하기 직전에 당 중앙의 무전 시설이 국민당 요원들에 의해 발각되어 압수당하는 바람에 중국 공산당 중앙과 모스크바의 코민테른 집행 위원회 간의 통신이 두절되었던 것이다. 그 후에 홍콩 등 다른 지역을 통해 통신을 복구하려 했지만 뜻대로 되지 않았다. 결국 이는 훗날 대장정이 끝난 후 1년 6개월여의 시간이 지나서야 새 시설이 들어와 통신이 재개될 수 있었다. 그래서 쭌이 회의는 중국 공산당 창당 이래 처음으로 코민테른의 간섭 없이 중요한 당의 노선과 정책을 자체적으로 결정한 회의가 될 수 있었던 것이다.

쭌이 회의의 토론 결과는 장원텐이 정리해 2월 8일 정치국 회의에서 「적의 제5차 위소에 관한 중앙의 결의문」이라는 이름의 공식

문서로 채택되었고, 2월 16일에 휘하 부대로 하달되었다. 장원톈이 정리한 결의안의 핵심은 다음 두 가지였다. 첫째, 마오를 정치국 상무위원으로 선출한다는 것이었다. 둘째, 보구와 리더의 최고 군사 지휘권을 취소하고, 대신 당 중앙 군사 위원회 책임자인 저우와 주더에게 군사 지휘권을 맡기면서 저우에게 군사 작전에 관한 최종 결정권을 부여하는 것이었다. 그리고 얼마 후 저우, 마오, 왕자상 3인의 군사 영도 소조를 새롭게 구성하고 저우를 조장으로 선출했다. 마오에게는 조장이 된 저우의 군사 업무를 보좌하는 역할이 주어졌다. 쭌이 회의가 끝난 지 두 달 후인 1936년 3월에 열린 중앙 책임자 회의에서 내려진 결정이었다.

이렇게 보면 쭌이 회의의 최대 수혜자가 저우인 것처럼 보인다. 작전 실패의 책임을 지고 물러났어야 할 사람이 정치국 상무위원에 유임되었을 뿐 아니라 새로 구성된 3인조 군사 지휘부의 조장이 된 것이다. 마오가 정치국 상무위원이 되어 당 핵심 지도부에 들어왔지만 그의 역할은 저우를 보좌하는 것이었다. 노동자와 도시 중심에서 농촌과 농민 위주로 새롭게 전략을 바꾼다는 것이 쭌이 회의의 결정이었는데도 불구하고, 이 새로운 전략을 주창한 마오가 아닌 저우를 새 군사 지도부의 책임자로 선출한 것이다. 어쩐지 앞뒤가 맞지 않는 일처럼 보인다. 이를 어떻게 설명할 수 있을까? 이에 대해서는 쭌이 회의에서의 결정이 일종의 과도기적 조치였다는 것으로 설명할 수 있다.

쭌이 회의 이후 바로 마오가 홍군의 최고 지휘권을 갖기에는 몇 가지 어려운 점이 있었다. 우선 저우는 당시 좌우를 초월해 당과 군 내에서 상당한 영향력을 갖고 있었다. 그런 저우를 갑자기 교체하는 것은 당의 단합을 위해 현명한 조치가 아니라는 점을 마오도 잘 알고 있었다. 비록 저우는 3인 지도부 중 한 명이었기 때문에 작전 실패에 대한 책임에서 자유로울 수는 없었지만, 그런 상황에서도 저우가 있었기 때문에 피해를 줄일 수 있었다는 공감대가 있었다. 뿐만 아니라 당시는 홍군이 쫓기는 형편이었다. 매일같이 전투가 벌어지는 급박한 상황에서 지도부를 완전히 교체하는 것은 혼란만 초래할 뿐 홍군의 군사 작전에 도움이 되지 않는다는 판단이 있었다. 더욱이 코민테른과의 연락이 두절된 상태에서 코민테른의 동의를 받아 지도부에 선출된 사람들을 일괄적으로 몰아내는 것은 중국 공산당으로서는 매우 조심스러운 일일 수밖에 없었다.

또 한 가지 중요한 사실은 저우 스스로가 자신의 역할과 동료들의 평가와 별개로 5차 소공 이후의 작전 실패에 대한 책임을 인식하고 있었다는 것이다. 저우는 쭌이 회의 이후에도 결코 홍군의 지휘권을 자의적으로 행사하지 않았다. 또한 저우는 마오의 군 작전 능력을 높이 평가하고 공산주의 혁명 노선에 대한 마오의 주장이 옳다고 믿었다. 그래서 그는 일단 쭌이 회의에서 군사 작전의 최고 책임자로 지명을 받았지만, 중요한 작전을 결정해야 할 때에는 꼭 마오와 상의하는 것을 잊지 않았다.

이러한 관점에서 보면 마오는 단순히 저우를 보좌하는 실무자

이상의 역할을 하고 있었다. 하지만 마오는 당시 상황상 전면에 나서는 것을 자제하고 있었던 것이다. 마오는 저우를 믿고 있었고, 그래서 군 지휘권을 저우에게 맡겨 놓았던 것이다. 저우 뒤에 숨어 있던 마오가 홍군의 최고 지도자로 전면에 등장한 것은 쭌이 회의가 끝난 지 8개월이 지난 1935년 8월 20일, 마오얼가이(毛儿盖)에서 열린 정치국 회의에서였다. 이 회의에서 마오는 저우 대신 군사 담당 최고 책임자가 되었다. 마오가 저우의 보좌역이라는 어울리지 않는 모자를 벗고 전면에 나선 것이다.

공교롭게도 저우는 이 회의에 참석하지 못했다. 이때 저우는 심한 과로로 병이 나서 혼수상태에 빠져 있었다. 저우의 부인 덩잉차오의 말에 따르면 마오얼가이 회의 당시 저우는 급성 간염으로 아무것도 먹지 못하고 며칠째 사경을 헤매고 있었다. 수술을 할 수도 없었고 약도 없어서 큰 얼음덩어리를 저우의 배 위에 올려놓은 채 하늘만 쳐다보고 있었다. 3일 후, 저우는 엄청난 양의 시커먼 핏덩이를 토해 낸 후 의식을 회복했다고 한다. 덩잉차오는 이때 저우가 죽을 수도 있다고 생각했을 만큼 저우의 상태는 좋지 않았던 것이다.

저우가 완전히 건강을 회복한 것은 대장정이 끝난 이후였다. 저우는 이때 가까스로 목숨은 건졌지만, 이 병으로 인해 대장정 기간 내내 정치국 회의나 정치국 상무 위원회 회의에 참석할 수는 없었다. 저우는 9월 2일 파시(巴西)에서 열린 정치국 회의, 9월 22일 어제(俄界)에서 열린 정치국 확대회의, 9월 27일 방뤄전(榜羅鎭)에서 열린 정치국 상무 위원회 회의에 모두 불참했다. 그가 다시 회의에 참석한 것은 장정 기간 중에 열린 마지막 정치국 회의였던 10월 22일의 우치전 회의였다. 저우가 병으로 업무를 챙길 수 없게 되자 대신 저우의 업무를 맡을 사람을 정하는 것이 필요했다. 정치국 상무위원들 간의 업무 조정이 필요해진 것이다. 그래서 자연스럽게 저우가 맡아 온 군사 책임을 마오가 넘겨받게 된 것이다.

이렇게 군사 책임자가 된 마오는 1935년 11월 3일, 명실공히 홍군의 최고 책임자 자리에 오른다. 대장정을 끝낸 당 중앙이 정치국 회의를 열고 앞으로 홍군을 지휘할 기구로 중화 소비에트 서북 혁명 군사 위원회(서북 혁명 군위)를 만든 후, 마오를 주석으로 추대한 것이다. 펑더화이와 함께 부주석이 된 저우는 후방 업무를 맡기로 하고, 5일 후 서북 혁명 군위가 세운 후방 판공실의 책임자가 되었다. 1927년 7월 난창 봉기를 지휘하기 위해 전적 위원회 서기가 되어 최전선에서 홍군의 군사 작전을 책임진 지 8년 만에 저우가 후방에서 전방의 군사 작전을 지원하는 책임을 맡아 2선으로 물러난 것이다.

그때부터 주석은 언제나 마오였다. 1976년 9월 마오가 세상을 뜰 때까지, 아니 그 후로도 한동안 '주석'은 마오를 위한, 마오의 호칭이었다. 주석은 마오를 위한 고유 명사나 다름없었다. 반면에 1935년 11월까지 저우를 부르는 호칭은 총정치위원의 줄임 말인 '총정위'였고, 그 후에는 '부주석'으로 불렸다. 그러나 공식 직책과는 별개로 저우는 언제나 조역이었다. 저우는 평생 공식 직책으로도 1인자였던 적은 없었다. 저우는 1928년 여름 모스크바에서 열린 당 6차 대회부터 1931년 1월의 6·4 중전 때까지, 더 길게는 1935년 1월 쭌이 회의 때까지 정치국 상무위원이자 당 중앙 조직부와 군사부 서기로서 당의 가장 중요한 지도자이긴 했지만 공식적인 직책상의 권력 순위 1위는 다른 사람이었다.

저우의 장점은 주역이든 조역이든 최선을 다해 주어진 과제를 타의 추종을 불허하는 헌신적 자세로 처리해 냈다는 점이었다. 강력한 보스 스타일은 아니었지만 존경하고 따르는 사람들이 많았다. 상황 판단이 정확했으며, 국제적인 감각이 단연 돋보였다. 원칙과 현실을 함께 고려하면서 최대의 공감대를 만들어 내는 데에는 저우를 따를 사람이 없었다. 네모반듯하기보다 다소 두루뭉술하다는 지적이 있었지만 원칙에서 크게 벗어나는 일을 하지는 않았고, 주공의 뜻을 잘 헤아려서 그 뜻대로 빈틈없이 일을 처리해 냈다.

때론 주공에게는 지나칠 정도로 순종했고, 동료나 부하들에게는 냉혹하리만큼 엄격했지만 절대 권력에 대한 반항이 죽음을 의미하는 상황에서는 이러한 자세가 불가피하다고 판단했던 것 같다. 그렇기 때문에 누가 1인자가 되더라도 저우는 항상 필요한 사람이었다. 조역이 가져야 할 가장 중요한 덕목인 헌신과 자기 억제가 탁월했기 때문이다. 이것이 저우에게는 축복이자 저주였다.

시안 사건과 2차 국공 합작

시안 사건은 장쉐량(張學良)과 양후청(楊虎城) 두 사람이 공모해 국민당의 최고 지도자 장제스를 납치한 사건이다. 동북 군벌이었던 장쉐량은 일본군에 밀려 동북 지방에서 쫓겨난 후, 장제스가 시안에 세운 서북 사령부 부사령관이 되어 10만 대군을 이끌고 홍군 소탕 작전을 지휘하고 있었다. 양후청은 국민당 제17로군 군장으로 서북 초비(剿匪) 사령부 휘하의 주요 지휘관이었다. 공산당 소탕의 책임을 맡은 두 사람은 기회가 있을 때마다 국민당이 공산당과 항일 공동 전선을 구축해야 한다고 역설했지만 장제스의 '선안내후양외(先安內後讓外)' 정책에 막혀 뜻을 이루지 못한 채 불만에 가득 차 있었다.

선안내후양외 정책이란 먼저 내부의 적인 공산당을 소탕한 다음, 외부의 적인 일본을 상대하겠다는 것으로 장제스가 일관되게 추구해 온 정책이었다. 장쉐량와 양청후의 선안내후양외 정책에 대한 집요한 반대가 계속되자 장제스는 직접 홍군 소탕을 독려하기 위해 시안으로 왔다. 장쉐량과 양후청은 그 기회를 이용해 상관인 장제스를 체포해 버렸다. 1936년 12월 12일 새벽의 일이었다. 이 사건이 저우에게는 홍군의 군사 지휘권을 마오에게 넘기고 2선으로 물러난 이후 비(非)군사 분야에서 당면했던 첫 도전이었다.

대장정을 끝내고 산시 지역에 근거지를 마련한 공산당은 정치국 회의를 열고 저우에게 국민당 통치 지역인 백구(白區)에서의 당 공작을 책임지게 했다. 시안 사건을 계기로 성사된 2차 국공 합작을 지휘하면서 양쯔강 이남의 국민당 통치 지역 내에 있는 방대한 공산당 조직을 관리하는 장난(江南)국 활동을 책임지고 있었다.

또한 국민당 통치 지역 내에서 활동하고 있던 지식인들과 교류를 강화하고, 외국인들을 상대로 공산당을 선전하고, 이들을 친공세력 또는 동조 세력으로 만드는 일도 열심히 챙겼다. 가끔 군사 분야에서 마오를 보좌해서 중요한 역할을 수행하기도 했지만 쭌이 회의 이후에 저우는 세상을 뜰 때까지 41년 동안 당 내부 문제보다 대외 관계 분야에서 주로 활동했다. 그런 저우에게 시안 사건은 그의 능력을 시험하는 첫 무대였던 것이다.

공산당은 대장정이 끝나기 전부터 항일 통일 전선 전략을 추구하고 있었다. 국민당의 군사 공격을 막아 내는 것이 살아남을 수 있는 유일한 길이었으며, 이를 위해서는 국민당과의 합작이 절대적으로 필요하다는 것에 대해서는 공산당 지도부 안팎의 공감대가 형성되어 있었다. 1935년 12월 중순의 와야오바오(瓦窑堡) 정치국 회의에서 채택된 당의 노선이 일본 제국주의 침략에 맞서 전 민족적 항일 전선을 펴야 한다는 쪽으로 결정된 것도 그런 당 지도부의 일치된 의견을 반영하고 있었다.

항일 공동 전선 구축은 소련의 입장에서도 꼭 필요한 일이었다. 같은 해 7월 모스크바에서 개최된 코민테른 제7차 대표 대회가 채택한 강령이 바로 이러한 소련 정부의 생각을 반영하고 있었다. 그러나 장제스의 입장에서 보면 국공 합작은 전혀 고려 대상이 아니었다. 사경에 몰린 공산당에 최후의 일격을 가해 숨통을 끊어 놓는 일이 남아 있을 뿐이었다. 이처럼 장제스의 입장이 확고했으므로 저우에게 맡겨진 임무는 그만큼 힘든 것이었다.

저우는 국민당을 항일 통일 전선에 끌어 들리기 위해서는 먼저 장쉐량과 양후청을 우군으로 만들어야 한다고 판단했다. 장제스가 추진하는 홍군 섬멸 작전의 일선 지휘관이 바로 이들 두 장군이었다. 두 사람 중에도 장쉐량이 특히 중요했다. 장쉐량은 동북 군벌을 만든 부친 장쭤린이 1928년 9월 평톈에서 일본군이 전용 기차 속에 설치한 폭탄이 터져 사망한 이래로 일본에 대한 복수를 한 순간도 잊은 적이 없었다. 그에게는 소공보다는 항일이 훨씬 더 중요했다.

장쉐량에게 접근하기 위한 다리가 필요했던 저우에게 가오푸위안(高福源)과 류딩(劉鼎)이 다리가 되어 주었다. 두 사람은 모두 특이한 경력의 소유자였다. 가오푸위안은 국민 정부군의 여단장으로 전투 중 홍군의 포로가 된 후 공산당에 협조하기 시작한 사람이었다. 그는 포로 생활 중에 항일의 필요성을 역설한 저우의 강연에 감동을 받고, 홍군과 동북군 사이의 가교 역할을 자청했다. 류딩은 프랑스와 소련에 유학한 경험이 있는 지식인으로 공산당원이 되어 활동하다가 대장정 직전에 장시성 동북 근거지에서 국민당 군대에 포로로 잡혔다가 탈출해서 상하이의 공산당 지하 조직원으로 활동하고 있었다. 가오푸위안과 류딩은 리커눙과 왕이저(王以哲)를 연결해 주는 일을 맡았다. 리커눙은 당의 비밀공작을 책임지고 있던 저우의 측근이었고, 왕이저는 동북군의 정예 부대인 67군의 군장을 맡고 있던 장쉐량의 심복이었다. 저우와 장쉐량이 만나기 전에 먼저 대리인들을 연결하려는 전략이었다.

우여곡절이 있었지만 이 전략이 성공해 가오푸위안과 류딩은 1936년 1월 16일 리커눙과 왕이저의 회담을 성사시켰다. 장소는 67군 사령부 소재지인 뤄촨(洛川)이었다. 그 후 리커눙과 왕이저는 각기 저우와 장쉐량의 지시로 여러 차례 접촉했고, 결국 1936년 4월 9일 저녁 8시 옌안 인근 푸시(肤施)의 작은 성당에서 저우와 장쉐량이 만나게 하는 데 성공했다.

저우와 장쉐량의 만남은 다음 날 새벽 4시까지 계속됐다. 저우를 처음 만난 장쉐량은 장보링(張伯苓) 이야기를 꺼냈다. 장보링은 톈진의 난카이 대학 교장으로 저우를 끔찍하게 아꼈던 사람이다. 뜻밖의 말에 놀란 저우가 어떻게 장보링을 아느냐고 묻자, 장쉐량은 자신이 난카이 대학을 다닌 적은 없지만 장보링 교장에게 사사한 인연이 있다면서 자신과 저우는 같은 스승을 모신 제자라고 했다. 이는 저우가 장보링의 애제자였음을 알아낸 장쉐량이 저우와의 첫 만남을 부드럽게 만들기 위해 꺼낸 말이었다. 그만큼 장쉐량은 저우와의 만남에 기대를 걸고 있었다는 의미로 볼 수 있다. 그래서인지 두 사람의 대화는 매우 잘 풀렸다. 처음 만난 사이 같지 않게 분위기가 화기애애했다고 한다. 당시 저우를 보좌해서 시안 사건 처리를 도왔던 둥샤오펑(董小鵬)의 이야기다.

저우와 장쉐량은 공산당과 동북군이 서로 싸우지 않고 협력하여 항일 공동 전선에 나선다는 원칙에 쉽게 합의했다. 장쉐량은 항일에 대한 장제스의 동의를 얻기 위해 최선을 다할 것을 다짐했고, 저우도 공산당이 '반장 항일(反蔣抗日)'에서 '핍장 항일(逼蔣抗日)'로 입장을 바꾸겠다고 약속했다. 장제스를 반대하는 것이 아니라 장제스를 압박함으로써 항일 공동 전선에 참가하도록 한다는 것이었다. 저우는 장제스가 항일 통일 전선에 합의할 경우 그를 중국 전체를 대표하는 최고 지도자로 받들겠다는 말도 했다. 장제스의 체면을 살려 주면서 실리를 챙기려는 의도였다.

분위기가 좋은 덕분이었는지 항일 공동 전선에 합의한 것 외에도 장쉐량은 저우에게 여러 가지 호의를 베풀었다. 특히 당시 홍군은 동북군의 포위망 때문에 필요한 물자를 구입하기 위한 통로가 막혀 있었는데, 장쉐량은 시안을 통해 보급품을 확보할 수 있도록 길을 터 주었다. 홍군이 목말라하던 탄약과 총기류 외에도 상당한 액수의 현금도 주었다.

장쉐량과 저우 사이의 협력은 순조로웠던 반면에 장쉐량과 장제스의 관계는 그렇지 못했다. 장제스가 시안에 오자 장쉐량은 공산당에 대한 탄압을 멈추고 항일 공동 전선에 나서 줄 것을 다시 한번 간곡히 호소했다. 중국에서 일본 군대를 쫓아내고 동북으로 돌아갈 수 있게 해 달라고 눈물을 흘리며 간청한 것이다. 그러나 장제스는 막무가내였다. 말을 듣지 않으면 소공 임무를 다른 장군에게 맡기고 동북군과 서북군을 다른 지역으로 이동시키겠다고 위협했다. 장쉐량과 양후청에게는 사형 선고나 다름없는 조치였다. 장제스를 설득할 수 없음을 깨달은 장쉐량과 양후청은 극단적 방법을 선택하기로 하고 장제스를 체포해 버렸다. 하극상의 쿠데타를 감행하기로 한 것이다.

장쉐량이 이끄는 병사들은 12월 12일 새벽에 장제스의 숙소이자, 당나라 현종의 애첩인 양귀비가 살았던 화칭즈(華淸池)를 급습했다. 그러나 장제스는 이미 총성을 듣고 혼비백산해서 주변의 산으로 피신한 다음이었다. 몇 시간 후, 동북군의 병사들이 잠옷 차림에 코트만 걸친 채 산 중턱의 바위 밑에 숨어 추위에 떨고 있던 장제스를 발견하고 숙소로 데리고 왔다. 하지만 장제스는 고집을 꺾지 않았다. 유교적 권위 의식에 젖어 있던 장제스는 국민군 총사령관인 자신을 체포한 장쉐량을 군법으로 처리하겠다는 이야기만 되풀이했다. 국공 합작에 대해서는 말조차 꺼낼 수 없는 분위기였다.

그래서 장제스의 부인 쑹메이링(宋美齡)과 쑹메이링의 오빠이자 국민당 정부의 실세인 쑹쯔위안(宋子元) 등 국민당 고위 인사들이 비행기를 타고 난징에서 급히 시안으로 날아 와 장쉐량과 협상을 벌였다. 그러나 쑹쯔위안 남매가 장제스를 직접 만나서 설득했지만 장제스의 고집을 꺾지는 못했다. 쑹쯔위안 남매의 걱정은 장제스가 없는 국민당 내부에서 강경파들이 군권을 장악하고 공산당 소탕 작전을 감행하지 않을까 하는 점이었다. 그렇게 되는 경우 장제스의 안전도 보장할 수 없는 일이었다. 사실은 장제스 스스로도 이에 대한 걱정을 하고 있었지만 자존심 때문에 고집을 꺾지 않고 있었다.

이러저러한 일들로 협상이 지연되고 있던 와중에 장쉐량이 장제스 부부와 함께 난징으로 돌아가는 돌발 사건이 일어났다. 장쉐량이 혼자 내린 결정이었다. 이는 성탄절인 12월 25일 오전에 벌어진 일로 장제스가 납치된 지 13일 만이었다. 문제는 장제스가 난징으로 돌아간 다음에 일어났다. 시안에서 장제스가 공산당과 협력하겠다는 사실을 문서화하지는 않았지만 그를 대신해 쑹메이링과 쑹쯔위안이 항일 국공 합작 요구를 수용했다. 저우를 보좌하여 현지에서 협상에 참여했던 덩샤오핑에 의하면 장제스도 시안을 떠나기 직전에 내전을 중지하고 항일 공동 전선을 구축하라는 공산당의 요구를 수용했다고 한다. 장제스는 자신의 명예를 걸고 약속을 지키겠지만 공개적인 약속은 할 수는 없다고 했다. 당시에는 이를 자신의 위신 때문이라고 변명했지만, 난징에 돌아간 장제스에게 그 위신은 그리 중요한 것이 아니었다.

난징으로 돌아간 후 장제스는 장쉐량을 구속하고 국민당 군대에게 시안을 공격하라는 명령을 내렸다. 국민당과 동북군 사이에 다시 전쟁이 벌어질 위기가 발생했다. 그뿐만이 아니었다. 동북군과 서북군 내부에서는 난징에서 포로가 된 장쉐량을 구출하는 방안을 놓고 강온파 양측이 격론을 벌였고 감정이 격해진 일부 강경파 장교들이 온건파의 리더이자 장쉐량의 측근인 왕이저를 사살

하는 일이 벌어졌다. 자칫하면 항일 공동 전선은 고사하고 국민당과 공산당이 전면전을 벌이고 동북군과 서북군이 서로 무력으로 충돌하는 일이 벌어질 뻔한 상황이었다.

이런 상황으로 인해 저우도 곤경에 처했다. 국민당뿐 아니라 동북군과 서북군 내에서도 저우에 대한 불만이 컸다. 장쉐량이 난징으로 납치된 것이 아니며, 사건의 배후에 공산당, 특히 저우가 있다는 주장도 나왔다. 그런 불만들은 왕이저를 사살한 동북군의 젊은 장교들 사이에서 특히 강하게 제기되었다. 결국 이들 젊은 장교들 중 일부가 저우의 숙소로 쳐들어와서 저우를 죽이겠다고 위협하는 상황까지 이어졌다. 그러나 저우는 침착하게 대응해서 위기를 잘 넘겼다. 자신에게 총을 겨눈 장교들을 설득해서 돌려보냈고 동북군과 서북군 내부의 불만을 수습해 냈다. 항일이라는 큰 명분을 내세워 작은 불만들을 무마하는 데 성공한 것이다.

이렇게 해서 저우는 국민당과 항일 구국 합작을 성공시킴으로써 공산당과 홍군을 위기에서 구해 냈다. 또한 시안 사건의 해결 과정에서 자칫하면 국민당과 동북군 간에, 또 동북군 내부에서 터질 뻔했던 전쟁을 막아 내는 데에도 크게 기여했다. 시안에 구금되어 있던 장제스를 만나 적당한 시기에 상하이나 항저우에서 국공 합작을 논의하자는 장제스의 약속을 받아낸 것도 저우였다. 국공 합작의 성공에는 일본의 중국 본토 침략이라는 돌발 변수도 있었지만 저우의 냉정한 성격과 합리적 접근도 큰 몫을 했다.

국민당과 공산당이 합작을 전제로 구체적 협의를 시작한 것은 1937년 2월 중순 시안에서였다. 국민당에서는 장충(張沖), 허중한(賀衷寒)이 나왔고 공산당 대표는 저우와 예젠잉(葉劍英)이 맡았다. 여기서 원칙 문제에 대한 합의는 비교적 쉽게 도출되었다. 2월 초에 열렸던 국민당 5기 3중전 회의를 전후로 양측이 물밑 협상을 한 덕분이었다.

합의한 주요 내용은 공산당은 국민당을 중국을 대표하는 전국 정당으로 인정하고, 무장 봉기, 지주의 토지 몰수 등의 과격한 행동을 자제하기로 약속한 것이다. 또 소비에트 정부를 국민당의 지도를 받는 변구(邊區)의 지방 정부로 개편하기로 했다. 대신 국민당은 공산당원들을 체포하지 않고 공산당의 공개 활동을 허용하기로 했다. 군대 문제에 관해서는 홍군을 국민 혁명군 산하 부대로 개편해서 국민 정부 군사 위원회의 통일적 지휘를 받도록 했다. 명칭도 홍군이 아닌 '8로군'으로 부르기로 했다.

홍군의 편제와 규모를 정하는 것에서는 난항을 겪었다. 저우는 국공 합작이 성사되어 홍군이 국민 정부의 산하 부대로 재편된다 하더라도 홍군에게 독립적 지위가 보장되어야 한다는 입장을 고수했다. 형식상으로는 국민당 정부가 지휘하는 모양을 갖추더라도 실질적으로는 홍군이 공산당의 통제를 받고 독자적 작전권을 행사해야 한다는 주장이었다. 특히 4만에서 5만 이상의 홍군 병력을 3개 사단으로 편성하고, 이를 통합 지휘하는 총사령부를 설치하여, 사령관을 공산당이 임명해야 한다는 점에 대해서는 양보가 있을 수 없다고 선을 그었다.

이에 대해 국민당은 홍군이 국민당 군대의 일부로 편입되어 장제스의 지휘를 받아야 하고, 병력의 숫자도 3개 사단에 3만 명 이상은 허용할 수 없다고 맞섰다. 홍군은 한 덩어리가 아니라 여러 단위의 부대로 나누어져야 하고, 홍군의 각 단위 부대에도 국민당이 파견한 장교들이 배속되어 홍군과 같이 근무해야 한다고도 주장했다. 이는 사실상 홍군을 국민당의 감시 아래 두겠다는 의도였다. 또 국민당의 입장은 공산당이 통치하는 지역에 대해서도 국민정부의 행정 특구로서 이들이 국민당의 행정적 통치를 받아야 한다는 것이었다.

특히 문제가 되었던 사안은 국민당이 합작의 형식을 당 대 당이 아닌 개인 차원으로 하려 했던 것과 마오쩌둥과 주더의 외유(外遊)를 고집했던 것이었다. 1937년 여름, 루산에서 저우를 만난 장제스는 마오와 주더가 당분간 외국에 나가 있어야 한다는 조건을 제시했다. 국민당은 국민당과 공산당의 통일 전선 기구인 국민 회의에도 공산당원이 개인 자격으로 들어와야 한다고 주장했다. 이는 흡수 통합을 의미했다. 이에 저우는 일단 옌안으로 돌아가서 마오와 다시 협의하면서 사태를 관망하고 있었다. 그러던 중 베이징 부근의 루거우차오(蘆溝橋)에서 중국 본토에 대한 일본군의 총공격이 시작되었다.

일본군의 공세는 일방적이었다. 공격이 시작된 지 3주 만인 7월

29일에 베이징이 함락되었고, 30일에는 텐진이 함락되었다. 8월부터는 일본군의 상하이 공격이 본격화되었다. 난징과 우한이 점령당하는 것도 시간 문제였다. 이에 다급해진 장제스가 공산당의 요구를 대폭 수용함으로써 제2차 국공 합작이 성사되었다. 1차 국공 합작이 뼈아픈 기억을 남기고 1927년 4월 상하이 사변으로 끝난 지 만 10년 만에 다시 국민당과 공산당이 손을 잡고 협력하기 시작한 것이다. 1차 합작 때와는 양상이 달랐다. 1차 합작 때에는 공산당 못지않게 국민당도 합작을 원했지만, 2차 합작 때에는 국민당이 시안 사건과 일본군의 중국 본토 침략이라는 요인들 때문에 처음 내세웠던 조건들을 접은 채 공산당이 제기한 조건들을 대폭 수용했다. 그러나 국민당이든 공산당이든 항일 전쟁이 끝나면 서로를 향해 다시 총부리를 겨눌 수밖에 없다는 점을 모두 잘 알고 있었다.

2차 국공 합작은 1년 이상의 힘든 고난의 행군을 마치고 새로 정착한 서북 지역에서 지친 몸을 추스르고 새로운 미래를 모색하고 있던 공산당에게 필요한 안정과 휴식의 시간을 제공했다. 1937년부터 1943년까지, 6년이라는 비교적 긴 시간 동안 저우는 국민당 정부를 따라 난징과 우한, 그리고 나중에는 충칭(重慶)으로 옮겨 다니면서 국공 합작의 유지를 위해 노력하는 한편 국제 사회를 상대로 공산당의 활동을 알리기 위해 온 힘을 쏟았다.

1941년 1월에 터진 신사군(新四軍) 사건으로 2차 국공 합작이 깨지고 양측이 전면적인 무력 충돌 상태에 들어갔을 때에도 저우는 이런 상황 속에서 사태를 수습하고, 국민당과 공산당 간의 전면전을 피해 보려고 끝까지 노력했다. 그러나 저우의 노력에도 불구하고 이때 옌안에서 벌어지기 시작한 권력 투쟁 때문에 더 이상 저우가 설 땅이 점차 좁아지고 있었다. 저우에게 위기가 다가오고 있었다.

周恩來

옌안 정풍 운동

옌안 정풍(整風) 운동은 권력 투쟁의 대(大)드라마였다. 권력을 둘러싼 드라마였기에 투쟁에서 패배한 사람들은 힘을 잃고 역사의 무대 뒤로 사라졌고 승자들이 권좌에 올랐다. 물론 드라마의 주인공은 마오였다. 옌안 정풍 운동이 마무리 되었을 때 당내에서 마오의 지위는 아무도 넘볼 수 없을 정도로 확고해졌다. 마오가 권력의 정상에 올랐고 그를 도와 운동을 주도했던 류사오치, 왕자상, 런비시, 캉성같은 사람들이 새 지도자의 반열에 올랐다. 그러나 옌안 정풍 운동이 처음부터 순조롭게 진행되었던 것은 아니었다. 운동은 반전의 반전을 거듭했다. 이러한 반전들로 인해 옌안 정풍이라는 권력 투쟁의 드라마는 더 드라마틱했다.

쭌이 회의 이후 마오를 중심으로 당의 새로운 권력 구도가 정착되고 있던 옌안에서, 권력 투쟁이 일어나고 있음을 알린 신호는 1937년 12월의 정치국 회의였다. '12월 회의'로 불린 이 회의에서 마오는 왕밍과의 힘겨운 권력 싸움을 해야 했다. 마오의 표현을 따르면 '많이 섭섭하고 외로웠던' 회의였다. 13명의 정치국원들이 참석한 이 회의에서 마오를 지지한 지도자들은 많지 않았다. 왕밍은 코민테른이라는 보검(寶劍)을 마구 휘둘렀고 많은 사람들이 왕밍이 연출한 드라마에 삐에로가 되었다. 저우도 그런 삐에로 중 한 명이었다.

12월 회의에서 저우가 한 발언을 보면, 어느 한쪽으로 완전히 치우친 것은 아니었지만 저우의 두루뭉술한 표현 속에서 자주독립을 주장한 마오에 대한 유보적 태도가 나타나 있다. 자주독립에 반대한다는 말을 하지는 않았지만, 당과 홍군의 공작에서 국공 합작의 유지 발전이 최우선 과제라고 말함으로써 마오보다 왕밍의 입장을 지지했다. 국공 합작을 만들어 냈고 이를 관리해야 할 저우의 입장에서는 당연한 주장이었지만, 마오로서는 섭섭하지 않을 수 없었다. 결과적으로 저우는 이 권력 투쟁의 드라마에서 패자 쪽에 선 셈이었다.

권력 투쟁의 드라마를 연출했던 왕밍은 1931년 1월 상하이에서 열린 6·4 중전 이후 모스크바로 돌아갔다가 1937년 11월 29일 옌안으로 다시 돌아왔다. 거의 7년만의 귀국이었다. 그동안 그는 모스크바에서 코민테른의 중국 공산당 대표를 지내면서 1935년 개최된 코민테른 제7차 대회에서 집행 위원회 주석단에 올랐고 서기처 서기가 되어 있었다.

그뿐 아니었다. 귀국 3일 전에 코민테른 집행 위원회 주석 게오르기 디미트로프(Georgi Dimitrov)와 스탈린도 만났다. 공산권에서는 스탈린과 코민테른은 신이나 다름없었기에 그의 말 한 마디 한 마디에 무게가 실릴 수밖에 없었다. 왕밍은 모스크바가 보낸 '저 승사자'였다. 그것이 당시에 왕밍을 보는 분위기였다. 그런 왕밍이 12월 정치국 회의에서 한 말의 요지는 국공 합작이 모든 사업에 우선하는 당의 최대 과제가 되어야 한다는 것이었다. 국민당과의 협력과 합작을 통해 항일 전쟁을 성공적으로 수행하는 것이야말로 중국 공산당이 해야 할 가장 시급하고 중요한 과업이어야 한다는 게 코민테른의 공식 입장이라고 했다. 이런 그의 발언은 한 해 전인 1937년 8월 산시성 뤄촨에서 있었던 정치국 회의의 결정과는 정반대였다. 실제로 왕밍은 뤄촨 회의의 결정을 신랄하게 비난했다. 뤄촨 회의가 마오의 입장을 대변했다는 점을 고려하면 왕밍의 비난은 마오에 대한 성토나 다름없었다.

뤄촨 회의는 마오의 주장을 받아들여 국공 합작에 대한 당의 방침을 자주독립으로 정했다. 국민당과의 합작을 놓고 당내에서 여러 의견들이 나오자 마오는 당과 홍군이 형식적으로는 국민당 정부의 하부 조직이지만 실질적으로는 자주독립 정신을 발휘해서 독자적으로 행동해야 한다고 주장했다. 항일 전쟁의 선봉에 나서지 말고 국민당의 후방 지역에서 근거지를 확장하고 홍군의 병력을 늘려 전투 능력을 키워야 한다는 것이었다. 군사적으로는 정규전이나 진지전이 아니라 게릴라 전술을 활용하는 유동전(流動戰)에 의존하고 토지 개혁과 세금 감면 조치 등을 통해 농민들의 지지를 확보해야 한다고 주장했다. 쉽게 말하면 항일 전쟁은 국민당 군대에게 맡겨 두고 홍군은 후방에서 자신의 세력을 키워 후일에 있을 본격적인 국공 대결에 대비하자는 것이었다. 이는 스탈린은 물론 코민테른의 공식 입장과도 배치되는 주장이었다.

왕밍이 노린 것도 바로 이 점이었다. 그는 자신이 코민테른 집행 위원회의 주석단이며 서기처 서기라는 점을 십분 활용해서 뤄찬 회의의 결정을 뒤집으려 했다. 마오가 주장하는 자주독립 노선은 코민테른의 입장과 반대되는 것이며 중국의 현실에도 맞지 않는다고 주장했다. 그리고 이제는 모든 일에 항일 전쟁에 우선 목표를 두고 모든 일에 통일 전선을 앞세우는 이른바 '일체 항일 일체 통일 전선'이라는 두 가지 '일체'를 당의 공식 전략으로 내세웠다.

왕밍의 주장은 여기에서 끝나지 않았다. 그는 코민테른의 집행 위원들을 설득하기 위해 현재의 중국 공산당을 움직이는 지도자들은 비록 오랜 혁명 투쟁의 경험을 갖고 있지만, 시골 농민 출신이기 때문에 프롤레타리아 혁명이 무엇인지 이해하지 못하는 무식한 사람들이라면서, 혁명의 고조기에 진입한 중국에서의 공산주의 혁명을 지도하기 위해 이제 새로운 지도자가 필요하다고 주장했다. 이른바 '신인론'이었다. 결국 농촌 출신의 마오가 아니라 노동자 계급의 혁명 역량을 잘 이해하고 있는 자신이 중국 공산당을 이끌어야 한다는 이야기였다. 러시아어에 능통하고 말재주가 탁월한 왕밍의 언변에 넘어간 코민테른 집행 위원회는 왕밍의 이런 주장에 동의하는 결의안을 채택했고, 이를 가지고 옌안으로 돌아온 왕밍이 12월 회의에서 마오를 쫓아내고 자신이 그 자리를 차지하려 했던 것이다. 마오로서는 자신의 정치적 생명이 걸린 회의가 아닐 수 없었다.

왕밍과 마오 간의 권력 투쟁은 이번이 두 번째였다. 첫 번째가 7년 전인 1931년 1월에 있었던 6기 중앙 위원회 4차 전체 회의 때였다. 6·4 중전은 마오에게 생애 최초로 좌절과 패배를 안긴 바 있었다. 그동안 숱한 굴곡을 겪으면서도 그런대로 홍군의 총정치 위원 자리를 유지해 오던 마오는 이 회의에서 홍군의 지휘권을 뺏긴 채 징강산의 한 외딴 암자로 쫓겨 가야 했다. 그를 따라온 사람은 부인인 허쯔전과 경호원뿐이었다. 코민테른의 중국 책임자 미프가 주도한 쿠데타가 낳은 결과였다. 그 쿠데타의 연출은 미프, 주역이 왕밍, 그리고 최대 피해자는 마오였다.

그 후 마오는 쭌이 회의가 열릴 때까지 4년 동안 울분을 삼켰고, 빼앗긴 권력을 다시 찾기 위한 권토중래의 기회가 오기를 기다리면서 외로운 싸움을 해야 했다. 6·4 중전 때만 해도 저우는 정치국 상무위원으로 살아남기는 했지만 마오를 궁지로 몰아넣은 주범은 아니었다. 그래서 마오가 저우에 대해 섭섭하게 생각하긴 했지만, 직접적인 원한 관계에서 저우는 한 걸음 떨어져 있었다.

12월 정치국 회의의 결과로 얻어 낸 마오에 대한 왕밍의 두 번째 승리는 오래가지 못했다. 마오가 첫 번째로 왕밍에게 패배했을 때에는 잃었던 권력을 되찾기까지 4년이 걸렸지만, 이번에는 12월 회의가 끝난 지 9개월 만에 해낸 것이다. 마오는 1938년 9월 옌안에서 개최된 6·6 중전 회의에서 왕밍을 내쫓고 다시 당권을 장악했다. 장악했을 뿐 아니라 다시는 아무도 감히 그에게 도전할 꿈도 꾸지 못할 정도로 당내에서 자신의 위치를 굳혀 버렸다.

6·6 중전에서 마오가 다시 왕밍을 제압하는 데에는 왕자상의 공이 컸다. 원래는 6·4 중전 쿠데타 부대의 일원이었다가 쭌이 회의에서 마오를 지지했던 왕자상은 대장정이 끝나자 소련으로 가서 모스크바의 한 병원에 머물면서 1933년 중국에서 당한 부상을 치료하고 있었다. 그러던 중 왕밍이 귀국하면서 코민테른의 중국 대표 자리가 공석이 되자, 왕자상이 이 자리를 물려받았다. 왕자상에게 행운이 찾아 온 것이었다. 이때 이미 국공 합작, 특히 왕밍에 대한 모스크바의 입장이 변하기 시작했기 때문이다.

1938년 봄을 넘기면서 스탈린은 중국에서 공산 혁명을 이끌 지도자는 역시 마오밖에 없다는 생각을 하고 있었다. 마오의 민족주의적 성향에 대한 우려에도 불구하고 마오밖에는 대안이 없었기에 이를 두고 고민하고 있었다. 디미트로프도 같은 생각이었다. 그런 와중에 왕밍이 옌안에 가서 코민테른이 마치 마오를 반대하고 자신을 지지하는 것처럼 선전하고 이를 통해 마오를 쫓아내고 중국 공산당의 당권을 장악하려고 한 것이다. 디미트로프는 이를 불만스러운 눈초리로 바라보고 있었다. 그래서 왕자상을 옌안으로 보내 스탈린과 자신의 이런 생각을 중국 지도부에 전달하고 마오를 다시 권좌에 올려놓으려 했던 것이다. 이런 움직임이 표면화 되는 과정에서 일어난 일이 옌안 정풍 운동이었다.

왕밍은 재주가 있고 언변이 좋았지만 재승박덕(才勝薄德)했다. 공상가라고 할 정도로 자기중심적이고 비현실적이었던 그는 남 앞에 나서고 뽐내기를 좋아했다. 코민테른을 믿고 제멋대로 행동했다. 6·6 중전이 개막되던 날 주석단이 기념사진을 촬영할 때에도 왕밍은 앞줄 맨 가운데 자리를 차지하고 있었다. 앞줄 왼쪽 끝자리에는 마오가 그리고 반대편 오른쪽 끝자리에는 저우가 앉아 있었다. 곧 다가올 옌안 정풍 운동에서 마오가 당내 최고 지위에 오를 것을 아무도 예상하지 못하고 있는 듯했다.

옌안 정풍 운동은 저우에게는 정치적 트라우마였다. 많은 사람들이 비슷한 경험을 강요당했지만 저우의 경우에는 그것이 마오와의 관계에서 일어난 첫 번째 트라우마라는 점이 특이했다. 자신의 정치적 생애에서 마오와 수많은 좋고 나쁜 인연을 맺어야 했던 저우는 옌안 정풍 운동 이외에도 이와 같은 트라우마를 두 번이나 더 경험해야 했다. 1950년대 후반 마오가 추진했던 대약진 정책에 맞선 이른바 반모진(反冒進) 소동이 두 번째였고, 세 번째는 1970년대 초반 미중 관계를 둘러싸고 일어났던 사건이었다. 두 번 모두 마오에 대한 저우의 흔들림 없는 충성을 확인함으로써 사태가 일단락됐다.

마오는 충칭에 있던 저우를 옌안으로 불렀다. 당시 저우는 국민정부의 마지막 임시 수도인 충칭의 8로군 연락 사무소가 있던 홍옌촌(紅岩村)에서 꺼져 가는 국공 합작의 불씨를 살려 보려고 안간 힘을 쓰고 있었다. 마오가 저우를 소환한 것은 그를 1943년 9월부터 11월까지 중앙 총학위가 주도하는 정풍 운동의 피고인석에 세우기 위해서였다. 왕밍이 주범이었고, 저우은 공범 중 한 명이었다.

주범이든 공범이든 죄는 같았다. 마오에 반대했다는 것이었다. 세부적인 죄목은 경험주의, 교조주의, 우경 보수주의, 좌경 모험주의 등 다양했지만 결국 마오의 노선을 따르지 않았다는 의미에서는 큰 차이가 없었다. 중앙 총학위의 임무는 피고인들의 명백한 피의 사실을 규명하고 그 잘못을 검증하고 단죄하는 것이었다.

총학위는 같은 해 3월 마오에 대한 당 간부들의 충성심을 조사하기 위해 만들어진 조직이었다. 마오가 위원장이었지만 실제 작업은 부위원장인 캉성이 맡았다. 당의 비밀 조직을 관리해 온 캉성은 간부들의 과거 행적에서 작은 흠집이라도 찾아내기 위해 피의자로 이름이 오른 간부들의 뒷조사를 철저히 했다. 저우도 그런 캉성의 손길을 피해 갈 수는 없었다. 철저한 조사가 이루어졌다.

옌안에 불려온 저우는 며칠 동안이나 입당 이후 자신이 살아온 행적을 구체적으로 적어 내야 했다. 3만 자에 달하는 엄청난 기록이었다. 그러나 이 기록에서 캉성이 찾아낸 건 조화주의나 절충주의 같은 애매한 죄목뿐이었다. 말하자면 괘씸죄였다. 기분은 나빴지만 결정적인 하자는 없었다.

그러나 옌안 정풍 운동은 저우에게 개인적으로 큰 충격이었다. 정치국 상무위원이면서도 옌안 정풍 운동의 정확한 의도나 내용을 잘 알지 못했고, 자신의 정치적 운명이 걸린 6·6 중전에는 하루만 참석하고 기념사진 촬영이 끝나자마자 우한으로 돌아가야 했다. 일본군의 우한 진입이 임박해 있는 등 긴박한 정세 때문이기는 했지만, 어떤 이유든 당의 중요한 논의에서 빠진 채 우한으로 돌아가야 했던 저우의 발걸음은 무거울 수밖에 없었다.

저우가 진 것은 개인적인 부담뿐이 아니었다. 옌안 정풍 운동 기간 중 국민당 통치 지역 내에서 공산당 지하당원으로 당을 위해 활약했다가 국민당의 첩자 또는 국민당의 지지 세력으로 몰려 억울하게 희생당한 이른바 홍기당(紅旗黨) 당원 중 많은 사람들이 저우와 가까웠거나 저우가 직접 스카우트한 인물들이었기에 저우가 받은 상처는 더욱 깊을 수밖에 없었다. 자신을 믿고 목숨을 던진 수천 명의 동료들이 무고하게 희생되어 가는데도 그저 보고 있어야만 하는 무력감 앞에 저우는 참담한 심정일 수밖에 없었다.

옌안 정풍이 끝났을 때의 마오는 과거의 마오가 아니었다. 마오의 전략이나 이론은 사상이라는 이름이 붙여진 채 마르크스·레닌주의와 같은 반열에 놓였고 당의 최고 지도 이념이 되었다. 당의 모든 정책의 최종 결정권도 마오에게 주어졌다. 1943년 3월의 일로 사실상 마오가 당 위에 군림하는 최고 권력자임을 확정한 것이었다. 마오의 권력 절대화 작업은 1945년 봄에 개최된 제7차 당 대표 대회에서 수정된 당헌을 통해 마오 사상이 당의 지도 이념으로 삽입됨으로써 사실상 마무리 되었다.

저우는 이런 마오의 권력 절대화 과정에 적극적으로 기여하거나 주도적 역할을 한 것은 아니었다. 그렇다고 적극적으로 반대한 것도 아니었다. 마오의 권력 절대화 과정에서 저우에게는 주도적으로 역할을 할 기회나 반대의 기회가 주어지지도 않았다. 이미 저우에게 최고 권력을 둘러싼 드라마는 관심 밖의 일이 되고 있었다. 7차 당 대회 이후 당내 권력의 2인자는 류사오치였고 문화 혁명이 끝나면서는 그 자리를 린뱌오가 이어 받았다. 저우의 관심은 마오를 넘어 중국의 미래로 옮겨가고 있었다.

'나라를 위해 온 힘을 바쳐 죽을 때까지 그치지 않는다(鞠窮盡瘁死而後己)'는 저우의 좌우명도 이때 그 뿌리가 내려진 것이라 할 수 있다. 최고 권력을 향한 경쟁에서 한 발 떨어져서 오직 나라와 인민을 위해 혼신을 다하겠다는 결심을 한 것이다. 그의 헌신의 종착점이 권력이 아닌 조국의 현대화와 국가 발전이 된 것이다. 마오에게 비굴할 정도로 순종했던 것도, 매국이라는 비난을 받으면서 미국과의 관계 개선에 온 힘을 경주했던 것도 바로 그런 이유 때문이었다.

신사군 사건과 예딩

옌안 정풍 운동이 진행되는 동안 저우는 우한과 충칭에서 두 가지 일에 몰입해 있었다. 한 가지는 2차 국공 합작 후에 만들어진 창장

(長江)국의 관리였고 또 한 가지는 신사군 사건이었다. 기간으로 치면 1937년 말부터 1943년 가을까지 약 6년 동안이었다.

창장국은 1937년 12월 정치국 회의에서 설치하기로 결정한 기구로 양쯔강 이남에 있는 공산당 조직을 총괄하는 당 중앙 직속 기구였다. 1931년 가을 6·3 중전 회의 직후에 만들어진 중앙 소비에트 지구와 기능이 유사했다. 다만 소비에트 지구는 공산당이 지배하고 있던 적색 지역을 관할했었고 창장국의 관할 구역은 국민당의 통치 지역인 백색 지역이었다. 후난, 후베이, 광둥, 광시, 구이저우, 윈난, 쓰촨, 장시, 푸젠, 안후이, 허난, 장쑤 등 13개 성에 산재해 있던 각종 당 조직들이 창장국 산하에 있었다. 홍콩과 마카오(澳門)도 창장국의 책임 지역이었다. 비록 적에게 총부리를 겨누고 직접 싸우는 일은 아니었지만, 창장국은 국공 합작이라는 합법적 모자를 쓰고 방대한 국민당 통치 지역 내에서 공산당 지지 세력을 확장하는 일을 수행하고 있었고, 이를 총괄하는 제2전선 공작의 책임자가 저우였다.

창장국 산하 조직 중 상당수가 지하 조직이었다. 창장국 역시 외부에는 공개되지 않는 당 내부 조직으로서 활동했다. 대신 창장국과 함께 설치된 8로군 연락 사무소는 국공 합작에 의해 만들어진 합법적 기구였기 때문에 이들 두 조직을 통합해서 함께 운용하고 있었다. 대외적으로는 8로군 연락 사무소의 간판을 달고 있었지만, 내부적으로는 창장국으로 활동했다. 저우도 낮에는 공개 기구인 8로군 연락 사무소에서 집무했고, 밤에는 같은 장소에서 창장국 일을 보았다. 이중적인 성격의 업무였지만 이런 종류의 일에 오랫동안 익숙해진 저우에게는 그리 낯설지 않았다.

창장국의 초대 서기는 왕밍이었고, 저우는 부서기였다. 당시 왕밍의 권세는 하늘을 찌를 듯 했기 때문에 저우는 왕밍에게 책임자의 자리를 내주었다. 대장정 도중이던 1935년 여름, 저우가 장궈타오에게 홍군 총정치위원 자리를 내주었던 것과 유사한 상황이었다. 원래 뽐내기를 좋아하는 왕밍은 시골구석인 옌안의 황토 동굴에 처박혀 사는 것이 싫기도 했지만, 스스로가 국공 합작의 중요성을 강조해 왔기 때문에 창장국이 만들어지자 서기를 맡아 우한으로 온 것이다.

그러나 얼마 후 6·6 중전에서 마오가 다시 권력을 잡자 창장국 서기직에서 해임되었다. 대신 이 서기직을 저우가 맡게 되었다. 조직의 이름도 장난국으로 바뀌었다. 장난국의 책임을 맡은 저우는 장제스를 비롯한 국민 정부의 고위 관계자들과 접촉하는 동시에 재야에 있던 진보 성향의 인사들과 활발하게 교류했다. 저우 특유의 장기를 맘껏 발휘할 수 있는 분야였다. 쑨원의 부인 쑹칭링을 비롯하여 유명한 문인이었던 궈모뤄(郭沫若) 등 많은 인사들과 만나 공산당의 활동을 홍보하고 협력을 구했다.

그 중에서 특기할 일은 쑹칭링을 중심으로 재야의 좌익 인사들을 모아 제3세력으로는 최대 규모인 중국 민주 동맹, 약칭 민맹을 만들고 당의 외곽 세력을 확장해 나간 것이다. 또한 궈모뤄에게 삼고초려해서 자신이 부부장으로 있던 국민 정부 군사 위원회 정치부 산하 제3청장 자리를 맡게 하고 각종 선전 선동 활동을 맡긴 것이었다. 뿐만 아니라 충칭을 방문한 소설가 어니스트 헤밍웨이(Ernest Hemingway)와 그의 부인 마사 겔혼(Martha Gellhorn)을 만나기도 했다.

충칭에 있던 외국 공관 책임자들과도 자주 만났다. 자주 만난 외국 공관 책임자로는 소련의 책임자는 물론이거니와 미국과 영국과 프랑스 등 서구 열강의 대사들이 많았다. 저우는 혁명가답지 않은 말쑥한 양복 차림에 세련된 대화로 외교가로서 상당히 인기를 끌었고 외국 대사들이 먼저 그를 만나자고 할 정도였다.

저우가 장난국에 외국 언론 담당 조직을 만든 것도 이때였다. 이 조직은 외국 기자나 외국 공관 직원들을 상대로 공산당의 입장을 설명하고 자료를 배포하는 일을 맡고 있었는데, 이는 공산당 최초의 외교 전담 부서였던 셈이다. 이때 여기에서 일했던 황화(黃華), 왕빙난(王炳南), 차오관화(喬冠華) 같은 사람들이 바로 건국 후 중국의 외교를 지휘한 저우의 외교 핵심 멤버였다.

신사군은 국공 합작이 성사되면서 양쯔강 이남 8개 성 13개 지역에 산재에 있던 홍군 유격대를 합쳐 만든 조직이었다. 이는 원래 대장정을 시작할 때 장시를 비롯한 여러 근거지에 남아 있던 부대들을 통합해서 만들어졌다. 대장정이 시작된 후 장시를 비롯한 근거지가 국민당 부대의 공격을 받자 뿔뿔이 흩어졌다가 다시 안후이성 남쪽에 본부를 두고 전투 단위로서 지휘 체계를 갖추었던 것이다. 병력은 모두 합쳐 2만 5000명 정도였다. 국공 간의 합의에 따라 항일 연군 산하 부대로 편성되어 8로군처럼 국민 정부로부터 상당한 군수 물자와 자금 등을 지원받고 있었다. 지원을 받는 대신 형식적이긴 하지만 지휘관 임명 등에서 국민 정부 군사 위원회의 승인을 거쳤다.

문제는 국민 정부가 이 신사군을 눈엣가시처럼 생각하고 있었다는 것이다. 규모는 작았지만 신사군은 전략적 요충지에 자리하고 있었다. 홍군 본대가 포진하고 있던 곳은 산시 지방을 중심으로 한 서북의 산간벽지였다. 그러나 신사군은 안후이성을 중심으로 상하이와 난징 등 국민 정부의 심장부에서 그리 멀지 않은 곳에 배치되어 있었다. 그래서 국민 정부는 신사군이 양쯔강 이북으로 이동할 것을 집요하게 요구했다. 그러던 중 1940년 10월 9일 국민 정부는 신사군을 한 달 이내에 양쯔강 이북으로 옮기라는 일종의 최후통첩을 보낸 후 1941년 1월 4일 안후이성 남쪽 윈링(云岭)에 있던 신사군 본대가 북으로 이동하기 시작하자 기습 공격을 가해 왔다. 7만 명이 넘는 국민당 정예 병력들이 미리 매복하고 신사군의 본대가 오기를 기다리고 있었다.

신사군 본대 7000여 명은 7일 동안 혈투를 벌였지만 2000명 정도를 제외하고는 모두 희생당하는 참변을 면치 못했다. 사령관인 샹잉은 전사했고 부사령관인 예딩은 포로로 잡혔다. 이른바 완난

(皖南) 사건으로 대장정 이후 국공 간에 있었던 군사 충돌 중에서 홍군이 가장 처참한 패배를 당한 사건이다.

  신사군에 대한 저우의 관심은 특별했다. 저우 개인적인 이유로는 예딩과의 끈질긴 인연도 한몫했다. 1896년생으로 저우보다 두 살이 많았던 예딩은 23세 때인 1919년에 바오딩(保定) 군관 학교를 졸업한 후 쑨원이 이끄는 국민 혁명군에 잠시 몸을 담았다. 그러다가 곧 모스크바로 건너가서 1년 동안 동방 노동자 대학과 홍군 군사 학교에서 수학하던 중에 중국 공산당에 가입하고 1925년 9월에 귀국했다. 입당 시기는 저우보다 3년이 늦었고 귀국 시기는 저우보다 1년 정도가 늦었다.

  귀국한 예딩은 황푸 군관 학교에서 저우와 만났고, 이것을 인연으로 황푸 군관 학교에서 저우가 만든 공산당 최초의 무장 세력인 4군 독립단 단장이 되었다. '철갑 부대'로 알려진 4군 독립단의 지휘를 맡은 예딩은 지휘관으로서 능력을 발휘했다. 특히 쑨촨팡의 군벌군을 격퇴하는 데에 철갑 부대가 탁월한 전공을 세우자 예딩은 저우가 아끼는 부하가 되었다.

  그러다가 두 사람이 결정적으로 가까워진 계기는 1927년 가을에 있었던 난창 봉기였다. 저우는 전적위 서기로 총지휘관이었고 예딩은 전적위 대리 서기 겸 제11군 군장이었다. 거사 후 남쪽으로 이동하던 주력 부대가 광둥성 루펑 지역에서 벌어졌던 국민 정부 부대와의 전투에서 크게 패했고 난창 봉기도 사실상 실패로 끝났

다. 정신적으로나 육체적으로 탈진해 있던 저우는 고열로 혼수상
태에 빠졌다. 모든 게 끝날 수도 있던 상황이었다. 이때 저우 곁에
서 그를 끝까지 돌본 사람이 바로 예딩이었다.

광둥 출신으로 지역 사정을 비교적 잘 알고 있던 예딩은 작은
마을에 살고 있던 어부 한 사람을 설득해서 무동력 고기잡이배 한
척을 구했다. 저우는 이 배 위에서 이틀 밤 동안 사경을 헤맨 끝에
무사히 홍콩으로 건너갈 수 있었다. 예딩은 홍콩에서 공산당 지하
조직의 도움을 받아 저우의 병을 치료한 뒤, 2주 후에 다시 저우가
상하이로 갈 수 있게 조치했다. 예딩이 없었다면 저우는 생명을 잃
을 수도 있었던 것이다. 저우에게 예딩은 생명의 은인인 셈이었다.

상하이로 돌아간 저우는 계속 당의 핵심 지도자로 승승장구했
지만 예딩은 그렇지 못했다. 홍콩에서 저우와 헤어진 예딩은 광저
우로 가서 광저우 봉기에 참가했다. 그러나 이마저도 실패하자 모
스크바로 건너갔으나, 그곳에서 왕밍을 비롯한 미프의 제자들과
사이가 나빠져서 다시 독일로 가야 했다. 당적을 뺏기고 독일도 추
방당한 것이다. 독일에서 울분과 실망 속에 힘든 시간을 보내고 있
던 예딩은 모스크바로 가는 길에 잠시 독일에 들른 저우를 만났다.
1930년 봄이었다.

두 사람이 독일에서 만난 것이 사전에 계획된 것인지, 그리고
이를 전후로 두 사람이 계속 연락을 취하고 있었는지는 확인할 수
는 없다. 그러나 독일에서 만남이 이루어진 후 예딩은 다시 상하이
로 돌아왔고 저우의 도움으로 새로 출범한 신사군의 군장에 임명

되었다. 저우는 예딩의 능력을 높이 평가하고 있었을 뿐 아니라 자신의 생명을 구해 준 은혜를 잊지 않고 있었다. 그래서 1937년 8월에 예딩이 귀국하자 그를 새로 출범한 신사군의 군장으로 일하게 한 것이다. 저우는 이를 위해 마오를 설득했고, 형식적이지만 군장의 임명권을 갖고 있던 장제스에게도 특별히 부탁해서 성사된 일이었다.

그러나 예딩은 신사군의 정치위원인 샹잉과 의견이 잘 맞지 않았다. 특히 작전을 놓고 두 사람이 충돌하는 일이 많았다. 샹잉은 게릴라 전문가였고 예딩은 정규전에 능통했다. 뿐만 아니라 샹잉은 야심가였다. 그는 신사군을 남쪽으로 이동시켜 안후이와 푸젠 지역에 광대한 근거지를 마련하고 이를 발판 삼아 당내에서 자신의 입지를 넓히려 했다. 제2의 마오를 꿈꾸고 있었던 것이다. 이와 달리 예딩은 북쪽으로 신사군을 조기에 이동시켜 양쯔강 북쪽에 근거지를 확대하려 했다. 당의 방침과 저우의 생각도 같았다. 그래서 신사군을 지휘하는 두 지휘관 사이에 전략 전술을 놓고 의견이 갈렸다.

예딩이 공산당원이 아니라는 사실도 두 사람의 관계를 더욱 어렵게 만들었다. 예딩이 신사군의 군장으로 있을 때 당 서기는 샹잉이었다. 예딩은 샹잉과 달리 공산당 조직에서 당원이 아닌 지휘관의 고통과 애로를 절감해야 했다. 예딩은 중요한 결정이 내려지는 당 위원회에 참석이 불가능했기 때문에 샹잉이 전해주는 소식에 의존해야 했다. 여러모로 샹잉과 예딩의 갈등은 필연적이었다.

저우도 두 사람의 갈등을 걱정해서 1939년 2월 말에 일부러 충칭에서 신사군 지휘부가 있던 윈링으로 와서 3주 정도 머물면서 두 사람을 화해시키기 위해 노력했다. 예딩은 신사군 군장 자리를 사양하고 있었는데, 저우는 충칭에서 그를 만나 수차례 대화를 통해 설득에 성공한 뒤 예딩을 데리고 윈링으로 왔다. 저우는 샹잉에게 당 중앙의 방침을 설명하고 당의 방침을 따를 것을 주문했다. 무엇보다도 단결이 중요하다는 점을 여러 번 강조하고 두 사람이 화해하고 협력할 것을 당부했다. 신사군 정치부 주임으로 있던 위안궈핑(袁國平)을 충칭으로 불러내서 샹잉과 예딩이 서로 단결할 수 있도록 노력하라고 부탁하기도 했다. 신사군 사건이 터지기 2년 전의 일이었다. 그러나 이러한 저우의 노력에도 불구하고 샹잉과 예딩의 불화는 계속되었고, 결국 신사군은 사실상 궤멸이라는 비극적인 결말을 맞고 말았다.

샹잉과 예딩 두 사람의 관계는 공산당 내부 사정과도 밀접하게 연결되어 있었다. 샹잉은 왕밍 계열의 사람이었고 예딩은 저우가 챙기는 사람이었다. 게다가 신사군은 군사적으로 류사오치가 책임자로 있던 화중(華中)국 관할이었는데, 류사오치 역시 저우와는 그리 좋은 관계가 아니었다. 국민당 군대가 신사군을 습격할 가능성을 매우 낮게 평가했던 마오도 참사의 결과에서 자유로울 수는 없었다. 이렇게 얽히고설킨 내부 사정 때문에 완난 사건에 대한 처리는 흐지부지될 수밖에 없었다. 샹잉이 전사하고 예딩이 포로로 잡히는 등 신사군의 수뇌부가 타격을 입는 바람에 더욱 그랬다.

결국 훗날 예딩은 비극적으로 삶을 마감했다. 국민당 군대에 맞서 7일 동안 밤낮 없이 혈투를 벌인 끝에 포로가 된 예딩은 충칭, 구이린(桂林), 류저우(柳州) 등지를 옮겨 다니며 포로 생활을 했다. 예딩은 항일 전쟁이 끝난 후에야 자유의 몸이 되었고, 1946년에 다시 공산당에 입당이 허용되어 옌안으로 오라는 연락을 받았다. 당적과 얽힌 한이 많았던 예딩으로서는 반가운 일이 아닐 수 없었다. 그에게는 이것이 새로운 출발이 될 수도 있었다. 그러나 그를 태우고 옌안으로 가던 비행기는 도중에 추락했고, 예딩의 한 많은 삶은 그곳에서 마감되고 말았다. 당시 나이는 만 50세로 한창 일할 시기였다. 예딩의 장례식에 참석해서 참담한 심정으로 조사(弔辭)를 한 저우는 가까운 동료로서뿐 아니라 한 인간으로서 예딩의 비극에 숙연해질 수밖에 없었을 것이다.

우한과 충칭에 있는 동안 저우에게는 여러 개인적인 일들이 있었다. 먼저 1939년 7월 옌안에서 연설을 하기 위해 중앙 당교(中央黨校)로 가던 중 타고 있는 말이 놀라 날뛰는 바람에 땅에 떨어져 오른쪽 어깨에 큰 부상을 입은 일이 있었다. 잠을 잘 못 잔 저우가 말 위에서 깜박 졸았기 때문이었다. 부상의 정도가 심했기 때문에 중국 내에서 치료가 불가능해졌고, 이에 모스크바로 가서 6개월 이상 체류하게 되었다. 수술은 그런대로 잘 되었지만 완전히 회복하지는 못했다. 부상을 입은 지 너무 오래되었기 때문이었다. 그래서 저우는 이후로 오른팔이 완전히 펴지지 않아 구부정한 채로 평생 살아야 했다. 1972년 2월 중국을 방문한 리처드 닉슨(Richard Nixon) 대통령을 위해 베푼 연회 자리에서 축배를 든 저우의 팔이 끝까지 펴지지 않고 구부정했던 것도 이 때문이었다. 당시 의도된 외교적 결례라는 소문이 돌았지만 이는 사실과 달랐다.

모스크바에 체류하는 6개월 동안 저우는 그저 한가하게 병원에만 있지 않았다. 자신이 평가한 중국의 혁명에 관한 내용을 5만 5000자에 달하는 방대한 보고서로 만들어 코민테른에 제출하고 코민테른 집행 위원회에서 이에 대한 연설도 여러 차례 했다. 그리고 틈을 내서 모스크바에 있는 많은 중국인을 만났다. 당시 모스크바에는 중국의 과거, 현재, 미래가 모두 공존하고 있었다. 마오의 두 아들인 마오안잉(毛岸英)과 마오안칭(毛岸青), 마오의 부인 허쯔전, 그리고 장제스의 장남인 장징궈(蔣經國) 등이 같은 도시에 살고 있었던 것이다.

마오와 함께 대장정을 마친 여전사 허쯔전은 옌안에서 병이 나서 모스크바로 간 뒤, 마오의 품으로 다시는 돌아오지 못한 비운의 여인이다. 해방 이후 러시아 횡단 열차를 타고 꿈에 그리던 중국 땅을 밟았지만 베이징으로 돌아갈 수는 없었다. 중국과 소련의 국경까지 마중 나온 당 중앙의 간부가 그녀를 상하이 쪽으로 데려갔다. 베이징으로 가서 남편을 만나겠다고 발버둥 쳤지만 소용없었다. 허쯔전이 남편 마오를 다시 만나게 되는 것은 1958년 가을 장시성 루산이었다. 그러나 이때 두 사람은 이미 과거로 돌아갈 수가 없었다. 1937년부터 마오의 곁에는 장칭이 버티고 있었던 것이다. 마오와 허쯔전 사이에는 딸 리민(李敏)이 있었다. 리민은 계모인 장칭과 이복 여동생인 리나(李讷)와 함께 살고 있었지만 가끔 어머니를 찾아와서 만나곤 했다. 하지만 이 만남이 즐거운 추억은 아니었다고 한다. 어머니인 허쯔전이 이미 정신 질환자나 다름없었기 때문이다. 리민의 회고록에 나오는 이야기다.

마오안잉은 마오와 양카이후이(楊開慧) 사이에서 태어난 세 아들 중 장남으로 1922년생이다. 1930년 모친인 양카이후이가 후난성 창사에서 처형당한 후 상하이에서 어린 두 동생들과 걸인 생활을 하던 마오안잉은 1937년에 당의 지하 조직에 의해 모스크바로 보내져 10년 동안 소련에서 살았다. 소련 육군 사관 학교의 속성 과정을 마친 후 중위 계급장을 달고 소련군 탱크 소대장으로 2차 대전에도 참전했다. 1946년에 중국으로 귀국해서 당 선전부에서 일하면서 류송린(劉松林)과 결혼했는데, 결혼한 지 1년이 채 되기 전에 한국전에 참전했다가 인민 지원군 사령부에서 근무하던 중 1950년 11월 25일 미군의 폭격으로 사망했다.

장징궈는 장제스의 장남이다. 쑹메이링과 결혼하기 전의 첫 번째 부인과의 사이에서 태어난 그는 1925년 1차 국공 합작이 성사된 후 15세 때 소련으로 가서 그곳에서 오래 살았다. 러시아 여성과 결혼도 하고, 소련 공산당 당원이 되기도 했지만 2차 국공 합작

이후 다시 중국으로 돌아왔다. 내전이 끝난 후에는 대만으로 돌아가서 1978년 부친이 사망한 뒤 총통이 되어 대만의 민주화에 상당한 업적을 남겼다.

우한과 충칭에 있는 동안 저우가 경험한 또 한 가지 개인적인 일은 부친의 사망이었다. 일찍 부인과 사별한 데다가 일정한 직업마저 없었던 저우의 부친 저우이넝은 기회가 있을 때마다 아들에게 의존하면서 지냈다. 특히 1930년대 후반 저우이넝은 나이가 들자 8로군 사무실이 있던 구이린에서 아들의 도움을 받으면서 살았다. 저우는 월급에서 매달 일정액을 떼어 생활비로 보내 주었다. 그러다가 우한이 일본군에 점령당하고 8로군 사무실도 국민 정부와 함께 충칭으로 옮겨가자 부친도 이를 따라 충칭으로 옮겼다. 그러나 그곳에서 건강이 나빠져서 병원 신세를 지게 되었고, 1941년 7월 초에 사망했다. 당시 병원에 입원 중이었던 저우는 병원에서 나와 부친의 장례를 치렀다.

장례식은 간소했다. 옌안에 있던 마오에게는 전보로 간단히 부친의 사망 소식을 전했고 마오 역시 전보로 조의를 표했다. 저우는 당시 국민 정부 산하 군사 위원회의 정치부 부부장으로, 군 계급으로 치면 중장에 해당하는 고위직이어서 장제스가 조화를 보냈지만 공식 조문은 받지 않고 조촐하게 장례를 치렀다. 묘도 충칭의 한 공동묘지에 썼다. 매사에 신중하고 조심하는 저우다운 처신이었다.

내전과 개국

일본이 항복한 후, 미국 대통령 특사 조지 마셜(George Marshall) 장군의 중재로 잠시 멈춰 있던 국공 간의 군사 충돌은 6개월여 만인 1946년 중반에 다시 재개되었다. 이로써 저우의 활동 영역도 외교에서 군사 분야로 다시 바뀌게 되었다. 덩잉차오의 회고에 의하면 내전 기간 중 저우는 중앙 군사 위원회 부주석 겸 총참모장 대리로서 서북의 여러 지역을 옮겨 다니면서 군사용 지도 몇 장을 놓고 마오와 함께 여러 전선에서 일어나는 대규모 전투를 지휘했다.

내전 기간 동안 각급 지휘관들에게 보낸 작전 지시 전문은 대부분의 경우 마오가 발송자로 되어 있었지만 실제로는 저우가 밤을 새워 가면서 작성한 것들이었다. 특히 1948년 후반부터 이듬해 1월까지 4개월 동안 동북 지역 장악을 위한 랴오선(遼瀋) 전투와 화이허 전투, 그리고 베이징과 톈진 지역 점령을 위한 핑진(平津) 전투 등 3대 전투가 벌어진 기간 중에는 이러한 전문이 매우 많았다. 저우가 휘하 부대에 보낸 작전 관련 전문이 하루에 22건이나 되는 날도 있었다. 그만큼 내전에서 저우의 역할은 중요했다.

물론 가장 중요한 전략을 결정한 것은 마오였지만, 저우의 역할이 단순한 보좌역은 아니었다. 전국의 전황을 가장 잘 파악하고 있던 저우였기에, 스스로 판단해서 직접 제시한 작전 계획이 전쟁의 승패에 결정적인 역할을 한 경우도 많았다. 류보청과 덩샤오핑이 지휘한 화북 야전군의 타이항(太行) 지역 점령이 바로 그러한 경우였다. 1946년부터 1947년 봄까지 벌어진 내전 1기가 끝난 이후, 1년 동안 진행된 내전 2기에서 공산당이 결정적인 승기를 잡을 수 있었던 것은 타이항 지역을 기습 점령한 것 덕분이었다.

장제스가 공산당에 대한 전략을 전면 공격에서 중점 공격으로 바꾼 후, 국민당의 병력 배치는 산시성 서쪽과 산둥성 쪽에 집중되었고, 그 두 곳의 중간 지대가 비어 있었다. 이를 간파한 저우는 화중 야전군의 주력 부대로 하여금 황허(黃河)강을 건너 타이항 산맥 지역으로 급히 이동하게 했다. 이 작전이 성공함으로써 공산당은 일시에 중원 지역을 장악할 수 있는 전략적 요충을 점령하게 되었고, 국민당으로서는 적에게 심장부를 내준 셈이 되었다. 1947년 6월 말에 벌어진 작전으로 불리했던 전황을 결정적으로 뒤집는 기상천외한 작전이었다.

1946년 중반 내전 초기에 공산당의 병력 수는 국민당에 비해 5분의 1 정도밖에 되지 않아 열세였다. 병력의 숫자뿐 아니라 무기와 장비 부문에서도 큰 열세를 보였다. 인민 해방군은 전투기나 폭격기는 물론 기갑 부대도 제대로 갖추지 못했다. 소련이 점령한 동북 지역 일부를 제외하면 해방군의 주둔지는 일본군이 주둔해 있던 지역이 아니었는데, 항복한 일본군의 무기를 접수할 수가 없었기 때문에 더욱 열악했다. 이러한 이유로 이 당시에 공산당이 내전에서 승리할 것으로 예상하는 사람들은 그리 많지 않았다. 저우도 초기에는 전쟁이 상당히 오래 갈 것이라 판단했다. 마오라고 예외일 수는 없었다. 마오는 오히려 저우보다 전쟁을 더 비관적으로 전망했다. 1946년 초에 마오는 내전이 끝나려면 짧게는 5년, 길게는 15년 정도 걸릴 것으로 계산했다.

이렇듯 불리해 보였던 전황은 1947년 여름에 들어서면서 바뀌기 시작했다. 내전 1년 동안 국민 정부 부대가 입은 피해가 적지 않았기 때문이다. 국민 정부의 병력 손실이 전체 병력의 약 4분의 1에 달했다는 주장도 있었다. 물론 이 같은 수치가 다소 과장된 것일 수도 있다. 하지만 분명한 것은 이 시점에 국민당의 전략이 수정되었다는 점이다. 그 전까지는 공산당이 장악하고 있던 모든 지역에 대한 전면 공격이 진행되었으나, 이후 산둥과 산시 북부 지역에 대한 중점 공격으로 바뀌었다. 그동안의 병력 손실이 많았던 것이 이유였다. 그러나 중점 공격을 수행하는 것도 여의치 않았다.

중점 전략의 일환으로 장제스의 측근 후쭝난(胡宗南)이 뤄촨과 쉬안촨(宣川)에서 옌안을 향해 공격해 오기 시작한 것이 내전 2년째인 1947년 3월이었다. 후쭝난이 이끈 병력은 국민당의 정예 부대 23만 명 정도였는데, 옌안을 포함한 산시 지역을 방어하고 있던 펑더화이의 서북 야전군은 모두 합쳐 2만 명이 조금 넘는 정도였다. 국민 정부의 대규모 병력이 몰려오자 저우는 옌안을 포기하자고 주장했다. 10배가 넘는 적을 상대로 정면 승부를 걸기 보다는 홍군의 특기인 게릴라전을 벌여 적을 산악 지대 깊숙이 유인한 후, 이들을 분산시키고 지치게 만든 후 공격하자는 것이었다. 마오나 주더 역시 저우와 같은 생각이었다.

3월 18일 저녁 후쭝난 부대의 선봉대가 도착하기 조금 전에 저우는 지프차를 타고 10년 동안 공산당 중앙과 중앙 군사 위원회의 소재지였던 왕자핑(王家坪)을 떠났다. 30리 밖에서는 적의 포격 소리가 들려오고 있었고, 서북 야전군 사령관으로 중앙 본대의 경호를 책임지고 있던 펑더하이의 독촉을 받으면서도 저우는 천천히 저녁을 먹고 나서야 자리에서 일어났다. 대단한 여유가 아닐 수 없었다. 저우가 이렇게 여유를 부릴 수 있었던 이유는 옌안을 향해 진격해 오고 있는 후쭝난 부대에 대한 자세한 정보를 미리 입수했기 때문이었다. 공산당이 국민당과의 첩보전에서 저우가 먼저 기선을 제압했던 것이다.

이 첩보전에서는 슝샹후이(熊向暉)가 큰일을 해냈다. 1919년생으로 칭화(淸華) 대학 재학 중에 공산당에 가입한 슝샹후이는 국민당을 상대로 펼치는 첩보전을 위해 저우가 길러 낸 최정예 고급 비밀 당원 중 한 명이었다. 2차 국공 합작이 시작된 직후인 1937년 12월에 저우의 지시로 후쭝난의 측근이 된 슝샹후이는 공산당원에게는 어울리지 않는 출신과 배경을 가지고 있었다. 안후이성의 부잣집 아들인 그는 미국의 대학에서 석사 학위를 받을 정도로 부르주아적 배경을 가진 인텔리였다. 비밀 공산당원과는 거리가 멀었다. 바로 이 점을 저우가 눈여겨 본 것이다.

저우의 권고로 후쭝난의 사령부에 들어간 슝샹후이는 얼마 후 후쭝난의 기요비서가 되었다. 슝샹후이는 기요비서로서 후쭝난에게 오는 모든 비밀문서에 접근할 수 있었고, 이 정보들을 극비리에 저우에게 알려 주었다. 간접적인 접촉이 주된 방법이었지만 때로는 저우와 은밀하게 만나서 후쭝난을 비롯한 국민당 정부 고위 관리에 관한 기밀을 직접 보고했다. 슝샹후이가 쓴 회고록을 보면 저우와의 만남은 영화에 흔히 나오는 첩보전 장면 그 자체였다. 캄캄한 밤중에 몇 차례나 무인 포스트를 거친 끝에 외딴 지역의 한 작은 집에 들어갔더니 저우가 방에 혼자 있었다고 한다.

이런 비밀 접촉을 통해 전달된 기밀 중에 하나가 바로 장제스가 승인한 후쭝난 부대의 옌안 침공 작전 계획서였다. 공격에 참여하는 부대의 편제와 공격 일시 등 작전의 계획들이 자세히 기록되어 있었다. 그래서 저우는 후쭝난의 부대가 언제 어디로 들어올지를 알고 있었던 것이다. 전쟁의 승부는 이미 결정된 것이나 마찬가지였다. 건국 후에 슝샹후이는 외교부와 대외 연락부에서 근무했으며 나중에 두 부처의 부부장까지 지냈다. 1971년 키신저의 베이징 방문을 실무 차원에서 책임지고 추진한 것도 총리 저우의 특별 보좌관인 슝샹후이였다.

왕자핑을 떠난 저우는 약 10일 후인 3월 28일 옌안에서 멀지 않은 짜오린거우(枣林沟)에서 열린 정치국 회의에 참석했다. 옌안 철수 이후 공산당의 향후 작전 계획을 세우기 위한 회의였다. 이 회의에서 논의된 내용은 당의 최고 지도자들인 마오, 류사오치, 저우, 주더, 런비스 등 다섯 명의 중앙 서기처 서기들 간의 업무 분담에 관한 것으로 주요 결정 사항은 다음과 같았다.

첫 번째로 마오와 저우 그리고 런비스 세 사람이 이끄는 본대는 당 중앙 기관과 당 중앙 군사 위원회를 이끌고 산시 지역에 머물면서 전국 각지에서 벌어지는 내전을 총괄 지휘하는 임무를 맡게 되었다. 이를 위해 저우가 중심이 되어 중앙 전적 위원회를 구성했다. 사실상 최고 전쟁 지휘부였다. 이들은 왕자핑을 떠난 후 1948년 4월까지 1년여 동안, 정확하게는 1년 5일간 산시 지역 내의 12개 현, 37개 마을, 2000리 이상의 거리를 돌아다니면서 전국의 해방군 부대들을 지휘했다. 저우는 당 주석이자 중앙 군사 위원회 주석인 마오의 최측근 작전 참모로서 중앙 전적 위원회를 지휘해 내전을 승리로 이끄는 데에 결정적 기여를 한 것이다.

두 번째 결정은 서기처의 서기 나머지 두 명, 류사오치와 주더가 이끄는 제2진이 황허강을 건너 화북 지역으로 가서 안전한 곳에 정착하고 상황을 지켜본다는 것이었다. 중앙 공작 위원회라고 불린 이 2진은 류사오치가 서기, 주더가 부서기를 맡았고, 정치국원인 둥비우, 펑전(彭眞), 캉성, 천보다(陳伯達)가 위원을 맡았다. 마오와 저우가 이끄는 본대에 문제가 생길 경우에 이를 대신할 예비 지휘부 역할을 맡도록 한 것이다. 전시 상황에서 지휘부의 공백을 막기 위한 조치였다. 중앙 공작위는 1948년 5월 본대가 시바이포(西柏坡)에 도착하면서 해체되는데, 이는 지휘부를 대신할 필요가 없어졌기 때문이다. 중앙 공작위를 흡수한 마오와 저우의 중앙 전적위는 시바이포에서 약 1년 동안 활동한 후 1949년 3월 23일 드디어 베이핑(北平)에 진입했다. 그로부터 7개월 후인 1949년 10월 1일

에는 새 공산 정부가 수립되면서 '베이핑'은 '베이징'으로 그 이름
이 바뀌었다.

세 번째 결정은 후방 위원회를 만드는 것이었다. 후방 위원회는
전쟁 수행에 필요한 보급품과 무기, 탄약 등 물자의 공급을 위해
만든 조직으로 예젠잉이 서기, 양상쿤이 부서기를 맡았다. 내전이
본격화되면서 대규모 전투에 대비해 군수품 공급 등의 후방 지원
사업을 보다 조직화하고 효과적으로 관리하기 위한 조치였다.

한 가지 흥미로운 것은 이 회의에서 저우의 제의에 따라 주요
지도자들이 본명 대신 가명을 사용하기로 했다는 점이다. 가명을
사용하자는 저우의 제의가 일리가 있다고 생각한 마오 역시 여기
에 동의했다. 가명은 각자가 만들기로 했는데 마오가 제일 먼저 본
인의 가명을 리더성(李德勝)으로 지었다. 전쟁에서 승리한다는 뜻
이었다. 그러자 저우는 후비청(胡必成)이라는 이름을 지었다. 꼭 성
공한다는 의미였다. 마오의 별명과 다르면서도 서로 상호 보완하
는 모양새였다. 살벌한 전쟁터에서 보기 힘든 장면이었다.

저우는 내전 기간 내내 보안 문제를 각별히 챙겼다. 저우는 중
앙 전적 위원회가 산시 지역 내에서 이동할 때에도 움직임이 노출
되지 않도록 하기 위해 가끔 무전기 사용을 중지하게 했다. 당의
최고 지도부의 한 사람이 하기에 어울리지 않는 사소한 일처럼 보
이지만, 저우는 모든 면에서 빈틈없고 주도면밀한 성격의 소유자
였으므로 사소한 일도 놓치지 않았다.

국민당과 공산당의 전면 내전은 1949년 초, 3대 전투가 끝났을 무렵에는 공산당의 승리 가능성이 손에 닿을 정도로 다가와 있었다. 48년 11월 초에 동북 지방 장악을 위한 랴오선 전투가 끝났고, 이듬해 1월 말에는 화북 지역 장악을 위한 화이허 전투와 수도권 장악을 위한 핑진 전투가 해방군의 승리로 마무리되었다. 이 중 베이핑 해방은 이곳을 지키던 국민군 사령관 푸쭤이가 평화적 항복에 동의함으로써 무력의 사용 없이 이루어졌다. 이로써 고궁을 비롯한 베이핑 시내의 수많은 고적들이 보전될 수 있었다.

이제 남은 결정은 양쯔강을 언제 건너느냐 하는 것이었다. 이 결정을 내리는 데에 가장 중요한 것은 소련의 태도였다. 스탈린은 해방군이 양쯔강을 건너 국민당 정부에 대한 전면 공격을 감행하는 것을 반대했다. 마오는 이런 스탈린의 태도에 대해 대단히 섭섭해했다. 그래도 스탈린의 반대를 무작정 무시할 수도 없어서 1개월 정도를 기다린 후, 4월 21일에 드디어 도강 명령을 내렸다.

일단 양쯔강을 건넌 해방군의 진격은 일사천리였다. 도강 2일 만에 난징을 점령했고, 1개월 후에는 상하이가 해방되었다. 국민 정부는 다시 광둥으로 쫓겨났지만 이미 전의를 상실한 상태였다. 장제스도 베이핑이 해방되자 국민당 총재직을 사임했다. 물론 상징적인 제스처이긴 했지만 사실상 내전에서의 패배를 시인한 것이다.

베이핑에 진입한 저우는 새 정부의 출범을 준비하느라 눈코 뜰 새 없이 바빴다. 건국을 위해 필요한 모든 준비는 최종적으로 저우의 몫이었다. 마오에게 최종 승인을 받긴 했지만 저우의 건의를 마오가 거부한 적은 거의 없었다. 마오와 충분한 협의를 거쳐 마오의 의도를 사전에 파악하고, 이에 맞춰 일을 진행했기 때문이기도 했지만, 주도면밀한 저우의 일 처리를 마오가 신뢰하고 있었기 때문이기도 했다.

제5장

周恩來

일변도 정책과 중소 동맹 조약

시바이포에서 베이핑으로 들어가던 1949년 3월 12일 마오는 저우에게 "이제 우리는 과거 시험을 보려 가는 입장"이라고 했다고 한다. 뼈 있는 농담이었다. 도시 건설은 농촌혁명과는 차원이 다른 새로운 도전이었다. 저우가 1947년 12월부터 맡고 있던 당 중앙의 도시 공작부의 업무도 과거와는 그 성격이 달라져야 했다.

과거에는 국민당이 통치하는 지역에서 국민당의 통치 기반을 흔드는 지하공작을 주로 했지만, 공산당이 집권당이 된 후에는 새로운 통치 기반을 직접 만들어 내야 했다. 과거 시험 정도가 아니었다. 혁명의 성공 여부가 걸린 새로운 건곤일척의 도전이 새 지도부를 기다리고 있었던 것이다. 특히 당 중앙 서기처 서기와 정무원 총리를 맡은 저우의 책임은 무겁고 중요했다. 마오는 중요한 것만 챙기면 되었지만 저우는 크고 작은 일을 모두 챙겨야 했다. 사소한 일 하나라도 소홀히 할 수는 없었다. 만기친람의 고통에서 자유로울 수 없었던 저우의 고민이 깊었다.

건국 직후 저우의 주된 과제는 첫째, 내전의 후유증을 치유하는 일이었고, 둘째, 새로운 정부의 통치 구조와 제도를 구축하는 일이었으며, 셋째, 국제 사회와의 관계를 설정하는 일이었다. 무엇보다도 4년 동안 계속된 내전의 상처를 치유하고 사회적 경제적 안정을 확립하는 일이 핵심이었다. 농촌에서는 토지 개혁이 이루어졌고 도시에서는 공장 등 주요 산업 시설의 국유화가 추진되었다. 생필품의 공급을 원활하게 해서 인민들의 생활을 안정시키는 것도 시급한 과제였다.

군사적으로는 내전 기간 동안 엄청나게 늘어난 병력의 수를 줄이는 복원 사업이 시급했다. 15인의 복원 위원회를 구성하고 스스로 위원장이 된 저우는 560만 명으로 늘어난 해방군을 줄이는 계획을 세웠다. 2년 동안 약 300만 명을 감축하며 최종적으로는 250만 명 수준으로 평시 체제의 정규군을 유지하는 것을 목표로 했다. 병력 감축은 국가 예산를 위해서도 필요했다. 일례로 1950년에는 국가 예산의 38.8퍼센트가 국방 예산이었다. 병력의 수를 반으로만 줄여도 20퍼센트 가까운 예산이 절감되었다. 절감된 예산의 일부는 민간으로 복원된 군인들의 취업 등 정착 사업에 활용할 계획도 세웠다.

군 구조를 개편하는 일도 착수해야 했다. 육군 위주의 군 구조로는 대만 해방 등 장차 예상되는 전쟁에 대비할 수가 없었다. 공군과 해군의 양성이 주요 내용이 되는 신(新)국방 계획을 마련해야 했다. 이를 위해 공군 사령관에 류야러우(刘亞楼), 정치위원에는 쑤화(蕭華), 해군 사령관 겸 정치위원에는 추징(肖勁)이 각각 임명됐다. 제4야전군 참모장이었던 류아러우는 1949년 3월 25일 오후 마오, 류사오치, 주더, 저우 등 당 최고 지도자들이 베이핑 근교의 시위안(西苑) 군용 비행장에서 열린 베이핑 입성 환영식에 참석했을 때 열병 사령관을 했던 인물로 이미 공군 창설의 책임을 맡고 있었다.

또한 새 정부의 출범에는 공산당이 아닌 정치 사회 단체들을 국정에 참여시키는 통일 전선 작업의 추진이 불가피할 것으로 판단되었다. 해방 당시에 공산당원은 전체 인구에 비해 숫자가 너무 적었다. 국가의 운영을 위해서는 엄청난 규모의 전문가들이 필요했는데 공산당원 중에는 전문가가 많지 않았다. 비공산당 전문가들의 협력 없이는 국정 운영이 거의 불가능했던 것이다. 이렇듯 공산당원이 아닌 세력을 견제하면서 동시에 이들의 협조를 얻어 국정을 이끌어 가는 이율배반적인 일을 저우가 책임져야 했다. 이는 오랫동안 국공 합작과 통일 전선 분야에서 일한 경험을 가진 저우에게도 결코 쉬운 일이 아니었다.

저우가 비공산당원 전문가들의 협조를 얻기 위해 마오 등 정치국 최고 지도자들과 협의해서 만든 과도기적 통치 기구가 '정치 협상 회의'였다. 공산당은 물론 여러 민주 당파의 인사들을 포함하는 통일 전선 기구인 정치 협상 회의는 저우가 사실상 최고 지도자로 내정되어 있었다. 주석은 마오였지만 부주석인 저우가 이 기구를 책임지기로 미리 합의가 있었던 것이다.

1949년 9월 21일 오후 7시 중난하이에 있는 가장 큰 회의장인 화이런탕(懷仁堂)에서 각계 대표 662명이 모인 가운데 열린 정치 협상 회의의 제1차 회의에서 저우가 초안을 작성한 공동 강령이 수정 없이 그대로 채택되었다. 저우가 베이핑에 들어온 뒤 6개월 이상 심혈을 기울였던 신생 중국 정부가 드디어 출범하게 된 것이다.

정부 출범을 위해서는 일반 공모를 거친 국기와 국가 그리고 국장도 결정해야 했다. 국가는 조선족 작곡가인 정성율이 지은 「의용군 행진곡」이 채택되었다. 사전에 마오, 류사오치, 주더, 저우, 런비시 등 서기처 서기들이 정치국원들과 함께 국가에 대한 논의를 했는데, 한 명의 반대도 없이 「의용군 행진곡」을 국가로 결정했다. 690여 개에 달하는 일반 공모작을 물리치고 선택된 결과였다. 「의용군 행진곡」은 참석자 모두 내전 기간 동안 귀가 아프게 들어 익숙한 노래였다. 회의장에 「의용군 행진곡」이 울려 퍼지자 약속이나 한 듯 모두 자리에서 일어나 합창을 했다. 누가 먼저랄 것도 없이 노래가 나오자 모두 최면에 걸린 듯이 자리에서 일어나 노래를 부른 것이다. 이 모습이 당시 중난하이의 분위기였다.

처음에는 국기의 이름을 '오성적기(五星赤旗)'로 불렀지만, 저우의 제의로 '오성홍기(五星紅旗)'로 바꿔 불렀다. '적기'라는 단어는 소련에서 자주 사용하는 단어였던 반면, '홍기'는 중국 공산당의 언어였다. 홍군, 홍기, 홍색당 등 모두 '홍' 자를 썼다. '홍' 자가 중국 공산당의 상징처럼 받아들여졌다. 모두들 당연하게 생각하고 있었지만 놓치고 있던 중국 공산당의 상징이 매사에 꼼꼼하고 치밀한 저우 덕분에 다시 살아난 셈이었다.

　대외 관계에서 저우의 첫 도전은 소련과 동맹 조약을 체결하는 것이었다. 새 정부의 기본 대외 정책이 소련과의 동맹이라는 입장은 이미 정해져 있었다. 1949년 6월 30일에 발표된 「인민 민주 전정을 논함」이라는 논문에서 마오는 "우리는 국제적으로 반제국주의 통일 전선의 한 부분"이라고 밝힌 바 있다. 소련을 정점으로 하는 사회주의 진영의 일원으로서 제국주의에 반대하는 일변도 정책이 신생 중국의 외교 방침임을 밝힌 것이다. 거칠게 말하면 소련을 종주국으로 받들면서 미국 등의 제국주의 국가들과의 투쟁에서 중국이 최일선에 서겠다는 약속이나 다름없었다.

　미국 정부도 중국 정부와의 화해 협력의 가능성을 봉쇄했다. 조지 케넌(George Kennan)의 봉쇄 정책과 '마셜 플랜'으로 구체화된 미국의 대소 냉전 정책이 미중 관계라고 예외가 될 수는 없었다. 미국 국무부는 『중국 백서』를 발간해서 2차 대전 직후에 제기되었던 중국과의 협력에 대한 기대가 비현실적 기대였음을 분명히 했고, 곧이어 일어난 조지프 매카시(Joseph McCarthy)의 반공 선풍은 미중 관계를 적대적 관계로 굳혀 버렸다. 중국이 주도하는 공산주의 혁명의 아시아적 확장에 쐐기를 박은 것이다. 이런 상황에서 소련과의 새로운 동맹 관계를 정립하는 것이 저우에게 주어진 첫 외교 과제였다.

　소련의 입장에서도 신생 중국 정부와의 관계를 정상화할 필요가 있었다. 스탈린은 1937년 가을부터 중국에서 공산주의 혁명을 이끌어갈 지도자로 마오가 유일한 선택이라는 생각을 하면서도 국민당과의 제휴에 대한 미련을 쉽게 버리지 못하고 있었다. 그러나 국공 간의 내전에서 공산당이 승리할 가능성이 높아지자 신생 중국 정부와의 관계 정립이 필요하다고 판단한 스탈린은 마오를 소련으로 초청하는 문제를 검토하기 시작했다.

마오의 소련 방문이 더욱 구체화된 것은 1947년 12월 스탈린이 마오에게 정식 초청장을 보내오면서부터였다. 저우도 마오의 소련 방문에 적극적이었다. 당 정치국 회의를 통해 방문의 시기, 경유지, 대표단 규모, 논의 사항 등에 대한 중국 정부의 입장을 정하고 이를 소련 측에 통보했다. 중국 측이 제시한 마오의 방문 시기는 1948년 11월이었다. 그러나 국공 간의 내전이 치열해지면서 마오의 모스크바 방문은 지연될 수밖에 없었다. 저우 역시 마오의 방문을 연기해야 한다고 판단했다. 그래서 1949년 1월 소련 정부를 대표해 아나스타시 미코얀(Anastas Mikoyan) 부수상이 시바이포를 방문해서 마오와 저우를 만났다. 7월에는 류사오치가 모스크바로 가서 건국 이후 양국 간의 협력 문제에 대해 논의했다. 이러한 일련의 과정을 통해 건국 이후 가급적 빠른 시일 안에 마오가 소련을 방문한다는 합의도 이루어졌던 것이다.

마오는 1949년 12월부터 이듬해 2월 중순까지 모스크바를 방문하고 중소 우호 동맹 상호 원조 조약을 체결했다. 그러나 조약의 협상 과정은 순조롭지 못했다. 무엇보다도 스탈린 특유의 스타일이 마오의 자존심을 건드렸기 때문이었다. 스탈린은 처음 만난 마오를 시험해 보려 했다. 자신이 성공 가능성을 낮게 평가했던 혁명을 성공시킨 마오를 정중히 대접하면서도 공산권의 주인이 누구인지를 확실하게 보여 주려 한 것이다. 도착 후 처음 며칠 동안은 그런대로 대접이 괜찮았지만 얼마 후에는 스탈린과의 연락마저 끊어졌다. 스탈린은 마오가 전화를 해도 이런저런 핑계를 대고 받지 않았다. 마오가 조약에 관한 이야기를 꺼냈지만 스탈린은 대꾸조차 하지 않았다. 자신 대신 미코얀과 이야기하라는 말도 했다. 이는 마오로서는 대단히 모욕적인 이야기였다.

회담은 이루어졌지만 분위기는 싸늘했다. 당시 마오의 통역을 맡았던 스저(師哲)에 의하면 하루는 분위기가 어찌나 나빴는지 스탈린이 자신의 차 상석에 마오를 앉히고 교외로 드라이브를 했지만 마오는 이 드라이브를 하는 동안 한 마디도 하지 않았다고 한다. '분위기가 납덩이처럼 무거웠다'는 것이 스저의 표현이다. 소련 측에서는 분위기를 부드럽게 하기 위해 마오를 위한 무도회도 마련했지만 마오는 끝까지 춤을 추지 않고 자리에 앉아 있었다.

당시 마오의 기분은 '모스크바에 온 지 몇 주나 되었는데 자신이 한 일이 밥 먹고 잠자고 똥 싸는 것밖에 없다'고 했던 그의 불평에서 잘 드러난다. 이 불평이 스탈린에게는 도시 생활에 적응하지 못한 시골 촌사람의 넋두리로만 들렸을지도 모르지만, 실제로 마오는 소련이 중국을 위성 국가처럼 간주한다고 느낀 것이다. 소련이 중국 공산당을 '형제당'이 아닌 '부자당'처럼 대하고 있다는 것이었다. 1958년 부총리 천이와 외교부 간부들을 중난하이 수영장에서 접견한 자리에서 마오가 당시를 회고하면서 직접 한 이야기다.

스탈린의 태도는 마오의 자존심에 큰 상처를 입혔다. 마오는 바로 중국으로 돌아가겠다는 말까지 했다. 이러한 상황에서 결국 두 사람이 선택한 것은 저우를 모스크바로 불러오는 것이었다. 모스크바로 오라는 마오의 전문을 받은 저우가 베이징을 떠난 것은 1950년 1월 10일 새벽이었다. 수행원들은 동북(東北)국 서기를 맡고 있던 리푸춘을 비롯하여 뤼순(旅順)·다롄(大連)시장인 어우양친(歐陽欽), 동북국 부서기 뤼둥(呂東), 동북국 무역부장 장화둥(張化東), 외교부 동구국장 우슈취안 등 주로 동북 지역을 담당하고 있던 실무진으로 구성됐다. 이는 저우가 모스크바에서 벌어질 협상에서 동북 지역에 관한 문제들이 논의될 것을 미리 판단하고 있었음을 시사해 준다.

저우 일행이 모스크바에 도착한 것은 1월 20일이었다. 기차로 시베리아 벌판을 지나는 여정이라 10일이나 걸렸다. 비록 지루한 여정이긴 했지만 이 시간 동안 기차 안에서 양국 현안에 대한 점검 회의를 수차례 했고, 모스크바의 마오와 전화 통화도 여러 차례 했다. 또 베이징에 남아 있던 당 지도자들과도 긴밀한 협의를 계속했다. 모스크바로 호출 명령을 받은 저우로서는 10일 동안의 기차

여행이 회의를 준비할 수 있는 시간을 벌어준 셈이었다.

모스크바에 도착해서도 소련 측과 진행되는 협상에서 중요한 문제는 일일이 교섭 내용을 마오에게 보고하고 지시를 받았다. 베이징의 당 지도자들에게도 협상의 내용을 알렸다. 특히 마오의 외유 기간 중 당 주석 대행을 맡고 있던 류사오치에게는 깍듯하게 예우를 갖췄다. 3000자에 달하는 장문의 전문을 보내 진전되는 협상의 내용을 자세하게 보고하기도 했다. 매사에 빈틈없는 저우의 모습을 그대로 보여 준 사례이다.

저우가 도착 이후 조약에 대한 논의는 빠른 속도로 진행되었다. 저우는 마오와 스탈린 사이를 왔다 갔다 하면서 분위기를 좋게 만들었다. 두 사람 모두를 잘 알고 있던 저우가 제 역할을 잘했다. 스탈린과 마오 두 사람이 직접 협상 테이블에 앉아 협상하는 것이 바람직하지 않다고 판단한 저우는 대신 자신이 미코얀, 안드레이 비신스키(Andrei Vyshinskii) 등 스탈린의 측근들을 직접 만나 문제를 풀었다.

창춘(長春) 철도 문제, 뤼순과 다롄의 조차 문제를 비롯해 신장과 와이멍구(外蒙古) 문제 등 어려운 문제들이 적지 않았지만 협상의 결정적 장애물은 되지 못했다. 창춘 철도는 1952년 연말 이전에 소련이 일체의 권리를 중국에 이양하기로 하고 그 전까지는 중국과 소련이 공동 관리하기로 했다. 뤼순항도 1952년 연말 전에 소련군이 철수하고, 중국의 주권을 회복하기로 했다. 마오와 저우가 가장 민감하게 생각했던 주권 문제에서 중국 측의 입장을 관철한 것이다.

중국에 대한 차관 문제도 소련이 연이율 1퍼센트에 3억 루블을 제공하며, 중국 정부가 이를 10년 동안 분할 상환하기로 했다. 조약의 이름도 처음에는 '중소 우호 동맹 조약'으로 했다가 저우가 주장해서 '중소 우호 동맹 상호 원조 조약'으로 고쳤다. 평등을 의미하는 '상호 원조'라는 단어를 삽입한 것이다.

이렇게 합의된 내용을 토대로 소련 측이 초안을 만들었는데 저우가 반대의 목소리를 냈다. 무엇보다도 내용이 너무 간단하다는 것이 저우의 불만이었다. 그래서 중국 측이 내용을 더욱 자세히 기술한 대안을 제시했고 결국 이 안에 따라 최종본이 만들어졌다. 1950년 2월 14일 크렘린 궁전에서 조약의 서명식이 열렸다. 중국 정부를 대표해서 조약에 서명하는 저우의 뒤에 서 있던 마오의 표정이 상당히 밝았다.

한국 전쟁과 중국의 참전

베이징으로 돌아온 저우는 6개월이 채 안 되어 한국 전쟁이라는 복병을 만나 추진하려던 일들을 잠시 미루어 둘 수밖에 없었다. 그중에서 1차 5개년 경제 발전 계획의 수립은 총리인 저우가 추진하던 핵심 과제 중 하나였다. 1953년부터 시작되는 이 계획은 공업과 농업, 중공업과 경공업, 중앙과 지방, 개인과 집단의 관계 등 각 분야에서 우선순위를 정하고 이에 대한 투자의 비중을 결정할 계획이었다. 실로 방대한 작업이 아닐 수 없었다. 공화국의 경제 발전의 기초를 놓는 중요한 작업이었다. 이를 위해 저우는 제1차 5개년 경제 발전을 위한 5인 소조를 정무원 안에 만들고 스스로 조장을 맡았다.

소조의 조원으로는 재정 경제 위원회 주임 천윈, 같은 위원회 부주임 보이보(薄一波)와 리푸춘, 참모 총장 대리 녜룽전, 재정 경제 위원회 계획국장 쑹사오원(宋紹文)이 임명되었다. 해당 분야의 최고 전문가와 지도자를 포함한 실무 위원회가 만들어진 것이다. 이들 소조원들이 중심이 되어 계획의 윤곽을 잡고 중앙과 지방 정부가 협력해서 초안을 만들 계획이었다. 소련 방문도 계획하고 있었다. 이를 저우가 직접 인솔할 생각이었다. 결국 이런 일들이 한국 전쟁 때문에 차질을 빚게 된 것이다.

저우는 한국 전쟁이 정확히 언제 일어날지는 알지 못했다. 김일성이 무력 통일을 준비하고 있다는 사실은 인지하고 있었지만 자세한 내용에 관한 구체적 협의나 통보는 소련과 북한 그 어느 쪽에도 없었다. 『저우언라이 연보』를 보면 1950년 6월 25일 전후로 저우의 일정에서 한국 전쟁은 물론 북한과 관련된 내용이 없다. 6월 24일에 기록된 저우의 일정 중에 중요한 것은 복원 위원회와 정치 협상 회의를 주재하는 것이었다.

저우는 그동안 이러한 업무들로 인해 며칠 동안 제대로 잠을 못잤기 때문에 일요일인 6월 25일 아침에는 늦잠을 잘 생각이었다. 그러나 북한의 남침 소식이 아침 일찍 저우를 깨웠다. 『신중국 외교 창시자(新中国外交创始人、奠基者周恩来)』의 저자 장궈시의 증언이다. 실제로 북한이 전쟁 진행에 관한 첫 소식을 중국에 전해준 것은 남침이 시작되고 3일이 지난 후였다.

물론 이런 사실들이 저우가 한국 전쟁 발발을 전혀 예상하지 못했다는 주장을 뒷받침해 주지는 않는다. 그러나 분명한 것은 북한과 소련 모두 북한의 남침 계획을 공식적, 비공식적으로 중국 정부에 알리지 않았다는 사실이다. 북한과 소련은 적어도 1949년부터 전쟁을 통한 한반도 통일 가능성을 협의하고 있었지만 중국에는 일절 알리지 않았다. 북한은 북한대로 소련에만 의존하면 된다고 믿었고 소련은 소련대로 중국이 끼어드는 것을 탐탁지 않게 여기고 있었다.

북한 고위 관리가 한국 전쟁 즈음에 중국을 방문했던 것은 1949년 4월이었다. 북한 인민군 정치부 주임 김일이 비밀리에 베이징을 방문해서 마오와 저우 등을 만났다. 노동당 중앙의 위임을 받아 김일성의 메시지를 가지고 온 김일은 마오와 한 차례, 저우와는 네 차례 만났다. 그러나 이 자리에서 김일은 북한의 남침 계획에 대해 어떤 말도 하지 않았다. 그의 방문 목적은 중국 해방군 산하에 있는 조선족 부대를 북한으로 돌려보내 달라고 요청하기 위한 것이었다.

김일의 요청에 대한 중국의 대응은 매우 긍정적이었다. 마오와 저우는 인민 해방군 산하 조선족 부대 3개 사단 중에서 대만 해방 작전에 대비해서 양쯔강 이남에 배치되어 있던 1개 사단을 제외한 나머지 2개 사단은 바로 넘겨주겠다고 약속했다. 이들 2개 사단은 선양과 창춘에 주둔하고 있던 164사단과 166사단이었으며 병력 수는 2만 명이 넘었다. 이들 조선족 부대 2개 사단은 1949년 7월 에 무기를 포함한 기본 장비와 함께 북한에 넘겨졌고 얼마 후 나머지 병력들도 북한으로 넘어갔다. 모두 합쳐 4만여 명의 완전 무장한 병력으로 한국 전쟁에서 중요한 역할을 담당했다.

중국 정부가 조선족 병사들을 북한으로 돌려보내기로 한 결정은 내전 기간 중에 있었던 일과 관련이 있다. 내전 초기에 북한은 만주 지역에서 중국 공산당을 많이 도왔다. 1946년 늦여름부터 남만주에 대한 국민당 군대의 공격이 본격화되면서, 남만주가 포위되고 그곳에 있던 해방군 부대들이 고립되었다. 그래서 공산당은 항일 전쟁 당시 만주 지역의 항일 연합군 사령관이자, 김일성을 잘 알고 있던 저우바오중(周保中)을 두 차례나 북한으로 보내 도움을 요청했다. 동북군 사령관인 쑤화도 김일성에게 편지를 보냈다. 그 결과 단둥이 함락되며 고립되었던 1만 5000여 명의 해방군 부상자들과 그 가족들이 북한으로 넘어가서 피신했고 단둥 지역에 있던 4만여 명의 해방군 병사들도 북한 지역에 들어가 숨었다. 북한이 중국 인민 해방군의 후방 기지 역할을 톡톡히 한 셈이다. 뿐만 아니라 육로가 차단된 동북 지방으로 물자를 보급하고 장비를 이동하는 데에 북한을 활용했다. 마오나 저우도 이런 북한의 도움을 잘 알고 있었기 때문에 조선족 부대를 넘겨 달라는 북한의 요청에 적극적으로 호응했던 것이다.

그러나 이때 저우는 북한이 남한을 침공하기 위해 이들 조선족 사단을 사용할 것이라는 사실을 몰랐다. 오히려 남한이 북한을 침공할 경우에 북한을 지키기 위한 방어적 목적이라는 김일의 주장을 믿었다. 저우가 김일에게 한반도에서 전쟁이 일어날 가능성에 대해 물었지만 김일은 남한이 북한을 침공할 가능성에 대해서만 언급했고, 북한이 남침을 준비하고 있다는 사실은 비밀로 했다.

남한의 북침으로 한반도에서 전쟁이 났을 경우에 중국이 북한을 어떻게 도울지에 관한 대화도 있었지만, 저우는 미군이 참전하는 경우에 한해 중국도 북한을 지원할 것이라고 답했다. 저우는 북한의 남침에 반대하고 있으며, 남한이 북한을 침공하는 경우에도 미군이 참전하는 경우에만 중국이 개입할 것이라는 중국 정부의 입장을 김일에게 확인해 준 것이다.

이때까지만 해도 소련 역시 북한의 남침 계획에는 부정적이었다. 1949년 4월 모스크바를 방문한 김일성이 스탈린에게 무력 통일 의사를 밝히고 남침에 대한 지원을 요청했을 때 스탈린은 이 계획에 반대했다. 미국의 참전 가능성을 우려했기 때문이다. 이러한 소련의 태도가 바뀐 것은 1950년 1월 말이었다. 1월 12일 애치슨(Acheson) 라인이 발표되고 한반도가 미국의 아시아 방어선에서 제외되자, 북한은 이를 한반도에서 전쟁이 일어나도 미국이 개입하지 않을 것이라고 해석했다. 소련도 이러한 북한의 해석을 받아들였던 것이다. 이런 소련의 입장 변화는 1950년 1월 30일에 스탈린이 김일성에게 보낸 전문에서 잘 드러난다.

애치슨 라인이 발표된 직후 김일성은 북한 주재 소련 대사 테렌티 시티코프(Terenty Shtykov)를 통해 스탈린으로 하여금 북한의 남침 계획을 지지해 줄 것을 요청했다. 시티코프가 1월 19일자 전보로 스탈린에게 이러한 내용을 보고하자 스탈린의 반응은 매우 긍정적이었다. 1월 30일에 스탈린은 김일성에게 보낸 전보에서 북한의 남침 계획에 적극적인 동의를 표하면서 자세한 내용을 상의하기 위해 김일성을 모스크바로 초청했다. 그러고 나서 2일 후 이런 사실을 중국 측에는 비밀로 하라는 전문을 보냈다.

김일성은 2개월 후인 3월 30일부터 4월 25일까지 모스크바를 방문하고 스탈린을 비롯한 소련 지도자들과 남침 계획에 관해 자세히 협의했다. 이 자리에서 스탈린은 김일성의 남침 계획에 동의하면서도 만약 미국이 참전하면 소련은 개입하지 않을 것이라고 말하고, 중국의 지원이 중요하다고 강조했다. 결국 소련은 북한의 남침 계획을 지지하면서도 만약 이것이 잘못될 경우에는 중국에게 뒷감당을 맡길 속셈이었던 것이다.

여기서 의문이 드는 점은 중국의 지원이 필수적이라는 사실을 강조하면서도 어째서 막상 중국에게는 이 계획을 알리지 않았는가 하는 점이다. 스탈린과 김일성이 이런 전보를 주고받을 당시에 마오와 저우는 모스크바에 체류 중이었다. 저우가 모스크바로 와서 소련 지도자들과 중소 동맹 조약에 대한 협상을 진행하고 있을 때였다.

마오의 모스크바 방문 기간에 중소 지도자들 사이에 김일성의 남침 계획에 대한 논의가 있었는지에 대해서는 아직 확실한 자료가 없다. 그러나 당시의 여러 가지 상황을 고려하면 한반도에서의 전쟁 발발 가능성에 대한 논의는 있었던 것으로 추정할 수 있다. 양국 모두 지대한 관심을 갖고 있던 문제였기 때문이다. 그러나 이때만 해도 소련이나 중국 모두 북한의 남침 계획에 대해서는 부정적 입장이었다.

스탈린이 김일성에게 전문을 보내 북한의 남침 계획을 승인하면서도 2일 후에 다시 전문을 보내 이런 사실을 중국에는 비밀로 하라고 한 이유도 당시 모스크바에 체류 중이던 마오와 저우가 북한의 남침에 반대했기 때문이라고 추정할 수 있다. 북한의 남침 계획에 반대한다는 중국의 입장을 알고 이를 이해한다는 입장을 표했던 스탈린으로서는 김일성의 남침 요청을 승인한 자신의 결정을 바로 중국에 알리기가 부담스러웠을 것이다.

그동안 한국 전쟁 발발과 관련해서 소련과 중국의 관여가 어느 정도였는지, 양국 간의 협력은 어느 정도였는지, 또 전쟁에 관여한 이유가 무엇인지 등에 대한 여러 의문이 있었다. 중국의 참전과 관련해서도 참전의 이유는 무엇인지, 참전 과정에서 소련, 북한과의

협의가 충분히 이루어진 것인지, 협의의 주제는 무엇이었는지 등
에 관한 논쟁이 있었다. 이런 의문과 논쟁들은 최근 공개된 외교
문서들에 의해 조금씩 풀리면서 정리되고 있다.

중국과 소련은 1980년대 후반부터 그동안 정부가 보관하고 있
던 외교 비밀문서를 공개하기 시작했고 여러 학술 연구 단체들이
이들 자료들을 입수해서 분석했다. 미국 워싱턴 소재 우드로 윌슨
센터(Woodrow Wilson International Center for Scholars)가 이러한 연구
를 하는 대표적인 단체이다. 이 센터 산하의 국제 냉전사 프로젝트
는 중국과 소련은 물론 미국, 독일, 동유럽 등에서 비밀이 해제된
방대한 양의 문서들을 수집, 분석하고 이를 단행본과 논문으로 출
판했다.

중국의 경우에는 한국 전쟁을 포함하여 북한과 중국 관계에 관
해 연구하는 인물로 상하이 소재 화동 사범 대학의 센즈화 교수
를 꼽을 수 있다. 센즈화 교수 연구의 장점은 중국과 러시아 문헌
은 물론 본인이 개인적으로 입수한 방대한 자료를 비롯해 관계자
와의 인터뷰 자료 등을 모두 활용하고 있다는 점이다. 센즈화 교수
이외에도 미국의 이채진 교수, 천젠 교수, 베이징 대학의 김동길
교수, 미국 뉴욕 소재 롱아일랜드 대학의 샤야펑 교수 등도 이 분
야에 많이 기여한 학자이다.

센즈화 교수를 비롯한 전문가들에 의하면 전쟁 발발에 관한 스
탈린의 기본 전략은 미국과의 충돌을 피하면서 동시에 북한에 대해

중국의 영향력이 확장되는 것을 최대한 억제하는 것이었다. 소련은 처음에는 북한의 무력 통일 계획에 대해 부정적이었다. 1949년 4월 모스크바를 방문한 김일성이 남침 계획에 대해 언급하면서 소련의 지원을 요청하자 스탈린은 반대했다. 미국과의 충돌을 우려했기 때문이다. 그러다가 1950년 1월 초 미국의 아시아 정책이 한반도를 새 방어선에서 제외하자 반대 의사를 접고 찬성으로 돌아섰다.

그러면서도 스탈린은 김일성에게 중국과 협의하라고 수차례 주문했다. 김일성을 모스크바로 초청해서 남침 계획을 승인할 때에도 스탈린은 김일성에게 중국으로 가서 마오를 만나라고 했다. 그래서 김일성은 1950년 5월 베이징으로 와서 마오와 저우 등 중국 지도자들을 만났지만 분위기는 좋지 않았다. 당시 저우를 도왔던 측근들의 말에 따르면 분위기는 좋지 않은 정도가 아니라 언쟁이 오고 가는 정도였다.

마오와 저우를 만난 김일성은 스탈린과의 회담 내용에 대해 언급하면서 스탈린이 남침 계획을 승인했다는 사실만을 강조했다. 중국의 지지와 도움이 필요하니 중국과 잘 상의하라고 했던 스탈린의 이야기는 우물쭈물하며 구렁이 담 넘어가듯 했다. 이에 저우는 당장 그날 밤늦게 베이징의 소련 대사관에서 니콜라이 로시친(Nikolai Roshchin) 대사를 만나 따졌다. 스탈린이 김일성의 남침 계획을 승인했다고 주장하는데 북한이 아닌 소련이 직접 이에 대해 중국에 설명하라고 요구한 것이다. 중국과는 한마디 상의도 하지 않고 북한의 전쟁 계획을 일방적으로 승인한 것에 대한 노골적인 항의였다.

스탈린의 답은 다음 날 바로 왔다. 김일성이 남침을 해도 미국이 참전하지 않을 것이라고 해서 동의해 준 것이며 중국이 반대하면 김일성의 남침 계획은 불가능할 수밖에 없다는 이야기도 했다. 자신이 한 약속을 중국이 뒤집지는 못할 것을 알면서도 중국에게 책임을 떠넘긴 것이다. 몹시 기분 상하는 일이었지만 중국이 대세를 뒤집을 수는 없었다. 뒤집을 힘도 없었고 그럴 의사도 없었다.

중국군의 한국 전쟁 참전은 1950년 10월 19일 그동안 북중 국경 지역에서 대기하고 있던 동북 변방군이 중국 인민 지원군이라는 이름으로 압록강을 건너면서 이루어졌다. 퉁거우(通溝)와 지안(集安)을 통해 23만 명의 병사가 북한으로 들어오는 데에는 약 10일이 걸렸다. 미군의 인천 상륙 작전이 성공한 지 34일 만이었다.

인천 상륙 작전은 한국 전쟁의 전세를 일시에 뒤집었다. 9월 15일 인천 상륙 작전이 성공한 후, 28일에는 서울이 수복되었고, 10월 1일에는 맥아더 장군의 이름으로 북한의 무조건 항복을 요구하는 최후통첩이 전해졌다. 개전 2개월 만에 부산까지 밀고 내려간 북한군은 동서로 허리가 잘려 일부 병력만 38선을 넘어 북으로 넘어갔고 나머지 약 9개 사단은 남한 지역에서 고립되었다. 북한군은 이미 조직적 저항이 불가능한 상황이었다. 이를 그냥 두었을 경우 북한 전체가 남한과 미국에 의해 점령당할 가능성이 높았다. 이러한 상황이었기에 중국의 참전이 초미의 관심사로 등장할 수밖에 없었다.

중국 정부가 참전을 결정하기까지에는 상당히 복잡한 과정이 있었다. 우선 10월 1일 오후에 중국의 참전을 요청하는 북한의 긴급 전보가 마오 앞으로 전달되었다. 김일성과 박헌영 두 사람의 이름으로 된 이 전보는 "적이 38선을 넘어 진격할 경우" 북한이 단독으로 이를 감당할 수 없음을 강조하면서 이 위기를 극복하기 위해서는 "중국의 인민 지원군이 직접 출동하여 북한을 도와주는 것이 불가피하다."라고 주장했다. 스탈린 역시 이날 중국의 참전을 요청하는 전문을 마오 앞으로 보내왔다.

참전을 요청하는 김일성과 스탈린의 전문이 베이징에 도착한 10월 1일은 마침 중국의 건국 1주년 기념일이었다. 오후 늦게 톈안먼(天安門) 성루에서 기념식 행사를 마친 중국 지도부는 급히 중난하이의 이녠탕(頤年堂)에서 정치국 서기처 회의를 개최했다. 불꽃놀이가 끝나지 않았고 수많은 사람들이 아직 톈안먼 광장에 남아 있었다. 서기처 서기 5명 중에서 마오를 비롯해 류사오치, 주더, 저우가 참석했고 런비시는 병이 나서 불참했다.

회의는 새벽 2시까지 계속됐다. 참전 여부를 놓고 토론을 벌였지만 결론이 나지 않았다. 류사오치와 주더는 소극적인 입장이었고 마오는 찬성 쪽이었다. 저우는 마오를 지지해서 찬성과 반대가 반반으로 갈렸다. 그래서 다음 날 오후에 서기처 확대회의를 개최해 이에 대해 더 논의하기로 하고 일단 해산했다.

다음 날인 10월 2일 오후 3시에 같은 장소에서 재개된 회의에는 서기처 서기 4명에 동북 지역의 당·군 책임자 가오강, 총참모장 대리 녜룽전 등이 참석했다. 그러나 이 회의에서도 참전론과 신중론이 엇갈려 결론을 내지 못하자 10월 3일에 정치국 확대회의를 열기로 하고 또 다시 회의를 끝냈다.

10월 3일 오후 3시에 시작된 정치국 확대회의에서도 출병 문제에 대한 결론은 나지 않았다. 내전의 후유증을 해결하지 못하고 있었고, 아직도 100만 명이나 되는 국민당 잔당 세력들을 소탕해야 했다. 또 토지 개혁 등의 중요한 개혁 과제들도 남아 있었기 때문에 참전이 불가하다는 의견이 우세했다. 막강한 공군력과 해군력을 가진 미국을 이길 수 없다는 것도 신중론자들이 내세우는 중요한 근거였다. 그런데 10월 5일이 되면서 분위기가 바뀌었다. 펑더화이의 회의 참석이 분위기를 바꾸는 데 한몫했다.

제1야전군 사령관으로 서북 지역의 당·정 책임자로 있던 펑더화이는 전날 마오의 지시를 받은 저우의 연락을 받고 시안을 떠나 베이징으로 급히 올라왔다. 연락이 급하게 간 때문인지 펑더화이가 중난하이의 이녠탕에 도착한 것은 10월 4일 회의가 시작된 지 1시간쯤 지난 오후 4시경이었다. 처음 회의에 참석한 펑더화이는 조용히 토론을 지켜보기만 했다. 그러다가 그날 저녁 마오와 단둘이서 한동안 이야기를 나누었다. 마오가 그를 설득한 것이었다.

다음 날인 10월 5일 오후에 회의가 속개되었다. 참석 대상자 18명 전원이 참석했다. 출석률 100퍼센트를 기록한 이 회의에서 펑더화이가 드디어 발언을 시작했다. 출병에 찬성하는 입장이었고 직설적인 성격 그대로 열변을 토했다. 발언의 요지는 미군이 한반도를 점령하면 문제가 복잡해진다는 것이었다. 미군이 압록강까지 올라오고 대만을 점령하고 있으면 언제든지 중국 본토를 침략할 수 있으며 국내에서도 반동파들이 미국을 등에 업고 준동할 수 있다고 주장했다. 미군의 한반도 점령을 막아야 한다는 취지였다.

마오가 마지막으로 결론을 내렸다. 펑더화이의 발언이 '급소를 찔렀다(一針見血)'면서 현재로서는 어떤 위험이 있더라도 우리에게는 '적이 평양을 점령하기 전에 즉시 출병하는 길 이외에는 다른 대안이 없다'고 했다. 그러면서 세 마리의 말이 끄는 마차가 있는데 두 마리가 앞으로 가자고 하는데 한 마리가 반대한들 무슨 소용이 있겠느냐고 덧붙였다.

이날 마오는 회의 도중 중국 공산당에 파견된 소련 공산당 대표 이반 코발레프(Ivan Kovalev)와 20분 동안 만났다. 코발레프와 마오 사이의 대화에 관한 기록은 남아 있지 않지만 앞에 "두 마리의 말이 앞으로 가자고 한다."라는 마오의 발언을 고려하면 코발레프가 중국의 출병을 강력히 요청하는 스탈린의 메시지를 마오에게 직접 전했다고 추측할 수 있다. 소련과 북한이 중국의 출병을 요청하고 있는데 중국이 반대할 수 있겠느냐는 의미였다. 아무튼 이날 회의는 마오가 출병하는 쪽으로 결론을 내림으로써 중국이 참전하는 방향으로 논의가 매듭지어졌다.

10월 5일 정치국 확대회의에서는 지원군을 누가 지휘하느냐는 문제도 논의되었는데 결론은 쉽게 났다. 마오가 펑더하이를 추천하면서 이렇게 그 이유를 설명했다. 지원군 사령관 후보로는 린뱌오, 류보청, 쉬샹첸(徐向前), 쑤위(粟裕), 천경, 펑더화이 등 6명이 있지만 린뱌오, 쉬샹첸, 쑤위는 와병 중이고, 류보청은 군사 학원 원장으로 내정되었으며, 천경은 베트남으로 파견 나가 있기 때문에 펑더화이가 유일한 선택이라는 것이었다. 그래서 펑더화이가 그 자리에서 지원군 총사령관 겸 정치위원으로 선출되었다. 가오강은 지원군의 군수 지원을 책임졌다.

이날 내려진 참전 결정에는 한 가지 조건이 붙어 있었다. 소련의 공군 지원이었다. 그동안 중국의 참전 문제가 논의되기 시작할 때부터 소련의 공군 지원은 줄곧 논란의 중심에 있었다. 중국의 참전은 미군이 38선을 넘어서 진격하고 소련이 중국 지원군에게 충분한 무기와 장비 그리고 공군 지원을 하는 것이 전제 조건이었다. 이에 대해 소련은 지원군에게 무기와 탱크, 대포 등은 제공할 수 있지만 공군 지원은 어렵다는 입장이었다. 적어도 2년 내지 2년 6개월 정도는 지나야 소련 공군기의 지원이 가능하다는 것이었다.

10월 5일에 내려진 참전 결정도 소련의 공군 지원을 전제로 한 것이었다. 저우는 참전 결정이 내려진 정치국 확대회의가 끝난 뒤 로시친 대사를 만나 중국의 참전 결정을 통보하면서도 완곡한 표현이지만 소련의 공군 지원이 전제 조건이라는 점을 시사했다. 그리고 정치국의 결정에 따라 스탈린을 직접 만나 공군 지원 문제를 매듭짓기 위해 소련으로 떠났다.

10월 8일 베이징을 떠나 소련으로 출발한 저우는 스탈린이 모스크바가 아닌 흑해의 휴양지 소치에 있는 바람에 10월 11일에야 흑해에서 스탈린을 만났다. 병을 치료하기 위해 소련으로 가기로 한 린뱌오도 저우와 함께 스탈린을 만났다. 저우를 만난 스탈린은 역시 공군 지원은 어렵다면서 만약 중국이 소련의 공군 지원 때문에 참전이 어렵다면 참전하지 않아도 된다고 이야기했다. 대신 북한군이 만주로 철수한 뒤, 만주에서 군사력을 증강해서 다시 전쟁을 하는 게 어떻겠느냐고 했다. 북한을 포기하고 만주에 북한의 임시 정부를 세우라는 이야기였다. 이런 내용의 전문이 스탈린과 저우의 공동 명의로 마오에게 전달된 게 10월 12일이었다.

전문을 받은 마오는 즉시 지원군의 출동을 늦추라는 명령을 내리고 펑더화이와 가오강을 베이징으로 불러 10월 13일 정치국 긴급회의를 열었다. 소련의 공군 지원이 없는데도 참전할 것인지를 토론하기 위한 자리였다. 여기서 내려진 결론은 기존의 참전 결정을 그대로 밀고 나간다는 것이었다. 이렇게 결정한 데에는 다음의 세 가지 이유가 있었다.

첫 번째는 중국이 참전하지 않아서 북한 군대가 만주 지역으로 넘어오는 경우 이는 오히려 중국에게 불리한 상황이 될 것이라는 판단이었다. 어차피 미군과 싸워야 한다면 중국 땅에서 싸우는 것보다는 국경선 넘어 한반도에서 싸우는 것이 유리하다고 본 것이다.

두 번째로는 중국의 지원군이 한국전 참전을 위해 북한에 들어왔다는 사실이 알려질 경우 미군이 평양과 원산 이남에서 진격을 멈출 가능성이 높다고 판단했다. 미군과 싸우지 않고도 참전의 목적을 달성할 수 있다는 계산을 한 것이다. 이른바 출전하지만 전쟁은 하지 않는다는 '출이부전(出而不戰)'의 전략이었다. 그래서 출병한 후에도 미군이 아닌 한국군을 첫 공격 대상으로 한다는 방침을 정했다. 중국 지원군이 10월 19일 한국 전쟁에 참전하기 위해 북중 국경을 넘었지만 그 배후에는 이런 계산이 있었다.

세 번째로는 아시아에서 공산주의 혁명의 주도권을 잡으려는 마오의 개인적 욕심이 있었다. 마오는 중국 혁명이 아시아의 다른 국가들에도 적용될 수 있다고 믿었고 이를 위해 베트남과 북한을 특히 중요하게 생각하고 있었다. 북한이 미국의 침략에 희생되는 것을 방치하는 것은 아시아 지역에서 공산주의 운동에서 주도권을 잡으려는 중국에 도움이 되지 않는다고 판단한 것이다. 저우 역시 이런 마오의 생각에는 공감하고 있었다. 국내적으로 많은 어려움이 있었고 당내에서도 지도자들의 반대가 있었음에도 참전 결정을 밀어붙인 것도 이런 이유와 무관하지 않았다.

중국 정부의 한국 전쟁 참전 과정과 전쟁 수행, 그리고 휴전에 이르는 전 과정에서 저우가 수행한 역할은 매우 중요한 것이었다. 무엇보다도 저우는 당 중앙 군사 위원회 부주석이었다. 당 군사 위원회는 국방과 군사 부문에서 당의 최고 의사 결정 기구였다. 정무원 안에 국방부가 있긴 했지만 형식적 조직에 불과했다.

군사 위원회 주석은 마오였지만 한국 전쟁에서 마오의 역할은 제한적이었다. 주석은 주로 원칙과 방향만 정하고 세부 사항들은 부주석인 저우에게 맡겼다. 이런 세부 사항들을 꼼꼼히 챙겨 줄 사람으로는 저우가 최적임을 마오도 잘 알고 있었다. 게다가 저우는 병이 나서 제 역할을 하지 못하고 있는 해방군 총사령관 주더와 총참모장 쉬샹첸의 역할도 대신해야 했다. 저우의 공식적인 직책도 군사 위원회 부주석 겸 총참모장 대행이었다.

한국 전쟁이 발발한 후 중국 정부가 취한 첫 조지는 동북 변방군을 조직한 일이었다. 이는 1950년 7월 7일의 일로 저우가 주재한 군사 위원회 회의에서 내려진 결정이었다. 꼭 참전을 목적으로 한 조직이 아니라 만약의 사태에 대비한 비상조치로 덩화(邓华)가 지휘하는 13병단을 위시해서 4개 군과 3개 포병 사단까지 총 26만 명으로 구성됐다. 이때 해방군의 주력 부대는 양쯔강 이남 지역에 주둔하고 있었다.

동북 지역을 담당했던 제4야전군의 주력도 남쪽으로 내려가서 북중 접경 지역은 사실상 비어 있었다. 그래서 화북 지역과 화중 지역에 주둔하고 있던 병력의 상당수를 동북 지역으로 이동시켜 만약의 사태에 대비했다. 4개월 후 중국이 참전하면서 동원되었던 해방군 부대들의 모체가 동북 변방군이었다.

동북 변방군의 구성 이외에도 저우가 취한 또 하나의 중요한 조치가 차이쥔우(紫軍武)를 평양으로 급파한 것이다. 나중에 차이청원(紫成文)으로 개명한 차이쥔우는 원래 시안에 본부를 둔 시난 군구(西南軍區) 정보처장을 맡고 있다가 동독 대사관 근무 발령을 받아 부임 준비를 하고 있던 차였다. 차이쥔우를 집무실로 부른 저우는 평양 대사로 임명된 니즈량(倪志亮)이 병으로 칭다오(靑島)에서 요양 중이라 당분간 부임이 어렵다고 말하며 바로 당 중앙 군사 위원회와 외교부 간부 몇 명을 대동하고 평양으로 가서 중국 대사관의 정무 참사관 겸 대리 대사로 근무하라고 지시했다.

6월 30일 밤에 시작된 저우와 차이청원의 만남은 다음 날 새벽 3시까지 계속되었다. 이날 대담에서 저우는 차이청원에게 한국 전쟁이 장기화될 가능성에 대비하라는 말도 덧붙였다. 1개월 정도면 전쟁이 끝날 것이라고 주장하는 북한이 듣기에는 귀에 거슬리는 말이었지만 미군이 참전한 이상 전쟁이 오래 이어질 수도 있다는 것이 저우의 판단이었다. 7월 8일 밤 6명의 대사관 개설 요원들을 인솔하고 베이징을 떠나 2일 후인 7월 10일 새벽에 평양에 도착한 차이청원은 그날 오후 5시 김일성과 면담하고 저우의 안부를 전했다. 그리고 2일 후 평양 주재 중국 대사관을 개설하고 공식적으로 업무를 시작했다. 한국 전쟁이 발발한 지 2주 후였다.

한국 전쟁과 저우와 관련해서 또 하나 특기할만한 일로는 인천 상륙 작전을 미리 예고한 것이다. 한국 전쟁이 발발한 직후부터 저우는 중난하이 안에 한국 전쟁 상황실을 만들었다. 주임은 저우의 군사 비서로 있던 레이잉푸(雷英夫)가 맡았다. 레이잉푸의 주된 임무는 한국 전쟁의 상황을 분석하는 일이었다. 평양 주재 중국 대사관을 비롯해 해외의 중국 대사관이 보내오는 전문 보고와 국내외 언론사들의 뉴스 등을 토대로 전쟁의 추이를 분석하고 예상되는 문제점들을 저우에게 보고하도록 했다.

레이잉푸는 북한군이 빠르게 남쪽으로 진격하면서 보급로가 길어지고 병력이 분산되기 시작하자 저우에게 북한군이 진격의 속도를 늦추어야 한다고 건의했다. 또한 8월 말에 부산과 대구 지역에서 일진일퇴의 공방전이 계속되자 전쟁이 교착 상태에 들어갈 수도 있으며 이에 대비해야 한다는 보고를 올리기도 했다. 이러한 레이잉푸의 건의는 북한에 바로 전달되었지만 큰 반응은 얻지 못했다.

레이잉푸는 8월 23일 밤 10시경에 저우에게 유엔군이 인천, 원산 등 6개 지점에 기습 상륙 작전을 감행할 가능성이 있으며 상륙 지점이 인천일 가능성이 특히 높다는 특별 보고를 올렸다. 상륙 작전을 감행하는 시기는 9월 15일이나 10월 11일 또는 11월 3일이 될 것이며 그중에도 9월 15일 가능성이 가장 높다고 봤다. 보고를 받은 저우는 즉시 마오에게 이를 전화로 알렸고, 마오 역시 이를 심각하게 생각해서 저우와 레이잉푸를 자신의 숙소로 불러 직접 보고를 들었다. 마오의 지시에 따라 이런 사실을 스탈린과 김일성에게도 알려 주었지만 승리를 확신하고 있던 김일성의 반응은 냉소적이었다. 결국 인천 상륙 작전은 레이잉푸가 예측한대로 9월 15일에 단행되었고 중국이 참전할 수밖에 없는 사태로 발전되어 갔다.

이후 중국이 참전하면서 한국 전쟁은 중국과 미국의 대리전 양상을 띠었고, 1951년 7월부터 휴전 협상이 시작되면서 저우의 역할은 더욱 중요해졌다. 북한 대표는 남일이었지만 저우의 지시를 받는 리커눙과 차오관화 등이 현지에서 전략을 짜고 협상을 주도했다. 김일성의 반대를 무릅쓰고 휴전을 밀어붙인 것도 저우였다. 한마디로 김일성의 남침으로 시작되어 휴전 협정으로 마무리된 한국 전쟁에서 가장 중요한 역할을 한 사람이 저우였다는 것이다.

제6장

대약진과
문화 대혁명

周恩來

반모진과 대약진

건국 이후 마오와 저우의 관계가 틀어지기 시작한 것은 1950년대 후반이었다. 이때 일어난 대약진 운동을 두고 두 사람의 철학이나 정책이 매우 달랐기 때문이다. 두 사람 사이에 철학이나 정책의 차이는 이전에도 존재했지만, 대약진 운동은 건국 이후에 당과 정부가 추진할 정책의 방향을 놓고 두 사람이 벌인 첫 충돌이었다. 건국 이전과 이후는 정책의 성격이나 내용이 크게 다를 수밖에 없었고, 대약진 운동을 둘러싸고 벌어진 두 사람 간의 갈등과 이에 대한 해법은 건국 이후 국무원 총리로서 새 정부의 행정을 책임진 저우를 이해하는 데에 중요한 의미가 있다.

대약진 운동의 정의는 좁은 의미와 넓은 의미 두 가지로 나누어 생각해 볼 수 있다. 좁은 의미로서의 대약진 운동은 1958년 5월에 열렸던 공산당 제8차 전당 대회의 2차 대회에서 채택된 사회주의 건설 총노선의 방침에 따라 전국적으로 강철 생산 증산 작업을 벌였던 '전민연강(全民煉鋼) 운동'을 지칭한다. 1년 만에 강철 생산량을 두 배로 늘리기 위해 전 국민이 총동원되어 강철 생산에 매달렸지만 결과는 참담한 실패로 끝났다. '강철이 국력(以鋼爲綱)'이라는 마오의 잘못된 믿음 때문에 생긴 어처구니없는 일이었다.

넓은 의미로서의 대약진 운동은 경제 전반에 걸쳐 사회주의 국가 건설 목표를 조기 달성하기 위한 국가 총동원 체제로 1955년 후반부터 시작되어 1959년 8월 후반까지 계속되었다. 농촌에서 고급 합작사(合作社) 운동이 성공하자 이에 고무된 마오가 사회주의 경제 건설의 속도를 높여야 한다면서 제2차 5개년 경제 계획, 이른바 2·5 계획을 통해 기본 건설에 대한 투자를 대폭 늘려 사회주의 국가 건설을 향한 가속을 요구한 것이 그 시발점이었다. 이러한 마오의 요구에 맞서 저우 등 실무를 책임지고 있던 국무원 지도자들은 이러한 가속화가 경제 발전의 객관적 규칙과 중국적 현실을 외면한 무모한 요구라며 반대했다. 마오의 모진(冒進)과 실무 책임자들의 반모진(反冒進)이 부딪친 것이다.

1955년 여름, 산하이관(山海關) 부근의 휴양지 베이다이허(北戴河)에서 정치국 회의가 열렸다. 원래 이 회의는 매년 여름 정치국원 등 당 고위 지도자들이 휴가 기간을 이용해서 개최하는 일종의 하계 연례 행사였다. 그런데 1955년의 회의에는 특별한 의미가 있었다. 무엇보다도 이듬해에 있을 8차 전당 대회에 대한 논의가 필요했다. 8차 대회는 건국 이후 처음 열리는 전당 대회로 2차 5개년 경제 계획과 농업 발전 장기 계획 등 신생 중국의 미래 청사진을 결정하는 중요한 행사였다.

마오는 베이다이허 회의에서 국가 계획 위원회가 제시한 경제 건설 장기 계획에 대해 불만이 많았다. 국가 계획 위원회의 위원장 리푸춘은 이 경제 발전 계획에서 2차 5년간의 성장 속도를 연평균 9.9퍼센트로 잡았다. 이는 1차 5년간의 성장률인 8.6퍼센트보다 1.3퍼센트포인트 높은 수치였다. 3차 5년간 계획의 성장률은 10.1퍼센트로 총 15년 동안의 연평균 성장률이 9.5퍼센트였다. 이 보고를 들은 마오는 국무원의 책임자들이 지나치게 신중하다고 생각했다. '전족한 여인이 걸어가는 식'으로 성장 속도가 느려서야 중국이 언제 사회주의 국가를 건설하겠느냐면서 불만을 터트렸다. 마오는 1955년에 일어난 일들 때문에 중국이 고속 발전의 요구를 감당할 수 있다고 믿고 있었다.

마오에게 1955년은 기분 좋은 해였다. 당내에서 많은 반대를 무릅쓰고 밀어붙인 고급 농업 합작사 결성 운동이 순조롭게 끝났다. 기계화가 뒷받침되지 않고서는 농업 집단화가 성공할 수 없다고 주장한 실무 책임자들을 과학만능주의자라고 매도하면서 농업 합작사 결성을 밀어붙였는데 이것이 성공한 것이다. 1953년 말에 1만 4000여 개이던 고급 합작사가 1955년 4월에는 67만 개로 늘어났다. 농촌의 대다수가 집단 체제로 묶인 것이다. 다른 사회주의 국가에서 볼 수 없던 대단한 성공이었다.

1930년대 중반 소련에서 고급 합작사와 유사한 콜호스(kolkhoz) 운동이 일어났을 때에는 농민들의 저항이 심했다. 사실상 실패라는 평가도 있었다. 그러나 중국의 경우에는 농민들의 반발이 크지 않아 비교적 순조롭게 통폐합이 이루어졌다. 농촌에서 사회주의 개조가 성공했던 것이다. 농업 집단화의 수준을 사회주의 국가 건설의 척도로 보고 있던 마오로서는 기분이 좋을 수밖에 없는 일이었다. 다음 단계인 인민공사도 시간을 앞당겨 추진할 수도 있다는 생각을 하고 있었다.

1955년의 성과는 고급 합작사뿐 아니었다. 경제도 호황을 기록했다. 농사도 풍년이어서 양곡 생산량이 8.5퍼센트, 면화 생산량이 42.6퍼센트 증가했고 공업 생산량도 5.6퍼센트 신장했다. 중공업 생산량은 14.5퍼센트나 늘어났다. 대외 관계에서도 성과가 있었다. 저우가 한국 전쟁과 베트남 문제를 다룬 제네바 회담을 무사히 치렀고, 비동맹국 외교의 첫 무대였던 반둥(Bandung) 회의에서도 신생 중국의 위상을 높였다. 이를 계기로 마오는 최소 10년 이상 큰 전쟁이 일어날 가능성이 적고, 이로써 국내의 발전에 전념할 수 있는 평화적 환경이 만들어졌다고 믿었다. 이런 믿음이 마오가 비현실적인 낙관론을 가지고 중국에서의 사회주의 건설을 무리하게 추진하는 밑바탕이 되었다.

마오와 저우가 처음 부딪친 것은 1956년 봄이었다. 그해 4월 하순 중난하이 이녠탕에서는 정치국 확대회의가 열렸다. 국무원이 책정한 1956년의 예산안도 중요한 안건 중 하나였다. 마오는 147억 위안으로 책정된 기본 건설 투자 예산을 20억 위안 늘려 167억 위안으로 증액하자고 주장했다. 이에 참석자들이 반대했고, 저우가 반대에 앞장섰다. 당시 회의에 참석했던 후차오무(胡喬木)의 회고에 의하면 이 회의에서 가장 발언을 많이 한 사람이 저우였다. 저우는 그동안 국무원 내부에서 수차례 회의를 열어 심사숙고한 결과 기존 160억 위안으로 잡혀 있던 기본 투자 총액을 147억 위안으로 줄인 것이라고 설명하면서 20억 위안을 더 올리라는 마오의 제의는 받아들이기 힘들다고 했다. 매사에 신중하고 두루뭉술하던 저우로서는 상당히 직설적인 발언이었다. 참석자들 모두가 예외적인 행동이라 생각할 정도로 저우의 발언은 에두름이 없었다.

저우의 반대는 회의장에서 끝나지 않았다. 반대에 부딪힌 마오가 결론을 내지 않은 채 회의를 일찍 종료하고 자리를 뜨자 저우는 마오의 숙소로 찾아가서 밤늦게까지 증액이 어려운 이유를 자세히 설명했다. 1956년 기본 건설 투자는 82억 위안이었던 전년에 비해 이미 80퍼센트가 증액된 것이며, 1956년에 최대 30억 위안의 재정 적자가 예상되는 상황에서 다시 20억 위안을 증액하는 것은 현실적으로 불가능하다는 것이었다. 그리고 저우는 한 발 더 나갔다. 자신은 총리로서 마오의 제안에 동의할 수 없다고 한 것이다. 개인적 의견이 아니라 저우가 대표하는 국무원의 의견이라는 점을 내세운 것이다. 자신이 총리직을 버릴 수도 있다는 말이었다. 마오는 저우의 이런 발언을 자신에 대한 도전으로 받아들였다. 마오는 저우와의 단독 회담을 가진 지 얼마 지나지 않아 베이징을 떠나 지방으로 가 버렸다.

저우의 반대가 즉흥적인 것은 아니었다. 1956년에 들어서면서 경제 성장에 대한 낙관론이 고개를 들자 저우는 속으로 경제 건설을 가속화하려는 논의에 대해 경계하기 시작했다. 연초에 국무원 전체 회의에서 경제 계획을 수립할 때 저우는 실사구시의 입장을 견지해야 한다는 말을 수차례 강조했다. 군중들의 열기에는 찬물을 끼얹을 수 없지만, 지도자가 과열되면 머리에 찬물을 끼얹어 냉정을 되찾게 해야 한다고도 했다. 마오가 듣기에 매우 거북한 말이었다.

마오의 반박은 5일 후에 나왔다. 지도층의 열기는 보호해야 할 대상이지 찬물을 끼얹어서는 안 된다면서 과거 농업 합작사 때에도 같은 잘못을 저질렀는데 다시 비슷한 과오를 되풀이 하고 있다며 몰아붙였다. 고급 합작사 결성을 둘러싸고 벌어진 논쟁에서 국무원의 농업 담당 부총리 덩즈후이(鄧子恢) 등이 반대하자 마오가 이를 무시하고 자신의 생각대로 밀어붙였던 일을 거론한 것이다. 그리고 국무원의 경제 계획 위원회가 '경제 발전 위원회'가 아닌 '경제 후퇴 위원회'가 되고 있다고 질책했다. 국무원에 대한 불만의 표출이자 저우 개인에 대한 경고였다.

저우도 그냥 물러서지는 않았다. 마오가 강철 생산량을 경제 발전의 지표로 간주하고 있다는 사실을 파악한 저우는 직접 현장에 가서 강철 생산이 얼마나 늘어날 수 있는지를 점검했다. 저우가 현장 점검의 대상으로 삼은 곳은 안산 강철 공사(鞍山鋼鐵公司)였다. 선양과 다롄을 연결하는 고속도로 상에 있는 공업 도시 안산에 위치한 안산 강철 공사는 당시 중국에서 가장 큰 현대식 시설을 갖춘 국가 기간 철강 산업체였다. 직원이 30만 명 정도였는데, 당시 안샨의 인구가 약 40만 명이었다. 안샨의 주민 대부분이 안샨 강철 공사의 직원이라 해도 지나친 말이 아닐 정도였다. 해방 전에는 일본이 건설해서 운영했는데 다행히 내전 기간 동안 피해가 크지 않아 건국과 함께 중앙 정부가 직영하며 각종 강철 제품들을 생산해서 전국에 보내고 있었다.

정치국 확대회의 1주 전쯤에 안샨 강철 공사에 내려온 저우는 공장 책임자들을 만나 공장의 생산 현황과 증산 가능성 등에 대해 자세히 물어보았다. 이미 안샨 강철 공사에서는 생산 시설을 100퍼센트 가동하고 있었다. 그 이상의 증산을 위해서는 무엇보다도 생산 시설의 확충이 필요했지만 이는 엄청난 자금 지원이 있어야 하고 시간도 많이 걸리는 일이었다. 석탄, 선철 등 원자재의 충분한 공급도 필요했지만 당시 사정으로는 원활한 공급 가능성이 매우 낮았다. 이런 조건들이 모두 충족되어 철강 제품을 생산한다고 해도 이들 제품을 운송하기 위한 철도나 도로 사정도 검토해야 했다. 이러한 사정을 종합해서 내린 결론은 증산은 불가하다는 쪽이었다. 다른 공장들의 사정도 비슷했다.

저우가 정치국 확대회의 후에 마오의 처소로 찾아간 것도 자신이 현장에서 직접 보고 들은 상황을 더욱 자세히 설명하기 위해서였다. 현장 검증을 하지 않고서는 발언할 자격이 없다는 말을 수차례 반복했던 마오였기에 공식 회의 석상이 아닌 장소에서 단둘이 이야기하면 마오가 이해할 수 있을 것이라 믿었다. 그러나 아무리 저우가 설명을 해도 마오의 생각을 바꾸기는 힘들었다. 마오는 이미 공산주의 낙원 건설이라는 환상에 깊숙이 빠져들어 있었다.

마오가 본격적으로 모진 정책을 밀어붙이기 시작한 것은 1957년 후반이었다. 그해 여름에 있었던 반우파 투쟁이 일단락되면서 국내 정치 분위기가 다시 경직되기 시작한 시점이었다. 사회 전반에 대한 당의 통제가 강화되기 시작했다. 마오는 1957년 9월 말에 개최된 8·3 중전에서 반모진을 향한 포문을 열었다. 이전까지만 해도 다소 부드러웠던 비난의 강도는 높아지고 내용도 구체적이 되었다. 이전까지는 비판의 대상이 누군지 그리고 비판의 이유가 무엇인지 분명하지 않은 경우가 많았지만, 8·3 중전 이후에는 공개적으로 저우를 비난하기 시작했다. 반모진을 그냥 방치할 수 없으며 반모진의 중심에 저우가 있다고 판단한 것이다. 저우가 공격의 주목표가 된 것이다.

1957년 11월 모스크바에서는 전 세계 64개 공산당 및 노동당 대표들이 참석한 볼셰비키 혁명 40주년 기념행사가 열렸고, 이는 마오의 조바심을 더욱 부추기는 역할을 했다. 모스크바에 있는 동안 마오는 사회주의의 미래에 대한 생각에 크게 들떠 있었다. 무엇보다도 소련이 인공위성 발사에 성공하자 '동풍이 서풍을 제압한다'는 자신의 믿음이 옳았음이 입증됐다며 흥분했다. 그러면서도 마오는 마음속으로 초조해했다. 다른 사회주의 국가들에 비해 중국의 발전 속도가 느리다고 생각했기 때문이다. 그가 만난 다른 나라의 공산당 대표들이 그런 마오의 인식을 부추겼다.

소련이 강철 생산에서 15년 후에 미국을 따라 잡을 수 있다는 니키타 흐루쇼프(Nikita Khrushchyov)의 말에 마오는 중국은 15년 후에 영국을 추월할 수 있다고 말했다. 영국 공산당 당수가 15년 후에는 영국의 강철 생산량이 현재의 2000만 톤에서 3000만 톤으로 증가할 것이라고 하자, 마오는 15년 후에 중국의 철강 생산은 4000만 톤이 될 것이라고 큰소리쳤다. 이 이야기는 확실한 근거를 가지고 한 말이 아니었다. 그저 분위기에 들떠서 앞으로의 희망을 말한 것이었다. 1957년 당시의 중국의 철강 생산량은 535만 톤이었다. 이렇듯 모스크바에서의 경험은 마오로 하여금 중국에서 경제 건설의 속도를 높여야겠다는 조바심을 가지게 했다.

베이징으로 돌아온 마오는 바로 대약진 운동을 위한 본격적인 준비 작업에 돌입했다. 1958년 초부터 난닝(南寧)과 청두(成都) 회의를 시작으로 중앙 공작 회의, 정치국 회의를 연달아 주재하고 반모진에 대한 공격의 포문을 열었다. 1958년 5월에는 제8차 전당 대회의 2차 대회를 개최했고, 이 대회를 전후로 8·4 중전과 8·5 중전 회의를 잇달아 열었다. 같은 해 8월에 베이다이허에서 정치국 확대회의를 열어 1958년의 철강 생산량 목표를 1957년의 두 배로 결정한 것이다.

철강 생산에 대한 마오의 집착은 거의 병적일 정도였다. 원래 1958년도의 철강 생산 목표량은 620만 톤이었다. 그러다가 베이다이허 정치국 확대회의 직전에 이를 850만 톤으로 늘렸다가 갑자기 이보다 220만 톤이 늘어난 1070만 톤으로 결정한 것이다. 1070만 톤이라는 철강 생산 목표량은 전문가들이 심사숙고해서 결정된 수치가 아니었다. 마오가 담당 부총리인 보이보에게 "오래 끌게 뭐 있나? 1070만 톤으로 하자."라고 했기에 그렇게 결정되었다. 철강 생산의 목표량이 정치적 흥정으로 정해진 것이다. 이는 당시 저우를 가까이에서 보좌했던 둥샤오핑의 증언이다.

한번 늘어난 숫자는 걷잡을 수 없이 늘어났다. 중앙 정부와 지방 정부를 거치면서 생산 목표량이 풍선처럼 부풀었다. 중앙 정부 부처와 지방 정부가 서로 목표량을 부풀리기 위한 경쟁을 하는 모양새였다. 1959년에 철강 생산량이 3000만 톤에 달할 것이라는 야금부(冶金部)의 보고도 이런 경쟁으로부터 탄생한 것이었다. 야금부장 왕호수이(王鶴壽)의 말을 빌리면 생산량에 대한 보고서 하나를 미처 다 읽기도 전에 목표량을 높인 다음 보고가 올라왔다고 한다.

이렇게 주먹구구식으로 늘어난 철강 생산 목표를 달성하기 위해서는 특별한 방법을 동원하는 길밖에 없었다. 전 국민이 동원되어 철강 생산 전선에 나섰다. 전국 각지에서 이른바 60만 개의 토로(土爐)가 급조됐다. 토로는 중국식 용광로를 지칭하는 말이었다. 그러나 말이 좋아 용광로지 대부분 동네 대장간 수준과 다르지 않은 조잡한 것이었다. 베이징의 외교부 청사와 국가 부주석인 쑹칭링의 집 뒷마당에도 토로가 만들어졌다. 여기에 밥그릇과 숟가락 같은 쇠붙이를 녹여 제품을 만들어 냈다.

이런 식으로 작업을 하다 보니 단시간 내에 철강 생산량이 엄청나게 증가하긴 했지만 대부분이 불량품일 수밖에 없었다. 뿐만 아니라 농사도 엉망이 되었다. 농민들을 철강 생산 작업에 동원했으므로 농사를 지을 사람들이 없어졌기 때문이다. 철강 생산을 위해 4000만 명에 가까운 농촌 인구가 급조된 위성 도시로 이동했다. '대약진'이 아니라 '대후진'이자 '대혼란'이었다.

마오의 모진이 초래한 부작용은 여기에 그치지 않았다. 1958년 8월 베이다이허 정치국 확대회의에서 결정된 인민공사 결성 운동은 농촌에서 마오의 급진 정책이 초래한 또 다른 인재(人災)였다. 마오는 철강 생산 못지않게 인민공사 결성을 사회주의 건설의 주요 지표로 생각하고 있었다. 그래서 건국 초기에 토지 개혁을 통해 국유화된 전국의 농지를 3억 명의 자영 농민에게 재분배하고 이들 자영 농민을 평균 30가구 정도의 생산 소대로 집단화했다. 농업 집단화의 제1단계였다. 그다음 제2단계가 1955년 전반기에 추진했던 고급 합작사 운동이었다. 평균 300개 정도의 농가 수로 전국의 농촌이 집단화된 것이다.

그리고 마지막 단계의 집단화가 인민공사였다. 고급 합작사 10개 정도를 합쳐 하나의 인민공사로 만들었다. 인민공사 1개당 평균 농가 수가 3000호가 넘었다. 큰 인민공사의 경우에는 5000가구 이상의 농가가 포함된 곳도 있었다. 마오는 이를 정사 일치(政社一

致)의 사회주의 이상향이라고 주장하면서 일방적으로 밀어붙였다. 시골의 기초 행정 단위와 농경 단위를 하나로 묶는 것이었다. 이를 반대하는 사람들은 반사회주의 반동분자로 여겨질 수밖에 없었다.

당의 공식 결정이 나오자 인민공사 결성은 매우 빠른 속도로 진행되었다. 몇 달 만에 전국적으로 2만 4000개의 인민공사가 급조되었다. 전국 대부분의 농가들이 자연 부락 단위로 집단화된 것이다. 모든 소유권이 인민공사에 있었고 노동이나 생활이 모두 인민공사 단위로 운영되었다. 그러나 급조된 만큼 문제들도 많았다. 인민공사가 만들어진 지 6개월여가 지난 후부터 내부의 불만들이 쏟아져 나오기 시작했다.

무엇보다도 소득의 분배에 대한 시비가 많았다. 집단의 규모가 크다 보니 일을 열심히 한 사람들과 그렇지 못한 사람들을 구분하는 것이 힘들어졌다. 기여도에 따른 소득 분배 기준이 애매모호해져서 시비가 자주 일어났다. 농사의 능률도 떨어지고 수확도 적어졌다. 공동 취사에 대해서도 불만이 많았다. 원칙은 공사가 운영하는 식당에서 공동 취사를 하는 것이었지만 식당에서 밥을 타서 집으로 가져가는 사람들이 늘어났다. 아무리 정부가 주도하는 인민공사라 해도 밥은 식구끼리 먹겠다는 인간의 본성까지 금지할 수는 없었다.

대약진과 인민공사 운동 기간 동안 저우는 참으로 힘든 시간을 보내야 했다. 마오의 급진적 방침이 노골화될수록 저우에 대한 마

오의 비판은 거세져 갔다. 난닝 회의 때부터 시작된 저우에 대한
마오의 비난은 8·2 대회를 전후로 절정에 달했다. 저우가 공식적
인 회의에서 자아비판을 여러 번이나 했지만 마오의 공격은 그치
지 않았다. 비난의 빈도도 올라갔지만 내용도 거칠어져서 인격적
인 모욕도 서슴지 않았다.

저우를 가까이에서 보좌했던 사람들에 의하면 마오의 비난이
거세질수록 저우는 말이 없어지고 혼자 멍하니 앉아 있는 경우가
많아졌다고 한다. 저우는 잠도 자지 못해서 얼굴이 수척해졌고 흰
머리도 늘어났다. 1958년 5월 8·2 당 대회의 연설문을 작성할 때
저우는 한마디를 하고 나서 너무나 오랫동안 다음 말을 잇지 못해
서 내용을 받아 적던 비서가 어쩔 수 없이 숙소로 돌아와야 했다.
이후 저우는 새벽 3시까지 혼자서 사무실에 앉아 있었다. 보통 때
의 저우와는 전혀 다른 모습이었다.

1958년 5월 15일 밤에는 마오를 독대하고 나온 저우의 눈에서
눈물이 흘러내렸다고 한다. 마오는 상하이의 당 서기 커칭스(柯慶
施)를 계속 들먹였다. 모진에 앞장서고 있던 커칭스를 거론하면서
'당신도 커칭스처럼 할 수 있는지' 물었다. 커칭스처럼 하지 못하
면 총리를 그만 두라는 말이었다. 이에 저우가 사임의 뜻을 밝혔지
만 정치국 회의의 참석자 14명 전원이 만류하자 마오도 물러섰다.
결국 사표가 반려되긴 했지만 이는 저우로서는 참으로 참기 힘든
모욕이었다. 이 시기에 저우는 마음과 몸이 지칠 대로 지칠 수밖에
없었다.

결국 대약진 운동과 인민공사 운동은 중국 사회 전체에 엄청난 재앙을 초래했다. 건국 후 본궤도에 올라서고 있던 경제 발전과 사회주의 체제로의 전환은 물거품이 되었다. 사회주의 건설을 앞당기려는 마오의 과욕과 경제 발전에 대한 그의 무지가 만들어 낸 참사였다. 물론 이 과정에 자연재해의 영향도 있었지만 사람의 잘못이 훨씬 더 컸다. 이 모든 것이 저우가 걱정했던 대로였다.

1958년 말 정저우(鄭州) 회의 때부터 이를 조정하려는 노력이 시작되었지만 때는 이미 늦었다. 1959년이래로 3년간 굶어 죽은 사람의 숫자가 수천만 명에 달했다는 주장도 있다. 모두 식량 부족 때문이었다. 대약진 기간 3년 동안 식량 생산량은 급격히 떨어졌다. 1959년의 식량 생산은 전년 대비 13.6퍼센트 감소했고, 1960년에는 다시 12.6퍼센트 줄었다. 1961년의 경우에는 1957년에 비해 26·4퍼센트 감소한 수준으로 1951년과 비슷했다.

굶어 죽은 사람들은 농촌보다 도시에 더 많았다. 당시 중국 인구 6억 중에서 도시 인구는 1억 2000만 정도였는데 이들 도시의 인구는 정부가 주는 배급에 의존하고 있었다. 대약진 기간 중에 철강 생산을 위해 농촌에서 급조된 위성 도시로 이동한 3000만 명까지 고려하면 정부가 배급으로 책임져야 할 인구는 1억 5000만 명이 넘었다.

그러나 정부의 식량 비축량은 형편없이 적었다. 1960년에 베이징의 식량 비축량은 7일분이었다. 톈진은 10일분밖에 없었고, 상하이는 아예 재고가 바닥난 상황이었다. 동남아에서 식량 250만 톤을 긴급 수입했지만 턱없이 부족했다. 정부가 반강제적으로 농촌에서 양식을 구매해서 도시로 보냈지만 농촌에도 식량이 부족하기는 마찬가지였다. 농민들의 반발이 심한 것도 있지만 구매하는 것에도 한계가 있었다. 수많은 사람들이 굶어 죽을 수밖에 없었다.

대약진의 재앙을 수습하기 위해서는 비정상을 정상으로 돌려놓는 것이 중요했다. 인민공사를 해체해서 생산 대대로 돌렸다가 이를 다시 그 이전 상태로 복원시켜야 했다. 사실상 생산 소대가 농업 생산의 기본 단위가 되는 것이다. 가족이 책임지고 농사 활동을 하는 농가 책임제가 정부의 묵인 아래 빠르게 늘어났고 이것이 경제 회복에 큰 도움이 되었다. 농촌 집단화 정도가 크면 클수록 좋고, 공유제가 확대될수록 사회주의에 가깝다는 '일대 이공(一大二公)'이 틀렸음이 입증된 것이다. 일대 이공이 아닌 '일소 이사(一小二私)', 다시 말해 공유제를 줄이고 사유제를 확대하는 것이 경제 발전의 비결임이 확인된 셈이다.

이 기간 동안 저우는 무엇보다도 식량 문제 해결에 전력투구했다. 총리 집무실은 마치 전쟁을 치르는 작전 상황실 같았다. 벽에는 전국의 식량 수급 현황표로 가득했고 사무실에서는 거의 매일 새벽까지 회의가 열렸다. 그런 덕분에 1963년에 들어서면서 경제가 대약진 이전의 시기로 회복되는 듯했다. 그해 식량 생산이 1957년 수준으로 올라간 것이다. 공업 생산은 대약진 이전의 59퍼센트 수준까지 회복되었다.

1962년 봄을 기점으로 마오는 중국이 자본주의의 길을 걸어가고 있다는 말을 자주 하기 시작했다. 공산주의의 우월성에 대한 공감대가 사라지면서 자본주의로의 복귀 현상이 나타나고 있다는 경고였다. 그래서 시작된 것이 사회주의 교육 운동이었다. 1963년부터 사청 운동(四淸運動)이라는 이름으로 시작된 이 운동은 처음에는 지방의 부패한 당 간부들에 대한 비판이 주된 목표다.

1963년 5월에 저우가 주재한 정치국 회의에서 마오는 계급 투쟁을 잊지 말아야 한다는 마오의 경고 메시지를 전했다. 당시에는 이것이 심각한 의미를 가진 것이라고는 아무도 예상하지 못했다. 그때만 해도 경제 회복이 워낙 시급한 현안이었기 때문에 이제 겨우 회복기에 들어선 경제를 외면하는 전대미문의 정치 투쟁이 일어날 줄은 아무도 예상하지 못했던 것이다. 저우 역시 예외가 아니었다. 그러나 바로 그때 중국은 또 다시 거대한 정치 사회적 혼란 속으로 빠져들고 있었다. 무산 계급 문화 대혁명이라는 공식 명칭이 붙은 미증유의 대사건, 문화 혁명이 바로 그것이었다.

문화 혁명과 9차 전당 대회

문화 혁명을 시작한다는 결정이 내려진 것은 1966년 8월 1일부터 12일까지 베이징에서 열린 공산당 제8차 중앙 위원회 제11차 전체 회의에서였다. 회의 첫날부터 마오는 당 지도부를 혹독하게 비난했다. 비난의 직접적인 대상은 베이징 시내 대학과 중고등학교에 홍위병들의 활동을 통제하기 위해 당 중앙이 내려보낸 공작조였다.

마오는 공작조 문제를 노선 문제로 규정하면서 공작조의 배후에는 중앙의 온갖 잡귀신들이 있다고 비난했다. 공작조의 배후에 숨어 당과 나라를 자본주의의 길로 끌고 가는 중앙의 잡귀신들을 무력 투쟁을 통해 제거해야 한다는 것이었다. '당 중앙의 잡귀신들'이 누구라고는 특정하지 않았지만 짐작하기는 어렵지 않았다. 당 부주석으로 주석인 마오를 대신해서 중앙을 이끌고 있던 류사오치와 당 중앙 서기처 상무 서기이자 베이징시 당 서기 펑전이야말로 '당 중앙'이었다. 펑전은 이미 몇 달 전에 열린 정치국 확대회의에서 철직당했기 때문에 남은 사람은 류사오치뿐이었다.

마오는 류사오치가 자신의 입장을 해명하기 위해 발언할 때에도 중간에 말을 끊고 자산 계급 반동 세력이 공작조를 학교에 파견해서 학생들을 탄압하고 공포 분위기를 조성하고 있다는 말을 되풀이했다. 결국 류사오치가 사과했지만 마오는 공격을 멈추지 않았다. 사과 정도로 끝내지는 않겠다고 작심한 듯 했다.

8월 7일에는 '사령부를 박살내라'는 마오가 직접 쓴 대자보가 나왔고 2일 후에는 「무산 계급 문화 대혁명에 관한 결정」이라는 결의안이 채택되었다. 문화 혁명이 당의 공식 입장으로 확정된 것이다. 16조로 알려진 이 결의문은 자본주의의 길을 걸어가고 있는 당권파와 투쟁하고 일체의 반동 착취 계급을 비판하는 것이 '우리가 당면한 최대 과제이자 당의 노선'이라고 규정했다. 이런 당의 노선에 반대하는 것은 반당 행위이며 이런 당의 노선을 수행하는 홍위병들을 탄압하는 것도 해당 행위라는 뜻이었다.

회의의 마지막 날인 8월 12일에는 새 지도부를 구성했다. 정치국 상무 위원회에는 마오를 선두로 해서 린뱌오, 저우, 타오주(陶鑄), 천보다, 덩샤오핑, 캉성, 류사오치, 주더, 리푸춘, 천윈 등 모두 11명이 권력 순위에 따라 이름을 올렸다. 린뱌오는 마오 다음으로 이름이 올랐고 류사오치는 2위에서 8위로 추락했다. 직함은 정치국 상무위원이었지만 정치적으로는 식물인간이 되고 말았다.

저우의 권력 순위는 3위로 변동이 없었다. 그러나 이미 부주석은 아니었다. 부주석은 린뱌오 한 사람밖에 없었다. 새로 정치국 상무위원이 된 4명의 신인들로는 권력 순위 네 번째로 수직 상승한 타오주를 비롯해 천보다, 캉성, 리푸춘이 있었다. 리푸춘은 병으로 요양 중인 천윈 대신 들어온 경제 전문가였다는 점을 고려하면 최고 지도부에 새로 진입한 사람은 모두 조반파(造反派)로 분류될 수 있는 문화 혁명의 강경파들이었다. 주더는 나이가 많아 활동을 그만둔 지 오래된 상태였다. 덩샤오핑도 정치적 입지가 많이 흔들리고 있었다. 중앙의 정치 무대에서 중용을 지키고 당이 지나치게 좌경화하지 않도록 균형을 유지해야 할 임무가 있었던 저우의 입지는 그만큼 더욱 외롭고 힘들어졌다.

저우는 처음에는 문화 혁명을 추진하는 마오의 속내를 잘 몰랐다. 구체적으로 누구를 겨냥한 것인지, 얼마나 오래 지속될 것인지 알지 못했던 것이다. 3개월 전인 5월 4일부터 26일까지 열린 정치국 확대회의에서 문화 혁명을 추진할 문화 혁명 소조가 구성되고 베이징시 당 서기 펑전과 총참모장 뤄루이칭(羅瑞卿), 그리고 군사위원회 서기장 양상쿤이 해임될 때까지도 그랬다. 이 정치국 확대회의에서 마오는 '우리 곁에 흐루쇼프 같은 배신자가 있다'고 이야기했지만 그것이 류사오치를 지칭하는 것이고는 확신하지 못했다.

마오가 자신의 후계자인 류사오치를 헌신짝처럼 쉽게 버릴 수 있을 것이라고는 믿지 않았던 저우는 마오가 말한 '흐루쇼프'가 펑전일 수 있다는 정도로 가볍게 생각했다. 수천만 명의 홍위병들이 전국을 휩쓸고 다니면서 경제를 혼란에 빠트리고, '반란은 정당하다.(造反有理)'라고 외치면서 제멋대로 당과 정부의 지도자들을 자본주의의 길을 걷는 반동분자라는 죄명을 씌워 숙청하는, 엄청난 사태가 일어날 것이라고는 상상하지 못했다. 미묘하게 움직이는 중난하이 내부의 정치 기류를 읽어내는 데에 누구보다도 뛰어나다고 자타가 공인했던 저우였지만 이때에는 달랐다.

문화 혁명이 류사오치를 겨냥하고 있다는 사실을 저우가 알게 된 것은 8·11 중전이 열린 지 며칠이 지난 8월 5일쯤이었다. 그날 저우는 마오의 처소에서 마오와 단독으로 만났다. 그 후 마오의 지시에 따라 류사오치에게 전화를 걸었다. 앞으로 공개 활동을 자제하고 특히 외국 손님을 만나지 말라는 내용이었다. 마오의 지시라는 말을 하지는 않았지만 류사오치도 이것이 무슨 뜻인지 금방 알아들었다. 저우가 마오와 상의 없이 그런 말을 할 사람이 아니라는 점을 류사오치는 잘 알고 있었다.

마오를 만나고 사무실로 돌아온 저우는 류사오치와 통화를 끝낸 후, 당직 비서들에게 앞으로 주석실에서 전화가 오면 언제라도 자신에게 바로 알리라고 지시했다. 주석이 직접 찾는 것이 아니라 회의에 참석하라는 연락이어도 즉시 깨우고, 비록 저우가 잠자리에 든 이후일지라도 즉시 깨우라고 지시했다. 그렇게 말하는 저우의 목소리는 매우 긴장되어 있었다는 것이 그 자리에 있었던 저우의 비서실장이 자신의 회고록에 남긴 증언이다.

마오가 홍위병들의 조반 활동을 정당화하면서 전국의 대학과 중고등학교는 무법천지가 되었다. 수도권에서는 베이징 대학과 칭화 대학을 중심으로 각 대학과 중고등학교의 홍위병들이 연합한 3개의 대규모 홍위병 단체들이 등장했다. 산둥성과 상하이에서도 홍위병 조직이 생겼다. 관펑(關鋒), 녜위안쯔(聶元梓), 콰이다푸(蒯大富), 치번위(戚本禹), 왕리(王力), 셰징이(謝靜宜) 등이 중심 인물이었다.

관펑은 산둥 대학 교수로 있으면서 학술계를 비판하는 글을 몇 차례 게재하고 이것이 마오의 주목을 끌면서 해방군 총정치부 부주임이 되어 군 내부의 문화 혁명을 주도하고 있었다. 베이징 대학 철학 교수였던 녜위안쯔는 캉성의 부인인 차오이오우(曹軼歐)와 긴밀한 관계를 갖고 있었고, 콰이다푸는 칭화 대학의 홍위병 출신으로 '수도권 대학 혁명 조반 사령부 총사령관'이라는 긴 이름의 직책을 가지고 있었다. 치번위는 당의 이론지인 《홍기(紅旗)》의 역사조 조장을 맡고 있었고, 상하이시 선전부장을 거친 왕리는 외교부 조반파를 이끌고 있었다. 셰징위는 칭화 대학 졸업생으로 중앙 판 공실에서 근무하고 있었다. 마오의 움직임을 알 수 있는 위치였다.

마오가 공작조를 겨냥한 데에는 그럴만한 이유가 있었다. 공작 조는 대학에 들어가서 조반파를 견제하는 동시에 같은 대학에서 활동하고 있던 이른바 보황파(保皇派) 홍위병을 보호하는 역할을 했다. 보황파 홍위병에는 당과 정부의 고위 관리 자제들이 많아 친 정부적 성향이 강했다. 마오의 입장에서는 보황파 홍위병 편에 서 서 조반파 홍위병을 탄압하는 공작조가 타도의 대상이 될 수밖에 없었다. 그래서 수도권 내의 각 대학과 중고등학교를 관할하는 베 이징시 당의 책임자인 펑전을 먼저 제거한 것이다.

그러나 마오가 펑전을 제거한 것은 시작에 불과했다. 자본주의 의 길을 걸어가는 인물들이 펑전을 보호해 주고 있다고 확신한 마 오는 펑전을 미끼로 당 중앙에 숨어서 자신을 반대하는 검은 세력 을 밖으로 끌어내려 했다. 문화 예술 분야에 먼저 미끼를 던지는 것은 과거부터 마오가 자주 이용하던 수법이었다. 1940년대 초반 옌안 정풍 운동이나 1957년의 백화제방(百花齊放) 운동에서도 이러 한 마오의 수법을 볼 수 있다. 하부 구조보다 상부 구조가 혁명 투 쟁의 중심 무대라는 것이 마오의 오랜 신념이었다. 마오에게 문화 예술 분야는 정치의 핵심이었다.

상하이의 한 신문에 『해서파관』의 비판 기사가 실린 것은 1965년

11월 10일이었다. 마오는 이 기사가 실린 지 2일 후인 12일에 베이징을 떠나 남쪽으로 내려가 상하이와 항저우 등에서 이듬해 7월까지 머물렀다. 베이징의 추운 겨울을 피하기 위한 연례행사 같은 일이었지만 이번에는 달랐다. 문화 혁명을 본격적으로 시작하기 위한 작전을 구상하고 지지 세력을 모으기 위한 여행이었다.

6개월 이상 상하이와 항저우에 머물면서 장칭, 캉성, 천보다 등과 작전을 협의한 마오는 베이징으로 돌아오기 전에 오랜만에 고향인 사오산에 들렀다. 사오산 지역의 휴양지인 디수이동(滴水洞)에서 6월 16일부터 28일까지 약 2주 동안 지내면서 베이징에서 벌어질 당권파와의 결전을 앞두고 마지막으로 작전을 가다듬는 시간을 가진 것이다. 디수이동은 마오가 어린 시절부터 중요한 일을 앞두고 자주 들렀던 곳이었다.

마오의 디수이동 구상의 종착역은 류사오치였다. 베이징을 떠나기 전에는 1차 목표가 펑전이었다. 그러나 상하이와 항저우 등에서 베이징을 향해 미끼를 던지며 반응을 예의 주시하던 마오가 디수이동을 떠날 때에는 류사오치를 제거하기로 마음을 굳힌 것이다. 당 중앙은 마오가 놓은 덫에 쉽게 걸려들었다. 펑전이 조장으로 있던 문화 혁명 5인 소조가 1966년 2월에 정치국 상무 위원회 회의에서 「당면한 학술 토론에 관한 문화 혁명 5인 소조의 제강」이라는 문건을 채택한 것이었다. 이 회의를 주재한 것이 류사오치였다. 베이징시 당 위원회가 시내 대학과 중고등학교에서 우후죽순처럼 생겨나고 있던 홍위병 활동을 통제하기 위해 공작조를 파견하기로 한 결정이 바로 이 제강에 근거한 것이었다.

이 제강은 건설 없는 파괴는 정당화 될 수 없으며 홍위병들이 질서를 유지하고 당의 통제를 받아야 한다는 점을 분명히 했다. 또한 일부 지도자들이 잘못을 저질렀다고 해도 다시 시정할 기회를 주어야 하며 과오를 저지른 지도자들을 모두 나쁜 사람으로 매도하고 싸잡아서 '흑방(黑幇)'으로 취급하는 것도 잘못이라고 했다. 무력을 사용하지 말고 비폭력적 방법으로 알아들을 수 있도록 말로 설득해야 한다고 주장했다. '무투(武鬪)가 아닌 문투(文鬪)'를 주창한 것이다. 모두 마오가 동의할 수 없는 내용들이었다. 이로써 마오가 말한 '중앙의 잡귀신'의 정체가 드러난 셈이었다.

목표가 정해지자 마오는 즉각 행동에 나섰다. 행동의 선봉에는 어린 홍위병들이 섰다. 8월 18일 톈안먼 광장에서 100만의 홍위병들을 접견한 이후로 이듬해 11월까지 8차례에 걸쳐 마오가 접견한 홍위병들이 1100만 명에 달했다. 이렇게 마오를 등에 업은 홍위병들은 서로 연대하면서 전국을 누비고 다녔다. 홍위병들이 써 붙인 대자보가 마치 눈송이처럼 전국의 큰 거리들을 뒤덮었다.

마오는 중앙뿐 아니라 지방의 당권파에 대한 무자비한 공격을 계속했다. 홍위병들은 붉은 완장을 차고 마오의 어록을 흔들면서 중앙과 지방의 지도자들을 거리로 끌어내서 조리돌리고 잘못을 자백하라며 윽박질렀다. 무고한 당과 정부의 고위 지도자들이 고문으로 무수히 죽어갔다. '조반'이라는 말 한마디로 어떠한 불법 행동도 정당화했다. 중국 전체가 무법천지나 마찬가지인 세상이 되고 말았다.

홍위병들의 광란은 이듬해에 극에 달했다. 먼저 상하이에서 홍위병들이 시 정부를 무력으로 접수했다. 1967년 1월에 있었던 이른바 1월 탈권(奪權) 운동으로 왕홍원(王洪文)이 앞장섰다. 1935년 생으로 문화 혁명 이전에 상하이 국영 방직 공장의 노동자였던 왕홍원은 문화 혁명 중 상하이 공인 혁명 조반 총사령부(공총사) 사령관으로 상하이시 정부를 무력으로 점령하는 데에 앞장섰다. 왕홍원은 그 후 마오의 눈에 들어 중앙으로 진출했고, 1973년 8월에 열린 제10차 전당 대회에서 정치국 상무위원이 되었다. 마오의 후계자로 거론되기까지 했던 문화 혁명의 상징적인 인물이다.

1월 상하이 탈권 운동 이후 각 지역에서 조반파들은 빠르게 권력을 장악해 나갔다. 한 번 터진 둑은 연쇄 반응을 일으키듯 쉽게 무너졌다. 당 관료들의 반발이 심해서 군이 투입된 후에는 탈권 운동의 속도가 더 빨라졌다. 1년 6개월 후에는 전국에서 29개의 성급 지방에서 혁명 위원회가 만들어졌다. 1968년 10월, 8·11 중전이 개최되었을 때에는 중앙 위원 중 절반 이상이 죽거나 다른 이유로 회의 참석이 불가능했을 정도로 큰 권력 교체가 있었다. 결국 참석한 후보 위원 중에서 절반 이상을 정(正)위원으로 급조해서 정족수를 겨우 채웠다. 이렇듯 문화 혁명은 중국의 정치 지평을 바꿔 놓았다.

문화 혁명 기간 동안 저우는 무엇보다도 두 가지 일에 매달렸다. 하나는 홍위병들의 광란이 경제에 미칠 부작용을 최소화하는 것이었고, 다른 하나는 홍위병들로부터 당·정 고위 지도자들을 보호하는 일이었다. 이를 위해 저우가 활용한 제도가 바로 팽두회였다. 팽두회는 일종의 고위 정책 간담회로서 정치국 상무 위원회가 운영하는 '팽두회(碰頭會)'와 문화 혁명 소조가 운영하는 '팽두회'가 따로 있었다. 정치국 상무 위원회의 팽두회는 '중앙 팽두회'라 불렸고 문화 혁명 소조가 운영하는 팽두회는 '문화 혁명 팽두회'라고 불렸다.

중앙 팽두회는 저우가 주재했으며 문화 혁명 팽두회는 문화 혁명 소조, 특히 장칭이 주도했다. 처음 이 조직을 만들 때 마오의 지시는 린뱌오로 하여금 두 팽두회의 합동 회의를 주재하라는 것이었다. 이를 통해 문화 혁명에 관한 당과 정부의 정책을 조정하라는 뜻이었다. 당의 정책 조정 기능을 맡았던 중앙 서기처 상무 서기 펑전이 숙청되자 그 대신 팽두회에 이 일을 맡긴 것이다. 그러나 처음 한두 차례 회의를 주재한 린뱌오는 이후로는 회의에 나오지도 않았다.

이에 린뱌오 대신 저우가 회의를 주재했지만 장칭 등 사인방의 반발이 거셌다. 저우가 제시한 합동 회의에 대한 문화 혁명 소조의 반응은 싸늘했다. 저우가 먼저 댜오위타이(釣魚臺)로 가서 그쪽 회의에 참석하며 설득했지만 이 역시 큰 효과는 없었다. 오히려 정책 결정의 주도권을 놓고 중앙 팽두회와 문화 혁명 팽두회 사이의 경쟁 양상이 더욱 격화되었다. 그러던 중 1967년 2월 중난하이 화이런탕에서 열린 중앙 팽두회 이후에는 문화 혁명 소조가 정치국 상무 위원회의 기능을 흡수해서 모든 결정이 문화 혁명 소조의 팽두회에서 이루어지게 되었다. 저우의 설 자리가 더욱 좁아진 것이다.

'2월 역류'로 알려진 화이런탕 중앙 팽두회는 문화 혁명의 흐름을 바꿔놓은 중요한 사건이었다. 저우가 주재한 이 팽두회에는 문화 혁명 소조의 구성원 전원을 포함해 탄전린(譚震林), 천이, 예젠잉, 리푸춘, 쉬샹첸, 네룽전, 위추리(余秋里), 구무(谷牧) 등 정치국원, 국무원 부총리, 군사 위원회 부주석급의 당 원로들이 모두 참석했다. 2월 11일부터 16일까지 계속된 회의에서 당의 원로들은 회의 기간 내내 그동안 쌓였던 불만을 쏟아냈다. 장칭, 캉성, 천보다, 장춘차오(張春橋), 셰푸즈(謝富治) 등 문화 혁명 소조 측 참석자들이 공격의 대상이었다.

원로들은 당이 군중을 지도해야지 어떻게 군중이 당을 지도할 수 있느냐고 따졌다. 쉬샹첸은 콰이다푸 같은 인물이 군대를 어떻게 지휘하느냐면서 주먹으로 책상을 내려치다가 손목이 부러지기도 했다. 탄전린은 감옥에 가고 당적을 박탈당해도 좋다면서 회의장을 박차고 나가려다가 저우가 고래 같은 소리를 지르자 다시 제자리로 돌아왔다.

회의가 끝난 뒤에 사인방이 회의록을 정리해서 마오에게 보여주자 마오는 불같이 화를 냈다. 당의 원로들이 아직도 정신을 차리지 못하고 있다고 생각한 것이다. 그리고는 정치국 상무 위원회의 기능을 중지시키고, 문화 혁명 소조가 이를 대신하게 했다. 문화 혁명 소조가 당의 최고 권력 기관으로 등장한 것이다. 문화 혁명이 시작된 후 1년 6개월 동안 질서를 유지하고 당과 정부의 역할을 정상화하기 위해 노력해 온 저우로서는 또 한 번 큰 좌절을 맛본 것이다.

마오가 혼란한 정국을 수습하고 새로운 당 대회를 개최하는 문제를 진지하게 고려하기 시작한 것은 화이런탕 팽두회가 열린 지 1년 6개월이 지난 시점이었다. 이때쯤에는 마오도 문화 혁명에 대한 생각을 다시 하고 있었다. 군대의 무기고를 습격해서 무기를 탈취하는 등 홍위병들의 무질서한 행동이 도를 넘었기에 이를 억제할 필요도 있었지만, 류사오치를 위시한 주요 주자파 지도자들이 제거된 이상 서둘러 질서를 회복하고 9차 당 대회를 개최해서 당과 정부를 새로 출발시켜야 했기 때문이다.

나라 밖의 상황도 문화 혁명을 빨리 마무리하게 했다. 베트남 전쟁의 상황이 계속 악화되고 있었다. 소련과의 관계도 특히 나빠지고 있었다. 소련이 중국을 공격할 가능성이 높아지면서 마오의 제의로 만약의 사태에 대비해 중앙의 지도부를 각 지방으로 분산시키는 비상 계획, 이른바 제3선 구축 작업을 진행하고 있었다. 지도자들뿐 아니라 기간산업 시설들도 내륙으로 이전시키는 중이었다.

중국 지도부의 신경을 곤두세우게 한 것은 체코 사태 때 소련 정부가 발표한 레오니트 브레즈네프(Leonid Brezhnev)의 주권 제한론이었다. 이는 사회주의 진영의 한 나라에서 사회주의가 위기에 처하면 이를 구하기 위해 소련이 군대를 파견할 수도 있다는 주장이었다. 체코뿐 아니라 중국에 대한 소련의 군사 행동 가능성이 열려 있음을 의미했다. 체코의 주권이 제한될 수 있다면 중국이라고 예외가 될 수는 없는 일이었다. 이미 소련은 중국을 겨냥한 집단 포위망을 구축하고 있었다. 인도와 베트남은 물론 문화 혁명으로 중국과의 사이가 나빠진 북한도 이 포위망의 일부가 되어 중국을 압박해 들어오고 있었다. '집단 안보 체제'라는 이름이 붙어 있었지만 중국의 시각에서 이는 중국을 겨냥한 '집단 포위 작전'이었다.

문화 혁명 초기에 마오의 진의를 알아차리지 못해 당황해하던 저우도 시간이 흐르면서 차츰 안정을 되찾기 시작했다. 문화 혁명이 마오의 뜻이라는 사실을 확인한 다음에는 마오의 뜻을 철저히 따르면서 자신이 운신할 수 있는 공간을 조금이라도 넓히기 위해 안간힘을 썼다. 폭풍이 몰아치는 넓은 바다에서 이리저리 떠다니는 작은 배같이 문화 혁명의 광란 중에 당과 정부가 난파되지 않도록 하는 것은 매우 힘든 일이었다. 그러나 저우가 아니라면 이 일을 해낼 적임자는 없었다.

문화 혁명 기간 동안의 저우의 정치적 입지는 대약진 때보다는 나아졌다. 우선 저우는 마오의 공격 대상이 아니었다. 문화 혁명 기간 동안 마오의 전략은 연임(聯林), 랍주(拉周), 정등(整鄧), 도유(倒劉)였다. 이는 린뱌오와 연합하고, 저우를 끌어들이고, 덩샤오핑을 정리하고, 류사오치를 타도한다는 뜻이다. 물론 마오에게 저우의 능력과 헌신이 필요하기도 했지만, 마오가 저우를 자신의 편으로 끌어들이려 한 것은 류사오치와는 달리 저우의 정치적 야망이 자신에게 위협이 되지 않는다고 믿었기 때문이다.

마오는 저우와 류사오치가 서로 손잡고 자신에 반대하는 공동 연합 전선을 형성할 입장이 아니라는 점은 잘 알고 있었다. 저우와 류사오치 두 사람 사이에는 1940년대 초반에 진행된 옌안 정풍 운동의 악연이 남아 있었다. 류사오치와 펑전도 정풍 운동 때 저우를 곤경으로 몰아넣었던 세력에 속해 있었다. 옌안 정풍 운동 이후에도 저우와 류사오치는 서로 경쟁하는 입장이었다. 저우는 류사오치보다는 린뱌오와 더 가까운 편이었다.

덩샤오핑을 정리한다는 이야기의 의미는 그를 살려 두고 후일을 대비하겠다는 것이었다. 마오는 1930년대 초부터 덩샤오핑이 자신의 편이라고 믿고 있었다. 또한 그의 능력을 높이 평가하고 있었다. 대약진 이후의 조정기에 덩샤오핑이 비록 실사구시를 주장하며 경제 회복에 전념하고 있었지만, 정치적으로 마오에 대한 반대 입장을 강하게 내세우지는 않았다. 그래서 마오는 1969년 그를 장시성의 난창으로 유배를 보내면서도 자신의 경호실장인 왕둥싱(汪東興)을 통해 필요하면 유배지에서 자신에게 편지를 써도 좋다고 허락해 주기도 했다.

숙청당하는 사람에게 당 주석에게 편지를 쓸 수는 권한을 부여하는 것은 그의 정치적 장래를 보장하는 것이나 다름없었다. 덩샤오핑의 당직을 몰수하면서도 당적을 빼앗지 않은 것도 그런 의미였다. 당원 신분을 가지고 있으면 언제라고 다시 당직에 오를 수 있는 가능성이 열려 있었기 때문이다. 당직을 몰수당하면 정치적으로는 사형 선고와도 같았지만, 당적을 남겨두었기에 언제든지 정치적 복원이 가능했다. 이렇듯 마오는 덩샤오핑을 챙겼다.

덩샤오핑이 언젠가 중앙의 요직으로 복귀할 가능성이 열려 있다는 사실은 저우에게도 큰 힘이 되었다. 1920년대 초반 파리에서 같은 집에서 살면서 동고동락했던 저우과 덩샤오핑은 1950년대 초중반에 들어서 다소 서먹서먹해진 적이 있긴 했지만, 덩샤오핑은 다섯 살 위인 저우를 큰형으로 여기고 따를 정도로 가깝게 지냈다. 저우에 비해 덩샤오핑은 성격이 강직하고 모난 타입이었지만 그런 성격이 오히려 서로를 보완해 주는 측면도 있었다. 하지만 이러한 것보다 중요한 것은 두 사람은 정치 철학이나 생각이 비슷했다는 것이다.

문화 혁명 기간 동안 마오는 저우에게 큰 힘이 되어 주었고 많은 일들을 맡겼다. 사인방이 홍위병을 내세워 저우를 공격했을 때 저우를 두둔하고 보호해 준 것이 마오였다. "우리는 총리가 있어야 한다. 나는 건강이 나쁘다. 일을 할 수 있는 사람은 총리밖에 없다."라며 홍위병의 공격을 막아주었다. 톈진시의 모 대학 홍위병이 1932년 신문을 뒤지다가 저우가 상하이에서 공산당을 탈당했다는 기사를 보고 이를 사인방에 알렸지만 이 사건이 국민당이 날조한 사건임이 이미 오래 전에 확인되었다며 저우의 입장을 옹호해 준 것도 마오였다.

특히 1967년 8월 왕리가 주도해 외교부를 접수하고, 베이징 동단에 있는 영국 공관에 홍위병들이 난입해서 불을 질렀을 때 저우는 왕리, 관평, 치번위를 구속하고 이들에 대해 격리 심사 조치를 단행했다. 격리 심사는 구금된 상태에서 조사받는 것을 일컫는데, 이들의 정치적 생명이 끝났다는 의미였다. 이들 세 사람들을 제거함으로써 장칭 등 사인방들의 손발을 잘라 버린 것이다. 이로써 문화 혁명이 마무리 단계로 들어서게 한 것이다. 마오의 동의 없이는 불가능한 일이었다.

마오가 저우를 도와준 데에는 나름대로 계산이 있었다. 문화 혁명을 시작하고 나서 마오는 이를 밀어붙이는 일과 문화 혁명으로 초래되는 무질서를 관리하고 수습하는 일은 서로 다른 성격의 일이라는는 것을 잘 알고 있었다. 전자는 젊고 무식할 정도로 우직한 사람들의 몫이지만, 후자는 행정 경험과 노련함 없이는 불가능하다는 점도 알고 있었다. 그래서 마오는 문화 혁명을 시작하면서도 저우를 옆에 붙들어 두었던 것이다. 저우의 좌우명인 '나라를 위해 온 힘을 바쳐 죽을 때까지 그치지 않는다'라는 문장에 담긴 순수성을 마오가 받아들였다는 시사이기도 했다.

그러면서도 마오는 마지막 카드를 손에서 놓지 않는 주도면밀한 모습도 보인다. 1932년 초에 저우가 상하이에서 당을 배신하고 탈당했다는 엉터리 기사를 홍위병이 사인방을 통해 보고해 왔을 때에도 그랬다. 저우가 자신의 무고함을 입증하기 위해 베이징시 도서관을 뒤져 수집한 관련 자료들을 주석실로 보내왔을 때 마오는 비서에게 이를 잘 보관해 두라고 지시했다. 자료를 폐기하라는 지시가 아니었다. 저우의 '코를 꿰어서' 언제라도 써먹을 수 있도록 약점을 챙겨 놓는 용인술(用人術)이었다. 이런 마오의 특징을 잘 알면서도 이를 이용하기도 하고, 반대로 이용당하기도 했던 것이 바로 저우였다.

결국 문화 혁명은 1969년 4월에 9차 전당 대회의 개최로 일단 마무리되었다. 문화 혁명의 여진이 곳곳에 남아 있었지만 무력으로 주자파를 타도하는 살벌한 단계는 일단락된 것이다. 문화 혁명이 생각보다 과열되었고, 소련의 군사적 위협이 거세지자 마오는 서둘러 9차 전당 대회를 소집했다. 그래서 이 대회는 새로 권력을 차지한 문화 혁명파들이 그들의 승리를 축하하는 자리가 되었다. 중앙이나 지방이나 모두 마찬가지였다. 중앙과 지방에서 젊고 새로운 인물들이 정치권력을 장악했다. 2200만 명의 당원들을 대표해 9차 당 대회에 참석한 1512명의 대표 대부분이 신인이었다.

3주 동안 대회를 치른 뒤 대회의 마지막 날에는 170명의 정위원을 포함해 279명의 9기 중앙 위원이 선출되었다. 신임 중앙 위원들 중에는 군 출신들의 비율이 높았는데 이는 문화 혁명 과정에서 군의 역할이 높았기 때문에 불가피한 측면이 있었다. 한편 31명으로 구성된 정치국은 린뱌오 진영과 사인방 진영이 대체로 균형을 이루고 있었다. 마오의 지시를 받은 저우의 조정자 역할이 상당한 기여를 했다. 그러나 문화 혁명 기간 중에 타도된 당 원로 집단의 복귀는 좀 더 시간을 두고 해결해야 할 미완의 과제로 남아 있었다. 이것은 저우에게 남겨진 마지막 숙제였다.

연합 함대와 린뱌오의 몰락

9차 전당 대회가 끝난 후 중앙 정치 무대에서는 새로 권력을 잡은 두 집단 간의 치열한 투쟁이 벌어지고 있었다. 한쪽은 국가 영빈 관인 댜오위타이에 상주하던 사인방이었고 다른 한쪽은 린뱌오의 집이 있던 마오자완(毛家灣)에 진을 친 세력이었다. 두 세력 간의 투쟁은 단순한 권력 다툼이 아니었다. 그것은 마오 이후의 시대를 장악하기 위한 패권 경쟁이었다. 댜오위타이 진영은 포스트 마오 시대를 이끌어 갈 주역이 자신들이라는 오만한 생각을 하고 있었고, 마오자완 진영에서는 당장 마오의 후계자로 이름이 새겨져 있는 린뱌오가 권력을 승계할 수 있도록 사력을 다하고 있었다.

문제는 마오가 린뱌오를 후계자로 받아들이지 않고 있었다는 점이었다. 린뱌오에 대해 오랫동안 의구심을 갖고 있던 마오는 9차 전당 대회 이후에도 그에 대한 불신을 거두어들이지 않았다. 툭하면 자리에 누워 있는 린뱌오의 건강도 문제였지만 몇 가지 주요 정책에 관한 린뱌오의 견해가 자신과 다르다는 것이 문제였다. 특히 대외 전략 문제가 그랬다. 마오는 소련의 침공에 대비해서 미국과 손을 잡아야 한다고 믿었지만 린뱌오의 생각은 달랐다. 전략적 이해가 충돌한다고 해도 소련은 중국의 동맹국이라는 것이 린뱌오의 생각이었다. 마오가 1970년 10월 1일 톈안먼 광장에서 열린 건국 21주년 기념식장에서 에드거 스노(Edgar Snow)를 옆에 세우며 미국에게 손길을 내밀었지만 린뱌오는 이에 대해 한마디 언급도 없었다.

그런 상황에서 이른바 '사대금강'이라고 불리는 황융성(黃永勝) 총참모장, 우파셴(吳法憲) 공군 사령관, 리쭤펑(李作鵬) 해군 정치 위원, 추후이쭤(邱會作) 총후근부장 등 군의 핵심 지도자들이 마오자완에 모여서 음모를 꾸미고 있다는 보고가 마오에게 계속 올라오고 있었다. 특히 마오의 기요비서로 있던 칭화 대학 홍위병 출신 셰징이가 공군 사령부 작전부 당 위원회에서 근무하는 남편을 통해 얻은 정보가 마오의 경계심을 극도로 자극했다. 셰징이 남편의 말에 의하면 공군 작전을 책임지고 있던 린뱌오의 아들 린리궈(林立果)가 마오를 살해할 계획을 세우고 있다는 것이었다. 게다가 문화 혁명 소조의 조장을 지냈고 마오의 비서 출신인 천보다가 9차 당 대회 이후에는 린뱌오 쪽에 붙어서 사인방을 공격하기 시작했다. 늦기 전에 손을 써야겠다는 강박감이 마오를 압박하기 시작했다. 이런 상황에서 마오와 린뱌오 간의 불신과 대립이 표면에 들어나는데, 이것이 국가 주석 문제였다.

마오의 신임을 확인하고 후계자로서 자신의 지위를 굳히기 위해 마오자완 진영이 생각해 낸 것이 국가 주석 문제였다. 국가 주석은 류사오치가 차지하고 있던 자리로 제4차 전국 인민 대표자 대회(전인대)를 열어 확정할 계획이었다. 헌법에 규정된 국가 주석이 공석인 상황에서 후임을 뽑든지 아니면 헌법을 개정해서 주석 자리를 아예 없애든지 결단을 내려야 했다.

마오자완 진영은 정부 내에서 린뱌오가 가진 공식 직함이 국무원 부총리 겸 국방 장관뿐이라는 점을 항상 불안해했다. 게다가 마오의 신임마저 흔들리고 있었고, 댜오위타이 쪽에서 그 틈새를 파고들어 공격의 고삐를 바짝 조여 오고 있었다. 그런 상황에서 만약 린뱌오가 국가 주석이 된다면 그의 위상도 높아질 뿐 아니라 제2의 류사오치가 되지 않겠다는 린뱌오의 소망도 이루어질 수 있을 것이라 믿었다.

국가 주석에 대한 논의가 본격화된 것은 1970년 봄이었다. 그해 3월 17일부터 중앙 공작 회의가 계속 열려 4차 전인대 준비 사항을 논의했다. 역시 핵심 문제는 국가 주석제였다. 마오가 세 차례나 부정적 의견을 내놓았지만 마오자완의 인사들은 국가 주석제가 존속되어야 한다는 주장을 굽히지 않았다. 사대금강뿐 아니라 린뱌오의 아내인 예췬(葉群)과 천보다까지 전면에 나섰다.

이들은 하나같이 마오가 국가 주석을 맡아야 한다고 했지만 속내는 달랐다. 마오가 국가 주석에 전혀 뜻이 없음을 알면서도 일단 마오가 맡아야 한다고 주장한 것이다. 마오가 국가 주석을 맡고, 린뱌오는 국가 부주석을 맡아야 한다고 주장했는데, 린뱌오 또한 부주석에 관심이 있었던 것은 아니었다. 마오가 국가 주석 자리에 관심이 없다는 사실을 잘 알고 있었기 때문에 마오가 국가 주석직을 사양하면 그 자리가 당연히 린뱌오에게 돌아올 것이라 믿었던 것이다. 만약 마오가 국가 주석이 되고 국가 부주석에 다른 사람이 지명된다면 이는 마오가 린뱌오를 버리는 경우이기 때문에 그때 에는 다른 극단적인 방법을 택하는 것도 고려했다.

국가 주석제를 둘러싼 논쟁에 마지막 일격을 가한 것이 1970년 8월 장시성 루산(蘆山)에서 개최된 9·2 중전이었다. 중전이 시작되 기 전의 분위기는 마오자완 진영에 유리한 듯 했다. 중전 하루 전 에 개최된 정치국 상무 위원회에서 마오를 제외한 나머지 4명의 상 무위원들이 마오가 국가 주석이 되어야 한다는 것에 찬성했다. 린 뱌오는 물론이고 저우, 캉성, 천보다가 모두 찬성했다. 대외 관계를 주관하고 있던 저우의 입장에서는 국가 주석이 필요하며 마오가 이를 맡아야 한다고 생각하는 게 당연했다. 그러나 마오가 이를 반 대하고 있다는 점을 알았기 때문에 저우의 태도는 매우 신중했다.

중전이 시작되자 마오자완 쪽에서는 바로 전면적인 공세를 취 해왔다. 저우가 사회를 본 개회식에서 린뱌오는 돌연 연설을 하겠 다고 했다. 예정에 없었지만 당 부주석이 하겠다는 연설을 저우가 말릴 수는 없었다. 린뱌오의 연설은 마오를 천재라고 치켜세웠다. 단순한 천재가 아니라 마르크스, 레닌을 초월하는 모든 면에서 창 조적인, 그야말로 역사상 한 번 나오기 힘든 천재 중의 천재라고 극찬했다. 개막식이 끝난 후에 이어진 분조 토론에서는 천보다와 사대금강이 총동원되어 마오가 국가 주석이 되어야 한다며 열을 올렸다. 중전의 다른 주요 의제였던 소련의 군사 위협이나 경제 발

전에 관한 것은 뒤로 밀리고 오로지 국가 주석 문제가 전면에 등
장한 것이다.

마오는 몇 번이나 자신은 국가 주석을 할 생각이 없으며, 국가
주석을 하고 싶은 사람이 있으면 그 사람이 하면 된다며 거부했다.
"내가 죽는 걸 보고 싶은 사람들은 나보고 국가 주석을 하라고 하
라."라는 극단적인 말까지 했다. 그런데도 마오자완 진영은 국가
주석제를 유지해야 하고 그 자리에 마오가 취임해야 한다는 주장
을 계속 밀어붙였다. 마오과 린뱌오의 의견이 정면으로 대치하는
상황이 벌어진 것이었다. 마오자완 진영의 치명적인 실수였다.

마오의 요청으로 저우가 문제 해결에 나섰다. 저우가 능력을 발
휘할 기회가 온 것이다. 중전 기간 중 저우는 매일같이 린뱌오 쪽
과 사인방 쪽 사람들을 찾아가서 만났고, 이들의 의견을 들은 후
조정에 나섰다. 사인방 쪽의 장칭, 캉성, 장춘차오를 만났고, 그리
고 마오자완 진영의 예췬, 천보다, 사대금강을 모두 수차례씩 만났
다. 한 사람씩 따로 만나기도 하고 여러 명을 함께 만나기도 했다.
중간중간 마오와 린뱌오를 개별적으로 찾아가서 여러 번 각자의
입장을 확인했다. 결국 국가 주석제를 없애기로 결정했고, 국가 주
석제를 주장했던 천보다를 자리에서 물러나게 하는 것으로 매듭
지었다. 마오자완 쪽에서도 더 이상 물러설 공간이 없음을 인정하
고 저우의 안을 받아드렸다. 협상의 대가인 저우가 다시 한번 맡은
임무를 무사히 끝낸 것이다.

마오도 만족해했다. 마오는 린뱌오를 내치려 한 것이 아니었다. 이번 중전에서는 천보다가 목표였다. 린뱌오를 치기 위해서는 좀 더 시간이 필요했고 명분도 쌓아야 했다. 마오는 자신이 고른 후계자를 내치는 데에는 더욱 정교한 명분과 절차가 필요하다는 점을 잘 알고 있었다. 문화 혁명 때 류사오치를 제거하기 전에 먼저 펑전을 쳤던 것과 비슷한 수순이었다. 다만 이번에는 결과적으로 린뱌오가 쿠데타라는 자충수를 두었기 때문에 마오가 생각했던 복잡한 명분이나 절차가 필요하지 않게 됐을 뿐이었다.

린뱌오는 마오를 살해하려다 실패하고 도망가던 중 중국에 가까운 몽골 국경 지대에서 타고 있던 비행기가 추락해 세상을 떠났다. 이 사건이 발생한 것은 이듬해인 1971년 9월 13일(9·13 사건)이었다. 부인 예천과 큰아들 린리궈, 그의 핵심 측근 몇 명도 함께 사망했다. 린뱌오가 9차 당 대회에서 마오의 후계자로 추대된 지 약 2년 6개월 만의 일이었다.

린뱌오가 마오를 살해하기로 결심한 것이 언제인지는 정확하지 않다. 『저우언라이 연보』에는 린뱌오가 아들이 지휘하는 연합 함대에게 마오를 살해하라는 지시를 내린 것이 1971년 9월 7일로 되어 있다. 린리궈의 지휘 아래 비상 계획을 실행하라는 내용을 친필로 써서 지시한 것이다. 이는 린뱌오가 세상을 뜨기 5일 전이다. 문제는 이러한 비상 계획을 언제 세웠는가 하는 점이다. 여러 가지 상황을 종합해 보면 마오자완에서 마오의 제거를 포함한 비상 계획을 세우기 시작한 것은 그해 3월경이었던 같다. 9·2 중전이 끝난 후 마오는 천보다 비판 소조를 만들어 천보다의 죄를 추궁하고 있었는데 이 소조의 일이 끝난 것이 3월이었다. 그리고 곧 천보다를 단죄하기 위한 정풍 회의가 열렸다.

저우가 주재한 이 정풍 회의에서는 천보다뿐 아니라 린뱌오의 최측근인 황융성을 비롯한 사대금강이 방향성 과오를 범했고, 종파주의적 행동을 한 죄가 있다는 선고가 내려졌다. 린뱌오의 수족을 자르는 결정타가 될 수도 있는 일이었다. 그래서 더 이상 버티기 힘들다고 판단한 린리궈와 그를 추종하는 젊은 공군 장교들의 집단인 연합 함대가 미숙한 시나리오를 만든 것이다. 비상 계획이라는 이름이 붙었지만 사실상 쿠데타 계획이었다. 저우의 일대기를 집필한 리펑도 이런 주장에 동의하고 있다.

마오자완 진영의 핵심 인물이었던 공군 참모장 우파셴의 딸로 후일 미국 대학에서 역사학 교수가 된 진치오도 비슷한 주장을 하고 있다. 진치오는 린뱌오가 쿠데타를 주동한 것이 아니라 린리궈와 그를 추종하는 젊은 공군 장교들이 계획을 꾸몄으며 린뱌오는 이에 말려든 것이라고 주장하지만 실행을 한 것이 누구이든 9·2 중전 이후 마오자완 진영이 쿠데타 계획을 세우기 시작했다는 점에서는 크게 다르지 않다.

당 중앙 문헌 연구실에서 저우 담당으로 있다가 미국으로 망명한 가오원첸의 증언에 따르면 천보다의 제거를 결정한 정풍 회의가 끝난 후 린뱌오는 극도의 우울증과 공포감에 휩싸였다고 한다.

특히 1971년 7월 상순, 린뱌오는 마오에게 요청한 면담이 거절된 후, 베이다허로 돌아와 모든 것을 포기한 사람 같이 행동했다. 일체의 바깥출입을 삼간 채 하루 종일 집 안에 칩거했고, 불가피한 외부 행사에 참석할 때에도 아무 말도 하지 않고 앉아 있다가 일찍 돌아오곤 했다. 그런 상황에서 린뱌오가 한 마지막 선택이 연합함대가 마련한 비상 계획이었다. 공군을 장악하고 있던 마오자완 진영이 생각할 수 있는 유일한 선택이었다.

그런데 이들의 쿠데타 계획은 허점투성이었다. 계획을 주도한 린뱌오의 아들 린리궈는 26세의 젊고 혈기 왕성한 공군 작전 부사령관이었다. 공군 사령관인 우파셴의 배려로 전국의 공군 작전권을 한 손에 쥐고 있던 린리궈의 주위에는 20대의 젊은 철부지 공군 장교들이 모여 있었다. 이들이 마오를 제거하고 정권을 잡겠다는 공군 내의 사조직인 연합 함대의 실체였다.

연합 함대가 작성한 마오 살해 계획은 이름부터 허술하기 짝이 없었다. '571'이라는 이름이 붙어 있었는데 571은 베트남 전쟁에서 용맹을 떨친 미군 전폭기로 베트남과 중국에서는 공포의 대상으로 잘 알려져 있었다. 그런데 이 571의 중국어 발음은 '우치이'로 중국어로 '무장 봉기(武起義)'라는 뜻을 가지고 있었다. 이름만 들어도 의심이 드는 이상한 이름의 쿠데타 계획이었다.

연합 함대는 마오가 탄 전용열차가 상하이 지역을 지나갈 때 이를 린리궈 산하의 공군기들로 공중에서 폭격하거나 주위에 있는 기름 탱크를 폭발시켜 마오를 제거한다는 계획을 짜 놓고 있었다. 거사에 차질이 생겨 마오를 제거하지 못하는 경우에는 일단 광저우로 가서 임시 정부를 세우고 마오와 장기전을 벌이고, 최악의 경우에는 해외로 망명한다는 계획도 만들어 놓고 있었다.

8월 15일 베이징을 떠난 마오는 상하이, 항저우, 창사, 난창 등지를 다니면서 지방의 지도자들을 만날 계획이었다. 이 일정을 알게 된 린뱌오는 9월 7일 린리궈를 통해 연합 함대에 1급 전투태세 긴급 명령을 내리고 마오가 상하이 부근을 지나갈 때 거사를 단행하라고 지시했던 것이다. 그런데 마오가 갑자기 계획을 바꾸어 9월 10일 항저우를 떠났다. 상하이에 도착한 후에도 평소에 사용하던 영빈관인 구자화웬(顧家花園)에 묵는 대신 열차에서 하룻밤을 지낸 마오는 바로 밤낮으로 달려 베이징에 도착했다. 린뱌오가 1급 전투태세를 발동한 지 5일 뒤인 9월 12일 오후였다. 베이징에 도착한 마오 전용 열차는 베이징역을 이용하지 않고 인근 펑타이(豊臺)역에 정차했다. 어떤 정보를 입수했는지는 알 수 없지만 아마도 자신을 음해하려는 음모가 있다는 사실을 인지한 듯 했다. 그뿐이 아니었다. 마오가 베이징에 돌아오는 날에는 중난하이는 물론 베이징시 전역에 중앙 판공실장이자 마오의 경호실장인 왕둥싱 휘하의 병력들이 이중, 삼중으로 배치되어 삼엄한 경계를 펴고 있었다.

마오가 예상을 뒤집고 일찍 베이징으로 돌아오자 연합 함대는 혼비백산했다. 자신들의 계획이 탄로난 줄 알았던 것이다. 산하이관에 있다가 보고를 받은 린리궈가 이를 즉시 린뱌오에게 알렸지만 린뱌오는 우왕좌왕했다. 오히려 예췬과 린리궈가 결정을 주도했다. 급히 비행기를 타고 소련으로 가기로 한 것이다.

그래서 린뱌오 일행은 바로 자동차로 40분 거리에 있는 비행장으로 달려갔다. 그곳에는 린뱌오의 전용기 '트라이던트 256호'가 대기하고 있었다. 비행장으로 들어갈 때에는 보초의 정지 명령을 지키지 않아 총격전도 벌어졌다. 가까스로 전용기에 오른 린뱌오 일행은 비행기를 급히 발진시켜 몽골 방향으로 기수를 잡았다. 9월 13일 새벽 0시 32분이었다. 그러나 산하이관 비행장을 이륙한 지 2시간 만에 린뱌오의 전용기는 중국과 몽골의 국경 지역에 추락했고, 다음 날 오전에 린뱌오, 예췬, 린리궈를 포함한 11명이 시신으로 발견되었다. 마오의 후계자가 소련으로 망명하던 중에 비행기가 추락으로 탑승자 전원이 사망하는 초유의 사태가 일어난 것이다.

저우가 린뱌오의 망명 계획을 알게 된 것은 린뱌오의 딸 린리헝(林立衡) 때문이었다. 평소 어머니와 사이가 매우 나빴던 린리헝은 동생과 어머니의 대화를 엿듣고, 이들이 아버지를 납치하는 것이라고 생각해서 지역의 군 책임자에게 연락했다. 린리헝의 제보는 산하이관 지역을 담당하는 해방군 341부대 책임자인 장궝시를 통해 베이징에 있는 중앙 경위국 부국장 장야오츠(張耀桐)에게 전달되었고 이를 중앙 판공실장 왕둥싱이 저우에게 보고했다.

보고를 받은 저우의 움직임을 매우 민첩했다. 먼저 마오를 전시 지휘소가 설치되어 있는 인민 대회당으로 옮기게 했다. 있을 수 있는 린뱌오 측의 군사 공격으로부터 마오를 보호하기 위한 조치였다. 그리고 즉시 전국의 모든 비행장에 지시를 내려 항공기의 이착륙을 금지시킨 후 산하이관에 있던 예췬에게 전화를 걸었다. 그쪽의 상황을 알아보기 위해서였다. 저우는 린뱌오가 어디론가 이동할 계획이 있는지 물었다. 예췬의 대답은 애매했다. 부주석이 움직일 생각은 하고 있는 것 같은데 잘은 모르겠다며 시치미를 뗐다. 저우는 모든 비행기의 이착륙이 금지되어 있다고 알려 주었다. 무엇을 하고 있는지 다 알고 있으니 함부로 행동하지 말라는 경고였다. 저우의 전화를 받은 예췬은 더 이상 지체할 수 없다고 판단하고 급히 비행기를 타고 떠나기로 결정했다. 확인되지는 않았지만 비행기에 기름도 넣지 못한 채 출발했을 정도로 급하게 떠났다.

저우는 린뱌오의 망명 움직임에 관한 보고를 받은 후 50시간 동안 한숨도 자지 않고 사건 처리에 매달렸다. 총참모부 지휘 본부, 공군 사령부 작전실, 베이징과 수도권의 주요 비행장 등에 군 지휘관들을 파견해서 이들 시설을 장악했다. 전국의 모든 비행장에 지시를 내려 자신과 공군 사령관 등 네 명이 공동으로 허가하지 않은 비행기의 이륙을 금지시켰다. 또한 전국의 공군 레이더망을 가동해서 린뱌오 일행이 타고 있던 '256호'를 레이더로 추적하면서 마오에게 수시로 상황을 보고하고 지시를 받았다. 린뱌오의 비행기가 중국 영공을 넘어가기 직전에도 마오에게 격추 여부를 물었다. 마오는 바람난 여인이 집을 나가겠다는데 어찌하겠느냐며 내버려 두라면서 격추를 지시하지 않았다.

저우는 비행기가 추락한 다음에도 후속 조치를 빈틈없이 챙겼다. 14일 새벽에 긴급 정치국 회의를 소집해서 사건의 전말을 설명했고, 전국 11개 대군구(大軍區)와 29개의 성·시의 책임자들과 직접 통화도 했다. 이외에 마오의 후계자가 마오를 살해하려 하다가 사망하는 충격적인 사건을 국내에 어떻게 설명하느냐 하는 문제도 있었고, 국제 사회에도 이 엄청난 사건을 알려야 했으며, 사건의 수습을 위해 몽골 정부와 협의하는 일도 해야 했다.

24일에는 우파셴 등 마오자완의 사대금강을 구속하고 연합 함대의 핵심 장교들을 체포했다. 연합 함대의 참모장 격인 저우위츠(周宇馳)는 헬리콥터를 타고 도주하려 했으나 조종사가 이륙을 거부하자 조종사를 살해하고 자신은 자살했다. 며칠 후에는 린뱌오 사람들로 채워졌던 당 중앙 군사 위원회의 판공실을 폐지하고 대신 판공 회의를 만들어서 저우와 가까운 예젠잉을 책임자로 임명했다. 린뱌오 사건 처리 전담조의 책임도 저우가 맡았다. 군사 쿠데타라는 건국 이후 초유의 대사건에 당면해서 저우 특유의 치밀함과 과단성을 유감없이 발휘한 것이다.

한편 저우는 이렇게 린뱌오 사건 처리에 매달리면서 동시에 매우 민감한 외교적 대사건을 처리하고 있었다. 그것은 중국의 국가전략뿐 아니라 2차 대전 이후 작동해 온 국제 사회의 기본 구도를 통째로 바꾸어 놓는 획기적 사건이었다. 바로 미국과 데탕트를 추진하는 것이었다. 미중 데탕트는 저우의 일생에서 가장 중요한 사건이었다. 이 사건을 처리하면서 저우와 마오의 관계는 과거 어느 때보다도 긴밀했다. 마오와의 관계를 떠나 저우 개인적으로도 본인의 타고난 외교적 능력을 가장 잘 발휘했던 사례이기도 했다. 데 탕트는 아마도 건국 이후 저우가 대외 관계에서 세운 가장 중요한 업적으로 볼 수 있을 것이다.

치열한 국제 정세의
한복판에서

제7장

周恩來

네 원수와 국제 문제 연구 소조

9차 전당 대회가 끝나면서 저우가 가장 고심했던 일이 소련의 위협에 대한 대응이었다. 그해 3월 우수리(Ussuri)강 위의 작은 무인도 전바오다오(珍寶島)에서는 소련과 두 차례 무력 충돌이 있었다. 몇 달 후 신장에서 일어난 충돌은 규모가 더 컸다. 그래서 저우는 소련의 핵 공격에 대비해서 옌안 지역에 있던 국가 주요 기간산업 시설들을 내륙으로 이전하고, 중앙의 지도자들을 지방으로 분산시키는 제3선 구축 작업을 이미 추진 중이었다. 이 계획 중에는 간쑤(甘肅)성과 네이멍구(內蒙古) 지역에 있는 핵 시설을 소련과의 국경 지대에서 멀리 떨어져 있는 윈난, 쓰촨, 구이저우 등 서남부 내륙으로 이전하는 계획도 포함되어 있었다. 이 계획의 실행 기구로 국가 방공 영도 소조를 만들고 저우가 스스로 조장을 맡았다.

문제는 대외 전략이었다. 국내적으로는 소련의 위협에 대응하기 위한 방안과 조직이 만들어졌지만 대외적으로는 아직 뚜렷한 방안을 마련하지 못하고 있었다. 미국과 소련이 벌이는 패권 경쟁 구도의 틈새를 파고들어야 한다는 생각은 있었지만, 그저 막연한 구상일 뿐 구체적인 전략이 없었다. 미국과 소련이 함께 중국을 공격하는 경우도 생각해야 했지만 미소 어느 한쪽이 중국을 공격할 때 다른 한쪽이 이를 묵인하거나 적극적으로 동조하는 경우 등 다양한 시나리오를 만들고 각 상황에 따른 중국의 대응 전략을 마련해야 했다. 결정된 전략에 대한 국내 반응도 고려해야 했다. 남아 있는 문화 혁명의 여진도 고려해야 했고, 좌파들의 반발에 대한 대책도 세워야 했다. 일반 대중이 이해할 수 있도록 홍보하는 일도 소홀히 할 수 없었다.

새 전략 마련을 위해 만든 조직은 네 명의 군 원로들로 구성된 국제 문제 연구 소조였다. 네 명의 원로는 예젠잉, 천이, 쉬샹첸, 네룽전으로 조장은 천이가 맡았다. 마오가 최종 결정권자였지만 실질적 책임자는 저우였다. 마오의 지시를 받아 소조에게 구체적 작업을 지시하고 소조의 작업 내용을 마오에게 보고하는 일을 저우가 맡았다.

소조원 네 명은 모두 1955년에 해방군 원수의 칭호를 받은 군의 최고 원로들이었다. 창당 초기에 당에 가입해서 대장정에 직간접적으로 참여한 제1세대 지도자들이었다. 건국 이전에는 항일 전쟁과 내전에서 야전군을 지휘했고, 건국 후에는 국무원 부총리나 당중앙 군사 위원회 부주석 또는 국가 과학 기술 위원회 부주석으로 국가 전략 수립이나 군의 근대화에 깊이 관여한 사람들이었다. 문화 혁명 때에는 하나같이 고통을 당했지만 9차 당 대회에서 다시 중앙 위원으로 선출되었고 당 중앙 군사 위원회 부주석에 임명되었다. 녜룽전과 쉬샹첸은 정치국원이 되었고 예젠잉은 정치국 상무위원까지 올라갔다.

이들은 저우와의 인연도 매우 특별했다. 저우보다 한 살 많은 예젠잉은 황푸 군관 학교 교수부 부주임으로 저우와 같이 근무했다. 그가 공산당에 가입할 때에는 저우가 추천인이었다. 1927년 4월 상하이 사변 이후 2년간 소련 유학을 끝내고 귀국해서 당 중앙 군사 위원회에서 저우를 보좌하다가 저우가 잠시 중앙 소비에트 지구로 가면서 그의 후임이 되었다. 본부 직할 부대장으로 대장정에 참가했고 해방 후에는 총참모장과 베이징 시장을 거쳐 군사 과학원 원장으로 군 전략 개발에 크게 기여했다.

예젠잉과 동갑인 녜룽전은 근공검학 유학생으로 저우와 프랑스에서 만나 저우가 서기로 있던 유럽 사회주의 청년단의 훈련부 부부장으로 일했다. 귀국한 후에는 황푸 군관 학교 정치 교관으로 저우와 거의 매일 만났고 저우가 지휘했던 난창 봉기에도 참여했다. 특히 난창 봉기 후 남쪽으로 후퇴하던 저우가 광둥성의 마지막 전투에서 대패한 후 병이 나서 사경을 헤매고 있을 때 예딩과 함께 저우를 홍콩으로 피신시킨 사람이 녜룽전이었다. 대장정에도 참가했고 쭌이 회의 때에는 홍1군 정치위원으로 이 회의에 참석한 21명 중 한 명이었다. 건국 후에는 국가 과학 기술 위원회 주임으로 군의 근대화 작업을 책임졌고 특히 저우가 각별히 챙겼던 원자폭탄 개발의 책임자로서 1964년 10월에 중국 최초의 핵실험을 성공시켰다.

저우보다 세 살 밑인 천이는 프랑스 유학 시절에 저우와 처음 만났다가 난창 봉기 직후 저우와 재회했다. 창사 봉기에 실패한 후 주더와 함께 패잔병을 이끌고 징강산에 들어와서 마오와 홍4군을 창설하고 총정치위원을 지냈다. 이 시기에 상하이에서 당의 군사 문제를 담당하고 있던 저우와 긴밀하게 협력해서 주더와 마오 간의 갈등을 해결하기도 했다. 천이가 대장정 직전에 부상을 당해 장시의 한 병원에 입원해 있을 때, 전기가 없어 수술을 받지 못하고 있던 천이를 위해 저우가 발전기를 가지고 직접 병원까지 찾아온 일도 있었다. 건국 후에는 1958년 2월부터 저우의 외교부장 자리를 물려 받아 함께 중국 외교를 이끌었다.

천이와 같은 나이로 황푸 군관 학교에서 저우의 학생이었고 대장정에도 참가했던 쉬샹첸은 항일 전쟁 중 서북과 화북 지역에서 뛰어난 전공을 세웠다. 내전 중에는 타이위안(太原) 지역 전적 위원회 정치위원으로 공산당이 초기의 열세를 극복하고 내전에서 승리하는 데 크게 기여했다. 건국 후에는 해방군 총참모장을 지낸 후 전국 인민 대표 대회 부주석 겸 당 중앙 군사 위원회 부주석을 지냈다.

한마디로 이 네 명 모두 창당 초기부터 건국 이후의 오랜 시기를 통해 저우와 함께 생사고락을 같이해 온 군의 온건파 원로들이었다. 천이는 외교 문제에 직접 관여했고, 예젠잉이나 쉬샹첸은 전략 개발에 종사했으며, 네룽전은 핵무기 개발 프로젝트를 책임지고 이를 성공시켰다. 이들은 저우와 오랫동안 함께 일한 경험을 공유하고 있어서 저우와 솔직하게 이야기를 나눌 수 있었다. 당·정·군에 저우와 가까운 사람들이 많았지만 이들 네 명이야말로 저우가 신뢰하는 원로 중의 원로였다.

이들 네 명은 국제 문제 연구 소조의 조원으로 임명될 당시에는 당적은 갖고 있었지만 특별한 직책이 없었다. 이들이 소조 활동을 시작할 때는 9차 당 대회가 끝난 직후로 정치적으로 문화 혁명의 영향이 강했던 때였다. 그래서 이들 네 명은 모두 2년 전 '2월 역류'의 주동자로서 베이징 시내의 공장이나 학교 등에 배치되어 노동을 하고 있었다. '준점(遵点)'이라는 이름으로 행해진 일종의 정치적 근신 처분으로 노동을 통해 사상을 개조한다는 명분이었다. 그러나 노동은 일주일에 2~3일 정도였고 나머지는 자유 시간이어서 소조 활동을 하는 데에는 큰 지장이 없었다.

저우의 지시로 이들을 도와 소조의 간사 역을 맡았던 사람이 슝샹후이였다. 소조 활동에서 가장 중요한 일은 비밀을 유지하는 것이었다. 그래서 네 명의 원로들은 비서도 없이 회의 참석은 물론 자료를 챙기고 토론할 내용을 정리하는 일을 모두 직접 해야 했다. 슝샹후이가 이들의 비서 역할을 한 것이다. 토론 내용을 기록하는 일은 물론 소조의 행정을 총괄했다. 또 야오광(姚廣) 외교부 미주 담당 국장이 저우의 지시를 받고 슝샹후이를 도왔다. 네 명의 원로를 포함해서 모두 여섯 명이 소조 활동을 한 것이다.

소조에 관한 자세한 내용은 슝샹후이의 자서전, 『나의 정보 및 외교 생애(我的情報 與 外交生涯)』에 잘 나와 있다. 슝샹후이는 앞서 언급한대로 저우가 길러낸 고급 정보 전문가였다. 슝샹후이는 영국 주재 중국 대사관 대리 대사로 있다가 문화 혁명 때 14개 재외 공관장들이 모두 소환될 때 귀국해서 국내에 머물고 있었다. 그런 그에게 소조의 행정 책임을 맡긴 게 저우였다. 슝샹후이가 밝힌 내용을 중심으로 지금까지 개략적으로만 알려져 온 국제 문제 연구 소조의 구성, 운영, 활동을 비롯해 이들의 보고서 내용과 이 보고서가 미중 데탕트에 미친 영향 등을 다음과 같이 살펴볼 수 있다.

첫 번째로 소조가 만들어 진 시점에 관해 존재하는 두 가지 상반된 견해를 살펴볼 수 있다. 『저우언라이 연보』는 1969년 2월 19일에 마오의 지시를 받은 저우가 첫 회의를 소집했다고 기록하고 있으나 슝샹후이는 저우가 회의 소집을 지시한 것이 1969년 6월 초였다고 증언하고 있다. 약 4개월의 차이가 있다. 만약 연보가 정확하다면 소조가 만들어진 것은 9차 당 대회 이전인데, 2월 19일은 전바오다오에서 군사 충돌이 일어나기 이전이다. 이는 중국의 새로운 전략 모색이 전바오다오에서 발생한 군사 충돌 이후라는 주장과도 배치되는 사실이다. 또 9차 당 대회에는 린뱌오와 사인방 등이 참석했기 때문에 이들도 국제 문제 연구 소조 구성 사실을 알았다는 이야기가 된다. 소조의 존재는 린뱌오도 모르는 비밀이었다는 슝샹후이의 주장과도 배치된다. 두 주장을 엄격하게 검증하기는 어렵다. 다만 연보가 정확하다는 가정하에 2월에는 마오의 지시로 소조를 구성한다는 원칙이 정해졌고 실제로 소조가 활동을 시작한 것은 6월이라고 보는 것이 타당할 듯하다.

1969년 2월에 마오와 저우는 모두 9차 당 대회 준비에 바빴다. 거의 매일같이 마오의 처소에서 팽두회 회의를 열었다. 특히 대회에서 선출될 새 지도부와 국가 주석제 존속 여부 등을 놓고 마오와 린뱌오 사이에 상당한 갈등이 있었고 저우 역시 이 때문에 매우 분주한 시기였다. 새로운 전략 논의를 구체화할 상황이 아니었다. 소조가 정식으로 출범해 활동한 것은 9차 당 대회 이후라고 보는 것이 합리적이다.

두 번째, 네 원로들의 임무에 관한 내용도 살펴볼 수 있다. 어떤 이유로 이들 네 명이 조원으로 선정되었으며 이들에게 주어진 임무가 무엇이었는가 하는 점이다. 슝상후이는 이들이 국가 차원의 전략 문제에 관한 높은 안목과 경력의 소유자이면서 동시에 린뱌오나 사인방의 좌경 사상을 반대하고 있었기 때문에 저우가 이들을 소조에 참여시켰다고 주장한다.

하지만 이들이 모두 저우와 개인적으로 가까운 사이라는 점도 어느 정도 영향을 미쳤을 것이다. 소조 구성 전부터 저우는 이들 네 명의 원로가 명예를 회복하고 활동을 재개할 수 있도록 도왔다. 특히 이들이 모두 '2월 역류'의 주모자들이었기 때문에 2월 역류에 대한 마오의 부정적 평가를 순화하기 위해 애를 썼다. 2월 역류에 대한 마오의 평가가 부정적인 한 이들이 정치 무대에 복귀하기 어렵다는 것이 저우의 판단이었다. 그래서 저우는 마오가 참석하는 행사가 있을 때에는 참석자 명단에 이들의 이름을 올려서 마오의 반응을 떠봤다. 마오가 이들을 신임하고 있다는 사실을 확인하고 나서 이들의 소조 활동을 도왔다. 이들이 작성하는 보고서를 통해 자신이 구상하고 있던 문화 혁명 이후의 국가 전략을 마련하려 했던 것이다.

세 번째, 당시 국제 정세에 대한 평가가 왜 필요했는지에 대한 내용을 살펴볼 수 있다. 이미 9차 당 대회의 정치 보고에서 국제 정세에 대한 당의 공식 입장이 제시된 상황에서 왜 새삼스럽게 정세의 평가가 필요한지 소조에 참여한 원로들 역시 궁금하게 생각하고 있었다. 당연히 이들은 당의 공식 입장과 다른 견해를 밝히면 불이익을 당하지 않을까도 우려했다. 이 궁금증에 대한 저우의 대답은 간단하고 분명했다. 소조가 당의 공식 입장을 대변할 필요는 없고, 그래서도 안 된다는 것이었다.

9차 당 대회에서 밝힌 국제 정세에 대한 당의 입장은 미국과 소련이 서로 경쟁하면서 동시에 서로 야합해서 중국을 위협하고 있다는 것이었다. 음모 야합설이었다. 미국 역시 소련 못지않게 패권주의 국가로서 중국에게는 위협으로 규정되었다. 이는 미국과 중국이 화해할 가능성을 배제하는 것이었다. 이 점을 재고해야 한다는 것이 저우의 생각이었다. 미국과 소련 간의 야합에 틈새를 만들어야 한다는 전략이었다.

네 번째로 살펴볼 수 있는 것은 운영과 자료에 대한 부분이다. 소조 운영의 핵심은 자유로운 토론이 이루어질 수 있도록 아무런 제약을 가하지 않는다는 점이었다. 회의 장소였던 중난하이 우청뎬(武成殿)에는 회의용 책상은 없었고 대신 소파만 있었다. 소파에 앉은 채 딱딱하지 않은 분위기에서 자유롭게 토론하라는 취지였다.

당시 중국이 당면한 전략적 위기를 극복하기 위해서는 무엇보다도 과감한 발상의 전환이 필요하다는 것이 저우의 생각이었다. 당의 공식 입장이든 뭐든 기존의 경직된 사고의 틀을 완전히 벗어나야 비로소 새로운 전략적 탈출구가 보일 수 있다는 생각을 갖고 있었다. 토론이 중구난방이 되게 하지 않기 위해 조장인 천이가 가끔 끼어들기는 했지만, 토론은 슝샹후이의 표현을 빌리면 하늘에서 내려온 신선들이 노는 것처럼 각자의 생각을 마음대로 자유분방하게 털어 놓으며 이루어졌다고 한다.

토론을 위해 제공했던 자료도 특이했다. 저우의 지시로 정부의 각 기관들이 기밀 자료들을 보내오기는 했지만 크게 도움이 되지는 않았다. 이들 자료들은 진부한 내용들이 대부분이었다. 그래서 소조에서는 하루에 두 차례 발간되어 당·정·군의 고위 관리들에게만 배포되는《참고 소식》을 많이 활용했다. 또 홍콩과 대만에서 나오는 자료에도 크게 의존했다. 이들 자료는 원문을 그대로 수록하고 있었기에 객관적인 상황 판단에 도움이 되었다는 것이 슝샹후이의 주장이다. 특히 대만의 자료는 참석자들이 반대편의 입장에서 중국의 전략을 생각하는 데에 크게 도움이 되었다고 한다. 역지사지의 발상이다.

소조는 1969년 6월 7일부터 7월 10일까지 매주 토요일 오후 3시쯤 만나서 3시간 30분 정도 토론했고 어떤 때는 일요일에도 토론을 계속했다. 이렇게 모두 6차례 19시간 동안의 토론을 정리해서 「전쟁에 대한 초보적 구상」이라는 제목의 첫 보고서를 7월 중순에 만들어 냈다. 「현 국제 정세에 관한 우리의 시각」이란 제목으로 나온 두 번째 보고서는 7월 29일부터 9월 16일까지 진행된 10차례 29시간 동안의 토론을 요약한 것이었다.

소조 보고서의 핵심은 중국이 미국을 활용해서 소련의 패권주의에 대처해야 한다는 반소 연미 전략이었다. 미국이 소련과 손잡고 반중 연합 전선을 펼치거나 미국이 중국을 공격할 가능성은 거의 없다고 평가했다. 미국은 대양을 사이에 두고 멀리 떨어져 있고, 특히 베트남에서 고전 중이기 때문에 중국 공격은 고사하고 아시아에서의 군사 개입을 축소할 수밖에 없을 것이라고 내다보았다. 이에 비해 소련의 중국 공격에 대해서는 비록 그 가능성이 그리 높지 않다고 하더라도 대비책을 마련해야 한다고 주문했다. 미중 간의 접촉을 개시하기 위한 구체적 조치로 바르샤바에서 진행되었던 미중 간 대사급 접촉을 재개하라는 건의도 했다.

한 가지 흥미로운 것은 보고서가 일본에 대한 경계심을 늦추지 말아야 한다고 역설한 점이다. 미국이 아시아에서 철수하면서 일본이 그 역할을 대신할 수 있음을 우려한 것이다. 특히 일본이 대만과 한반도에서 영향력을 확장하려 할 가능성을 주시하고 이에 대한 대책 마련을 건의했다.

이 보고서에 대해 마오가 어떤 반응을 보였는지는 알려지지 않았다. 그러나 상하이 공동 성명이 발표되기까지 미중 간에 진행된 협상 과정을 보면 소조의 건의가 대체적으로 수용된 것으로 보인다. 물론 소조는 구체적 협상 전략에 대해서는 언급하지 않았다. 소조의 관심은 전략적 방향과 골격을 제시하는 것이었다. 미국 카드 활용을 위한 구체적 방안들은 이제 소조의 건의를 받은 저우가 직접 만들어 나가야 할 과제였다.

하늘과 통하는 여성들

소조의 보고서를 받은 저우는 닉슨 대통령의 방문을 준비하고 상하이 공동 성명을 만들기 위해 정치국 직속의 준비 소조를 만들고 스스로 주임을 맡았다. 조원으로는 국제 문제 연구 소조에 참여했던 예젠잉을 비롯해 외교부장 지펑페이(姬鵬飛), 외교부 부부장 황화, 총참모부 정보 담당 부부장으로 자리를 옮긴 슝샹후이, 외교부 미주국장 장원진(章文晉), 그리고 왕하이룽(王海容)과 탕원성이 참여했다. 저우를 도와 국제 문제 연구 소조 조장을 맡았던 천이는 병으로 입원 중이라 빠졌다. 예젠잉과 슝샹후이가 포함된 것은 연구 소조와 준비 소조 간의 일관성을 유지하기 위해서였다.

왕하이룽과 탕원성은 외교부 직원이었다. 마오의 이종 사촌 왕지판(王季範)의 손녀인 왕하이룽은 저우의 추천으로 외교부에 들어갔다. 당시 외교부 소속의 여성 직원 다섯 명을 '다섯 송이 꽃'으로 칭했는데 왕하이룽은 그중에도 '금꽃'이라 불릴 정도로 마오의 신임을 받고 있었다. 탕원성은 부친이 유엔 사무차장으로 근무할 때 뉴욕에서 태어나서 그곳에서 고등학교를 마쳤으며 낸시 탕(Nancy Tang)이라는 미국 이름을 가지고 있었다. 베이징 외국어 대학을 다닌 후 외교부에 들어와서 통역으로 근무했고 미주국 부국장을 거친 후 정치 협상 회의 위원으로 활동했다. 탕원성은 닉슨, 키신저가 저우를 만나 밀고 당기는 협상을 할 때 지차오주(冀朝鑄)와 함께 중국 측의 통역을 맡았다.

왕하이룽과 탕원성은 마오가 외빈을 접대할 때 통역과 의전을 주로 담당했지만 이들의 더 중요한 역할은 마오와 정치국 간의 연락원 역할이었다. '연락원'이라는 다소 소박한 설명과 달리 마오의 말을 전달하고 정치국의 토의 사항을 마오에게 보고하는 것은 엄청난 영향력을 의미했다. 정치국원들에게 배포되는 당의 기밀자료도 볼 수 있었다. 무엇보다도 마오의 신임이 없으면 할 수 없는 일이었다. 80대를 바라보는 마오는 30대 초반의 젊고 영민한 두 여성을 매우 아끼고 귀여워했다. 두 사람도 마오 앞에서 스스럼이 없었다. 이들을 하늘과 통하는 여성들이라 부른 이유이다.

저우도 이들 두 사람을 각별히 챙겼다. 시간을 내어 두 사람과 자주 대화했고 이들을 통해 마오가 무엇을 생각하고 있는지 살

피고 또 마오의 생각을 어떻게 바꿀지 고민했다. 이들을 닉슨 방문 준비 소조에 포함시켜 활용했던 것도 이러한 이유 때문이었다. 1975년 9월 이후부터 저우와 마오의 관계가 나빠진 것도 이들이 마오 곁을 떠난 것이 그 이유 중 하나였다. 이들 대신 마오와 정치국 간의 연락원 역할을 맡은 마오의 조카 마오위안신(毛遠新)은 홍위병 출신으로 문화 혁명 때 벼락출세한 사람이었다. 마오위안신은 사인방과 가까웠고 그가 정치국과 마오 간의 연락 책임을 맡은 후부터는 저우와 마오의 관계 역시 문제가 생겼다.

모처럼 신나는 일을 맡게 된 저우는 혼신의 힘을 다해 닉슨의 방문 준비에 매달렸다. 외교부, 안전부, 교통부, 총참모부 등 관계 부처 책임자들과 베이징, 상하이 등 지방 정부의 책임자들을 모아 정부 내에 닉슨 방문 실무 준비단도 만들었다. 준비 소조가 협상의 큰 줄기를 만들면 이를 집행하는 일은 실무 준비단이 맡는 구조였다. 실무 준비단은 협상의 주제와 중국의 입장은 물론 미국 측 참석자인 닉슨과 키신저 등의 신상, 정치관, 가정생활, 개인 습관 등에 관한 모든 정보들을 수집했다. 저우는 닉슨이 쓴 『여섯 위기(Six Crises)』를 읽었을 뿐만 아니라 닉슨이 좋아했던 영화인 「패튼 대전차 군단」도 감상하는 등 빈틈없이 준비했다.

당내에서 저우의 입지도 좋았다. 린뱌오 사건 이후 저우에 대한 마오의 의존도는 다른 어느 때보다도 높았다. 9차 당 대회 이후, 특히 1969년 여름 이후에는 문화 혁명 중앙 팽두회가 없어지고 정치국 상무 위원회가 당의 최고 정책 결정 기구로서 제 기능을 회복했다. 당 주석인 마오가 회의를 주재해야 했지만 특수한 경우를 빼면 대부분 저우가 정치국 상임 위원회를 이끌었다. 린뱌오는 9·13 사건으로 세상을 떠나기 전에도 정치국 회의와 상임 위원회 모임에 잘 참석하지 않았다. 저우가 당·정·군의 중요한 일들을 챙길 수밖에 없는 상황이었다.

저우를 향한 사인방의 견제에는 어느 정도 마오가 바람막이가 되어 주었다. 저우에 대한 마오의 신임이 가끔 흔들리기도 했지만 적어도 미국과의 교섭은 사인방의 전문 영역이 아니라는 점을 마오도 잘 알고 있었다. 키신저의 첫 번째 중국 방문 날짜가 다가오면서 저우가 주재하는 정치국과 정치국 상임 위원회 회의의 빈도가 높아졌다. 당시 정치국 상무 위원회는 저우의 독무대라 해도 지나친 말이 아닐 정도였다. 마오를 제외한 정치국 상무위원 네 명 중에 천보다는 숙청당했고, 린뱌오는 사실상 식물인간인 상황이었으므로 남은 사람은 저우와 캉성이었다. 그러나 캉성은 전략이나 외교에는 문외한이었다.

저우는 큰 결정은 꼭 정치국 회의를 거쳤다. 정치국은 사실상 당의 최종 결정 기구였다. 정치국 상임 위원회가 승인한 사안을 정치국이 거부할 수는 없는 일이었지만 적어도 형식적으로는 정치국이 당의 입장을 정하는 공식 기구였다. 물론 실질적으로는 마오의 생각이 가장 중요했다. 당의 결정은 최종적으로 마오로부터 나왔다. 그러나 마오의 결심이 서 있지 않은 사안이나 마오의 지시를 구체화하는 단계에서는 정치국 상무 위원회와 저우의 역할이 작지 않았다.

미국과의 협상에서 중국 정부가 취할 입장이 최종적으로 확정된 것은 키신저의 첫 방문을 2개월 정도 앞둔 1971년 5월 11일의 정치국 회의에서였다. 사전에 마오의 동의와 정치국 상무 위원회의 토의를 거쳐 정해진 총8개 항목의 협상 원칙은 다음과 같았다.

1. '두 개의 중국'이나 '하나의 중국, 하나의 대만' 책동에 반대한다.
2. 대만은 중국의 일부이며 대만 해방은 중국의 국내 문제이다.
3. 대만 해방은 평화적 방법으로 한다.
4. 일정 기간 내에 대만에서 미군이 철수해야 하며, 이에 대한 합의 없이는 닉슨의 중국 방문이 불가하다.
5. 정식 외교 관계 수립 이전이라도 연락 사무소는 가능하다.
6. 유엔 회원국 문제는 중국이 먼저 제기하지 않으며, 미국이 제기하면 '두 개의 중국', '하나의 중국, 하나의 대만'을 반대하는 입장에서 대응한다.
7. 미중 무역 문제는 대만에서의 미군 철수 후에 논의한다.
8. 극동의 평화를 위해 인도차이나, 한국, 일본, 동남아시아에서 미군이 철수해야 한다.

정치국이 결정한 8개 항목의 대미 협상 원칙은 공작 소조와 실무 준비단의 논의 과정을 거치면서 상당히 신축적으로 바뀐 것이었다. 가장 눈에 띄는 것이 미군 철수를 점진적으로 요구한다는 것, 대만과의 즉각적인 단교를 요구하지 않는다는 점, 대만 문제의 평화적 해결을 약속한 것, 국교 수립 전에 연락 사무소 설치를 수용한 것이다. 닉슨의 방문을 앞둔 준비 작업에서 중국 정부가 신축적 입장을 취함으로써 협상의 가능성을 열어 놓은 것으로 볼 수 있다.

이런 협상의 원칙 이외에도 신경을 써야 할 일들은 많았다. 특히 키신저든 닉슨이든 미국 대표들을 어떻게 대할 것인지도 중요했다. 외교부 관리들을 비롯해 수많은 사람들이 처음 대하는 미국 대표단과 접촉, 협상하는 상황에서 이들에게는 행동 준칙이 필요했다. 이에 수차례 준비 실무단이 회의도 하고, 많은 사람들에게 자문을 구한 결과로 저우가 내린 행동 지침은 '거만하지도 비굴하지도 않으며 뜨겁지도 차지도 않게' 예우한다는 것이었다. 구체적인 지침으로는 군중 환영 행사, 외교단 영접, 축포, 군악대의 연주 등을 없앤 것이다. 의장대의 분열은 없애고, 대신 국기 게양과 의장대 사열만 하기로 했다. 사소한 일 같아 보이지만 의외로 중요할 수 있는 사안들이었다.

이렇게 닉슨을 맞을 준비는 저우의 지휘 아래 비교적 순조롭게 진행되었다. 그러나 처음부터 모든 게 순조로웠던 것은 아니었다. 국제 문제 연구 소조의 건의에 따라 1970년 초 우여곡절 끝에 성사된 바르샤바의 중미 간 대사급 접촉은 미국의 캄보디아 침공으로 대화가 중단되었다. 그 후 파키스탄을 거치는 대화의 창구가 열렸지만 진척이 생각보다 늦어지는 바람에 마오나 저우는 답답해 하고 있었다. 그러던 중 이듬해 4월 일본에서 뜻밖의 일이 생겼다. 나고야에서 열린 제31차 세계 탁구 선수권 대회에 미국 선수단이 참석했고 이 기회를 이용해 미국 선수단을 중국으로 초청하는 일이 성사된 것이다. 정치의 소도구로서 스포츠가 제 역할을 톡톡히 해낸 사례였다. 폴란드와 파키스탄 창구를 통한 대화가 여의치 않아 조바심을 내고 있던 저우는 물론이고 마오도 이를 반겼다.

미국 카드 활용에 마오가 얼마나 초조해했는지는 마오의 간호사 우쉬췬(吳旭君)이 들려준 일화에서도 엿볼 수 있다. 어느 날 저녁, 수면제를 먹고 일찍 잠이 들었던 마오는 갑자기 심한 잠꼬대를 했다. 내용은 빨리 왕하이룽에게 전화해서 일본에 있던 미국 탁구 선수 대표단을 중국으로 오게 하라는 것이었다. 처음에는 웅얼거리는 작은 목소리였다가 점차 소리가 커지면서 내용도 알아들을 수 있을 정도로 분명해졌다. 우쉬췬은 망설였다. 수면제를 먹고 잠이 들었을 때에는 무슨 소리를 해도 무시하라는 마오의 지시가 있었기 때문이었다. 그런데 잠시 후 잠에서 깨어난 마오가 왜 머뭇거리고 있느냐면서 빨리 왕하이룽을 부르라고 재촉했다. 시간이 없으니 미국 대표단을 빨리 초청해야 한다는 것이었다. 왕하이룽을 통해 마오의 지시가 저우에게 전달되었고 친선 경기를 위해 베이징으로 미국 선수들을 초대하는 초청장이 바로 발송되었다. 저우로서는 그동안 문화 혁명파의 영향 아래 미국 선수단 초청을 반대해 왔던 체육부와 외교부를 따돌리는 좋은 구실을 얻은 것이다. 나고야에서 열린 세계 탁구 선수권 대회가 끝나기 전날이었다.

미국 선수들이 다른 나라 선수들과 함께 베이징에 도착한 뒤 4월 14일에 전국 인민 대회당에서 열린 이들을 위한 환영회를 주재한 사람도 저우였다. 이 자리에서 저우는 미국 선수들을 향해 이런 말을 했다. "당신들은 미국과 중국 간의 민간 교류에서 역사적인 일을 해냈다." 민간 교류가 곧 정부 간의 공식 교류로 이어질 것이라는 말은 하지 않았지만 저우는 머지않아 그렇게 될 것이라고 믿고 있었다. 미국 탁구 대표들이 중국을 다녀간 후 워싱턴과 베이징은 바쁘게 움직였다. 4월 21일에는 닉슨의 중국 방문을 초청하는 구두 메시지가 폴란드 주재 중국 대사관을 통해 미국 대사관에 전달되었고, 3일 후 미국의 긍정적인 회신이 왔다. 4일 후인 4월 27일에는 저우언라이 총리 이름으로 된 공식 초청장이 미국 정부에 발송되었고, 5월 10일에는 미국 정부가 이를 수락한다는 답신이 도착했다. 미중 정상 회담이 확정된 것이다.

닉슨의 중국 방문에 앞서 양국 정부는 세 차례의 준비 접촉을 가졌다. 첫 번째가 1971년 7월 9일부터 11일까지 진행된 키신저의 베이징 비밀 방문이었고, 10월 20일부터 26일까지는 키신저의 두 번째 방문이자 첫 번째 공식 방문이 이루어졌다. 세 번째 접촉은 헤이그 국가 안보 부보좌관이 닉슨 방문 직전에 베이징과 상하이를 다녀간 것이었다. 키신저의 첫 방문은 닉슨의 방문과 의제에 대해 논의하기 위해서였고, 두 번째 방문은 닉슨 방문 마지막 날에 발표될 공동 성명 문안을 검토하기 위한 것이었다. 헤이그 일행은 의전과 통신 등 각종 행사의 기술적 문제들을 최종 점검했다.

키신저의 첫 번째 방문이 끝나고 5일 후인 1971년 7월 15일 미중 양측에서 동시에 공식 발표를 했다. 미국에서는 닉슨 대통령이 키신저가 비밀리에 중국을 방문했다는 사실과 미국 대통령이 머지않아 중국을 방문하게 될 것이라는 사실을 발표했고, 이는 텔레비전 방송을 통해 전국에 생중계되었다. 닉슨 개인적으로는 1970년 초에 말했던 '죽기 전에 중국을 가 보고 싶다'는 소원이 이루어지게 된 것이었다. 그러나 이는 개인적인 차원을 넘어서 미중 관계가 한 세기 가까이 묶여 있던 냉전의 틀을 깨고 새로운 변화를 시도하는 역사적 순간이기도 했다.

저우에게 닉슨의 중국 방문 준비에서 가장 힘들었던 부분은 마오의 건강과 관련된 부분이었다. 마오는 린뱌오 사건 이후 엄청난 정신적 충격에 빠졌다. 1954년부터 20년 이상 마오의 주치의로 근무하다가 마오의 사망 이후 미국으로 망명한 리즈쑤이(李志綏)가 쓴 『마오쩌둥 주치의 회고록(毛泽东私人医生回忆录)』에 의하면 마오는 린뱌오 사건 이후 하루 종일 얼빠진 사람처럼 멍하게 자리에 누워 있었고, 음식도 잘 먹지 않고 잠도 잘 자지 못했다고 한다. 의료진의 치료도 거부했다. 마치 생을 포기한 사람 같았다. 자신이 직접 고른 후계자를 두 번이나 숙청해야 했고, 특히 린뱌오의 경우에는 자신을 살해할 계획을 세우고 실행 직전까지 갔기 때문에 아무리 험한 일을 많이 경험한 마오라도 견디기 힘들었을 것이다.

이런 상황이었기에 저우는 마오의 건강을 특별히 챙겼다. 마오의 건강을 담당하는 특별 관리 소조를 정치국 내에 만들고 마오의 건강 관리에 당과 정부의 모든 능력을 쏟았다. 저우는 닉슨과의 만남을 마오가 얼마나 고대하고 있었는지를 잘 알고 있었지만, 닉슨 방문이 갖는 역사적 의미는 마오의 건강을 전제로 했을 때 얻을 수 있는 것이기도 했다.

저우의 지극한 돌봄 덕인지 마오는 닉슨 방문을 3일 앞둔 시점에서 기적같이 자리에서 일어나서 의사들의 치료를 받기 시작했다. 그 덕분에 닉슨 일행이 베이징에 도착한 지 불과 몇 시간 만에 마오의 서재에서 이루어진 세기적 상봉 장면을 연출할 수 있었다. 마오가 손님을 맞을 수 있을 정도로 기력이 좋은 때에 맞추다 보니 막 도착한 닉슨 일행을 서둘러 중난하이 쥐샹수우(菊香書屋)에 있는 마오의 접견실로 오게 한 것이다. 1972년 2월 21일 오후 2시 50분부터 3시 55분까지 65분이나 면담을 가졌다.

원래는 마오의 건강을 고려해서 중국 측에서는 저우, 왕하이룽, 탕원성, 미국 측에서는 닉슨, 키신저, 키신저의 보좌관인 윈스턴 로드(Winston Lord) 등 기록과 통역을 담당하는 최소한의 인사 7명만 참석해서 15분 동안 인사와 사진 촬영 정도로 만남을 끝내려 했다. 그러나 닉슨을 만난 마오는 어디서 힘이 났는지 이야기를 계속해서 만남은 예정보다 50분이나 길어졌다. 예정된 시간보다 네 배 이상 길어진 것이다. 길어진 회의 때문인지 닉슨 일행이 떠나자마자 마오는 그 자리에 풀썩 주저앉아 산소마스크부터 썼다. 마오가 닉슨과의 만남에 혼신의 힘을 다했다는 것을 보여 준다. 리즈쑤이의 증언이다.

마오 자신이 표현하기로는 두 사람 간의 대화에서 '철학 문제'를 주로 다루었다고 하는데, 실제로는 철학뿐만 아니라 실질적인 대화도 있었다. 비밀 해제된 두 사람의 대화 기록을 보면 마오는 상당히 맑은 정신이었고, 마오가 그동안 미중 양국 간에 진행된 예비 접촉의 내용들을 잘 알고 있었다는 인상을 준다. 국제 정세에 대한 평소의 생각과 미국에 대한 개인적 소견, 그리고 대만 문제 등에 대해서도 마오는 할 말을 다 했다. 잘 알려져 있지 않던 사실도 털어놓았고 중요한 현안에 대해서도 개인적인 견해를 밝혔다.

이를테면 마오는 린뱌오가 미중 데탕트를 반대했다는 사실을 처음 밝혔고, 트루먼이나 존슨 대통령에 대해서는 자신이 좋지 않은 인상을 가지고 있으며 닉슨에 대해서는 호감을 갖고 있다는 말도 털어놓았다. 마오에게 세계 역사를 바꿔놓았다며 닉슨이 칭찬하자 세계 역사가 아니라 베이징 지역 주변의 역사를 조금 바꿨을 뿐이라며 익살도 부렸다. 그러면서도 미국이 해외에 군대를 주둔시키고 있다는 점을 지적하면서 대만, 베트남, 한국에서 미군이 철수해야 한다고 주장했다. 중국이 아시아에서 공산주의 혁명의 중심이어야 한다는 자신의 철학을 다시 한번 강조한 것이다. 마오에게 철학이란 혁명을 의미했다.

닉슨은 마오와의 만남 이후 베이징에서 3일간 머물면서 저우와 협상을 계속했다. 베이징을 떠나서도 항저우와 상하이에서 팽팽한 교섭이 이어졌다. 닉슨의 방문 기간 중에 저우는 모두 다섯 차례나 닉슨을 만났다. 저우를 옆에서 도왔던 예젠잉과 슝샹후이도 실무 차원에서 미국 측 대표들을 만났다. 공동 성명의 글자 한 글자 한 글자를 두고 양측은 팽팽한 협상을 벌였다. 이런 과정을 거쳐 닉슨이 미국으로 돌아가기 바로 전날인 2월 27일 오후 3시경 비로소 상하이 공동 성명이 최종적으로 타결되었다.

상하이 공동 성명과 대만 문제

상하이 공동 성명에서 가장 많이 논란의 대상이 되었던 것은 역시 대만 문제였다. 비밀 해제된 미국 측 문서를 보면 저우와 키신저, 저우와 닉슨 간의 협상에서 대만 문제의 비중이 알려진 것보다 훨씬 컸음을 알 수 있다. 미중 양국은 모두 '하나의 중국'이라는 원칙에는 공감했지만 세부 사항에 관해서는 의견이 맞섰다. 특히 대만과 미국 간의 단교와 대만에서의 미군 철수를 두고 협상은 난항을 거듭했다. 미국으로서는 대만이 중국의 하나의 성에 불과하며, 대만 문제는 외부 세력이 간섭할 수 없는 중국의 국내 문제라는 저우의 주장을 그대로 받아 주기가 어려웠다. 미국은 하나의 중국이라는 틀 속에서도 대만의 정치적 공간을 가능한 한 최대로 열어 두고 싶어 했다. '하나의 중국'과 '하나의 대만'이 공존하는 시간을 가능한 한 길게 잡으려 한 것이다.

미군 문제도 즉각적인 철수가 아닌 점진적인 철수를 희망했다. 대만에 주둔하고 있던 미군의 상당수가 베트남 전쟁과 연관이 있기 때문에 베트남 전쟁이 끝나면 대부분 철수가 가능하지만 완전 철수는 닉슨의 두 번째 임기가 끝날 때쯤 가능할 것이라는 입장이었다. 또한 미국 정부는 대만에서 미군 철수와 연계해서 중국 정부가 대만 문제 해결에 무력행사를 배제한다는 입장을 천명하기를 원했다.

당시만 해도 미국 내에서 보수 여론이 강했고 대만에 대한 지지가 높았기 때문에 닉슨 행정부로서도 중국의 주장을 쉽게 받아 주기가 힘들었다. 특히 재선을 앞두고 있는 닉슨의 입장에서는 더욱 그랬다. 그러나 저우로서도 대만 문제에 대한 확고한 입장은 원칙 문제를 떠나서라도 국내에서 예상되는 사인방 등 좌파 세력의 강한 반발을 무마하는 데에 불가피하다고 판단했다.

저우는 이런 중국의 입장을 관철시키면서 동시에 대만에 대한 미국의 입장도 살리는 묘수를 찾아야 했다. 그래서 나온 묘안 중 하나가 '말 대포'였다. 소리만 요란한 실탄 없는 대포를 쏘는 것이었다. 서로 다른 내용이지만 하고 싶은 말을 일단 성명서에 넣자는 것이었다. 복잡한 이해관계가 얽혀 있는 문제들을 한꺼번에 합의해 발표하는 대신 각자의 입장을 먼저 공동 성명에 넣어 발표한 후에 구체적인 이견 해소는 시간을 두고 순차적으로 풀어 나가기로 했다. 이는 저우가 국공 합작에서 사용했던 방법(各說各的)으로 키신저의 두 번째 방문 때도 논의된 적이 있었다. 미국 측이 처음 제시한 초안에서 최소한의 합의 부분을 강조하고 대신 이견이 있는 부분은 미사여구로 어물쩍 넘어가려 했던 것과는 상당한 차이가 있었다.

실제 상하이 성명에서는 '하나의 중국'에 관해서 중국과 미국의 입장을 병기하는 방식을 택했다. 상대의 입장에 동의하는 게 아니라 그런 입장을 상대방이 제기했다는 사실을 인정하는 것이었다. 입장 차이의 해소는 공동 성명이 발표된 후에 다시 시도하기로 한 것이다. 이를테면 불완전한 합의였다.

합의한 부분에 대해서도 미묘한 차이가 있는 곳에서는 서로 각기 다른 표현을 사용했다. 예를 들어 '대만이 중국의 일개 성'이라는 중국 측 발표문과는 달리 미국 측 발표문은 '대만이 중국의 일부'라는 표현을 사용했다. 대만이 중국의 '일개 성'이라는 표현과 '중국의 일부'라는 표현은 비슷해 보이지만, 이와 동시에 상당히 다른 정치적, 외교적 의미를 함축하고 있었다.

닉슨을 누가 먼저 초청했는지에 대한 부분도 양측의 입장이 미묘하게 달랐다. 중국이 닉슨의 방문에 목매달고 있다는 인상을 주어서는 안 된다는 마오의 생각은 유난히 강했다. 마오에게는 중국의 자존심 이상이 걸린 문제였다. 그렇다고 닉슨이 중국 방문에 안달이었다는 인상을 주는 것도 미국으로서는 피하고 싶어 했다. 저우와 키신저가 머리를 맞대고 지혜를 짜내서 합의된 문구가 '닉슨이 중국을 방문하고 싶어 한다는 사실을 알고, 저우가 닉슨을 공식 초청했다'는 것이었다. 양쪽 다 체면을 살린 셈이다.

한편 표현과는 별개로 상하이 공동 성명에서 '하나의 중국'만이 존재하며 대만 문제가 중국의 국내 문제라고 인정한 것은 미국의 중국 정책에서 대단히 중요한 변화였다. 그런 변화 중의 하나가 대만에서 가능한 한 빠른 시일 내에 미군이 철수하고, 대만과의 외교 관계를 격하하게 된 것이었다. 일단 대만이 중국의 일부임을 인정한 이상 미국이 대만에 군대를 주둔시킬 명분이 없어진 것이다. 결국 대만과의 외교 관계는 정부 차원의 관계가 아닌 민간 차원의 관계로 격하되었다.

'하나의 중국'만 존재하고 국제 사회에서 베이징의 정부가 중국을 대표한다는 논리는 중국의 국제 사회에서의 지위에도 즉각적인 변화를 불러왔다. 무엇보다도 상하이 공동 성명 발표 4개월 전인 1971년 10월 25일 열린 제26차 총회에서 중국이 유엔 회원국이 되어 안보리 상임 이사국 자리를 차지했다. 찬성 76표, 반대 35표, 기권 17표였다. 이 역사적 순간에 중국 정부를 대표해서 단장인 외교부 부부장 차오관화, 샹승후이, 탕원성의 아버지인 탕밍자오(唐明照), 왕하이룽이 유엔 총회장의 중국 대표단 자리에 앉아 있었다.

이들 대표단이 귀국했던 11월 9일에는 저우도 예진잉을 비롯한 베이징에 있던 정치국원들과 함께 비행장에 나와 대표단을 환영했다. 건국 이후 22년 동안이나 기다려 온 감격적 순간이었다. 《인민일보》에 실린 저우의 얼굴도 환한 표정이었다. 머지않아 험난한 풍파들이 닥쳐오고 있음을 예상하지는 못하는 듯 했다.

닉슨의 중국 방문 전후로 저우가 각별히 신경을 썼던 것 중의 하나가 주변국, 특히 베트남과 북한이었다. 알바니아에 대해서도 신경을 썼지만 베트남과 북한이 훨씬 중요했다. 중국은 베트남을 놓고 소련과 경쟁하는 입장이었고, 북한과는 역사적으로도 지정학적으로도 깊은 관계를 맺고 있었다. 특히 호찌민과 김일성은 저우와 오랫동안 각별한 사이였다. 캄보디아의 노로돔 시아누크(Norodom Sihanouk)도 중국과 가까운 사이였지만 당시 그는 이미 1년 전에 국가 주석의 자리에서 쫓겨난 후 베이징과 평양을 왔다 갔다 하면서 무료한 시간을 보내는 국제 미아였다.

저우는 키신저의 1차 방문이 끝난 다음 날 바로 하노이로 날아갔다. 하루를 묵으면서 키신저와 나눈 이야기를 전했다. 그리고 베이징으로 돌아왔다가 다음 날 바로 평양으로 갔다. 오전에 갔다가 오후 늦게 돌아오는 당일치기 일정이었다. 저우는 닉슨의 중국 방문 이후에도 체류 기간은 조금씩 달랐지만 이와 똑같은 일정을 되풀이했다. 베트남을 방문한 다음 날 베이징에 있는 시아누크를 찾아가서 회담 결과를 알렸고, 평양에서 돌아온 후에는 중국 주재 알바니아 대사를 초치해서 그동안 무슨 일이 벌어졌는지 간단히 설명해 주었다. 치밀하게 계산된 외교 일정이었다.

저우의 베트남 방문은 큰 효과를 거두지 못했다. 호찌민이 사망한 후 집권한 베트남의 새 지도자들은 저우와 키신저 회담을 매우 불만스럽게 생각했다. 미국이 베트남에서 순차적으로 철수하기로 약속했다고 알려 주었지만 반응은 싸늘했다. 마치 중국이 베트남을 버리고 미국과 결탁한 배신자라고 간주하는 것 같았다. 결국 베트남은 중국에서 멀어졌고 소련 쪽으로 더욱 기울어졌다. 베트남은 저우가 미중 데탕트를 추진하는 과정에서 생긴 낙오자였다. 알바니아의 경우도 마찬가지였다. 중국을 사회주의 진영을 이탈한 배신자라며 비난했다.

그러나 북한은 달랐다. 키신저의 1차 방문 결과를 설명하자 그런 일이 있었다는 사실에 다소 놀라는 표정을 지었지만 곧 감사의 뜻을 표시했다. 김일성이 감사의 뜻을 표했던 것은 아마도 키신저가 저우에게 한국에서 미군이 철수할 것이라고 약속했기 때문일 수도 있다. 키신저는 주한 미군의 상당수가 베트남 전쟁과 관련되어 있다고 말한 다음 베트남 전쟁이 끝나면 주한 미군도 상당 수준 감축될 수 있을 것이라고 전했다. 뿐만 아니라 주한 미군이 한반도에 영원히 주둔할 계획은 없다고 덧붙였다. 닉슨이 재선될 경우 두 번째 임기가 끝나기 전에 한반도에서 미군이 모두 철수할 수도 있을 것이라 시사하기도 했다. 미국에게 주한 미군은 그리 중요한 문제가 아니라는 말도 했다. 분단과 통일의 모든 고리는 주한 미군이라고 믿고 있던 김일성으로서는 상당히 고무적인 말이 아닐 수 없었다.

미군 문제를 떠나 이때 중국과 북한의 관계는 문화 혁명의 충격으로부터 빠르게 회복되고 있었다. 닉슨의 중국 방문 직전 해인 1971년 10월 김일성이 중국을 비밀리에 방문했을 때 마오는 그가 체류하고 있던 댜오위타이로 직접 찾아갔다. 마오가 외국 손님이 묵고 있는 곳을 직접 찾아 간 것은 처음 있는 일이었다. 댜오위타이 18호각에서 김일성을 만난 마오는 문화 혁명 기간 중에 홍위병들이 김일성을 매도하고 모욕한 것에 대해 정중히 사과했다. 이 역시 전례가 없는 일이었다. 김일성의 기분이 좋을 수밖에 없었다.

미중 데탕트는 한마디로 중국의 외교 지평을 바꿔 놓은 역사적 대사건이었다. 건국 이후 국제 사회의 변방에 있던 중국이 이로써 국제 사회의 중심으로 돌아온 것이었다. 그동안 숱한 어려움 속에서도 사회주의권과의 진영 외교와 비동맹권과의 평화 공존 외교 그리고 자본주의 국가들에 대항하는 조반 외교를 지휘해 온 저우 개인의 입장에서는 미중 데탕트가 앞으로의 중국 외교에 새로운 활동의 미래를 열어준 것이었다. 하지만 한편으로 저우는 그 미래가 반드시 장밋빛 일색으로 환한 것만은 아니라는 점을 걱정하고 있었다.

저우에게 미국과 서방은 애증의 대상이었다. 항일 전쟁이 한창이던 1940년대 초반 옌안에서 경험했던 딕시 미션(Dixie Mission)은 저우에게 미국에 대한 무척 좋은 인상을 남겼다. 딕시 미션에 참가했던 미국인들도 저우에 대해 비슷한 느낌을 가졌다. 2차 대전이 끝난 후 내전이 시작되기 전에는 마셜 미션(Marshall Mission)도 그랬다. 개인적으로 저우는 마셜과 매우 가까이 지냈다.

그 후 중국이 소련 일변도 외교로 돌아서면서 미국과 서방은 타도의 대상이 되었다. 한국 전쟁에서는 숙명적 대결을 경험하기도 했다. 그리고 냉전 시기 동안 저우는 국내외에서 서로 부딪치는 강력한 힘에 맞서야 했다. 중소 분쟁의 악화가 중국을 서방 진영 쪽으로 밀어붙이는 가운데 문화 혁명은 서방과의 화해를 부도덕한 선택으로 만들었다. 그런만큼 저우의 입장은 어려워졌지만 닉슨의 방문을 계기로 중국 외교가 걸어가야 할 새로운 활로가 열렸다. 물론 마오의 강력한 뒷받침이 있었기 때문에 가능했다.

그러나 마오의 뒷받침은 오래 가지 못했다. 닉슨의 방문이 끝나자 다시 마오와 저우의 관계는 새로운 시련을 맞이했다. 이른바 11차 노선 투쟁으로 알려진 마오와의 마지막 갈등이 시작되었던 것이다. 이미 몸속에 암이 자라고 있던 저우에게는 견디기 힘든 고통이었다.

비림 비공과 제11차 노선 투쟁

닉슨의 중국 방문 이후 저우와 마오와의 관계가 틀어지기 시작한 것은 1973년 11월 13일에 있었던 키신저의 중국 방문 당시에 생긴 일 때문이었다. 재선 대통령인 닉슨의 국무 장관 자격으로는 처음 중국을 방문한 키신저는 베이징 방문 4일째 저녁 늦게 저우에게 단독 회담을 요청했다. 다음 날 중국을 떠나는 키신저를 위한 환송 만찬도 끝난 이후였다. 마오의 사전 허락을 얻을 시간이 없었던 저우는 일단 키신저를 만났다. 키신저를 한두 번 만난 것도 아니었고, 마오의 허락을 받기에는 시간이 너무 늦었다고 판단했기에, 저우는 마오에게 다음 날 보고할 생각으로 키신저와 만났다. 중국 측에서는 왕하이룽, 탕원성이 함께 했고 미국 측에서는 나중에 주중 대사가 된 윈스턴 로드가 배석했다.

이날 심야 회의에서 키신저가 저우에게 제의한 내용은 소련이 중국을 공격할 경우 미국이 중국에게 핵우산을 제공하겠다는 것이 핵심이었다. 전날 회담에서 무기 판매와 핫라인 설치 등 미중 간 군사 협력에 대한 의견을 교환한 바 있었지만 핵우산은 처음 나온 이야기였다. 마오에게 먼저 보고해야 할 사안이라고 판단한 저우는 다음 날 오전에 중국 정부의 입장을 알려 주기로 하고 심야 회의를 끝냈다. 문제는 다음 날 아침 저우가 마오에게 키신저의 제안에 대해 보고를 하지 못했다는 것이었다. 마오가 잠들어 있었기 때문이다. 그래서 저우는 일단 양국 대표 한 명씩을 지명해 이 문제를 포함한 양국 간 군사 협력 문제를 더 논의하자고 제의해서 합의가 이루어졌고 키신저는 미국으로 돌아갔다. 나중에 보고를 받은 마오는 크게 화를 냈다. 중국이 미국의 핵우산을 받아들이는 것은 중국의 주권을 포기하는 행위라는 것이 마오의 인식이었다. 미국이 소련을 이용해 중국을 위협하고 있다고 믿고 있던 마오는 저우가 미국의 위협에 무릎을 꿇었다고 판단한 것이다. 이에 당장

정치국 회의를 열고 저우를 비판하라는 지시를 내렸다.

가뜩이나 그해 여름에 있었던 일로 마오는 저우에 대해 기분이 상해 있던 참이었다. 1973년 6월 22일 워싱턴에서 닉슨과 브레즈네프는 핵전쟁 방지 협정에 서명했는데, 외교부 간행물인 《신정황》 135호에 실린 이 협정에 관한 평론이 화근이었다. 미국과 소련이 치열한 패권 경쟁을 하고 있다고 믿고 있던 마오는 미국과 소련이 야합해서 중국을 위협할 것이라고 지적한 이 평론이 국제 정치의 흐름을 잘못 읽었다고 지적했다. 그리고 한 걸음 더 나아가서 그것이 패배주의이자 투항주의라고 비난했다. 이 잡지의 배포를 승인한 저우가 패배주의자이자 투항주의자가 된 것이다.

마오는 미국의 핵우산 문제를 매우 심각하게 생각했다. 저우와 키신저의 심야 회동에 배석했던 왕하이룽과 탕원성이 가지고 온 대화 기록을 읽어 본 마오는 11월 18일 정치국 회의를 열고 저우를 비판하는 특별 소조도 구성했다. 사인방에 화궈펑, 왕둥싱을 포함해서 6명이 소조 위원이었다. 이 소조의 주관 아래 11월 21일부터 거의 매일 밤 저우를 비판하는 정치국 회의가 열렸다.

정치국원들 이외에도 외교부에서도 참석했다. 이른바 네 명의 노(老)간부와 네 명의 젊은 간부들이었다. 네 명의 노간부는 지펑페이, 차오관화, 황전(黃鎭) 등이었고 젊은 간부는 왕하이룽, 탕원성, 장한즈(章含之) 등이었다. 마오의 지시에 따라 저우 대신 왕훙원이 사회를 봤다. 저우는 피고인석에 앉은 셈이었다. 소조의 이름도 '저우를 비판하는 것을 돕는 소조(帮助批周恩来小组)'였다. 무엇을 어떻게 도울지는 마오만이 아는 일이었다.

저우로서는 이해하기 힘든 일이 한두 가지가 아니었다. 외교부가 미소 간의 야합 이야기를 했을 때 저우는 야합이 어렵다고 믿으면서도 그런 주장도 있을 수 있다고 생각해서 배포를 허가한 것이지 야합설에 동의한 것은 아니었다. 핵우산 문제도 중국 정부가 미국의 핵우산을 받아들인 것이 아니라 일단 양국 대표가 논의해보자는 취지였다. 마오에게 보고를 하지 못했으므로 정부의 공식 입장이 될 수 없는 것이 자명했기 때문에 양국 대표들이 모여 논의를 계속하자는 선에서 대응했던 것이다.

저우가 가장 힘들어 했던 것은 사인방의 태도였다. 가뜩이나 저우를 제거하지 못해 안달이 나 있던 사인방은 《신정황》 사건에 미국의 핵우산 관련 내용이 겹치자 제 세상을 만난 듯 저우를 무차별적으로 공격해 왔다. 총리가 소련의 핵 위협에 겁을 먹고 주석에게 보고도 하지 않은 채 미국과 군사 협력에 동의하고 미국의 핵우산을 받아들였다며 비난했다. 저우가 국가와 당을 배신하고 미국에 무릎을 꿇은 우경 투항주의자이며 주권을 떠넘기고 나라를 욕되게 하고 주석을 기만했다는 것이다. 저우가 주석 자리를 탐내고 있다는 말도 했다.

정치국 회의는 20일 동안이나 계속되었다. 1973년 11월에 시작해서 이듬해 초까지 시도 때도 없이 열렸다. 공격의 선봉은 장칭이었다. 장칭이 먼저 시작하면 장춘차오, 왕훙원, 야오원위안(姚文元)

이 뒤를 이었다. 댜오위타이에 진을 치고 있던 사인방은 매일같이 저우를 공격할 궁리에 몰두했다. 장칭은 장춘차오에게 국무원을 맡기고, 왕훙원에게는 당을 책임지게 하고, 자신은 당 주석이 되려는 참으로 엉뚱한 야심을 가지고 있었다. 1972년부터 상하이를 중심으로 차세대 인재 양성 계획을 세우고 각 분야에서 권력을 인수할 사람들을 훈련시키기도 했다.

장칭이 추진하고 있던 세대교체의 1차 목표는 저우였다. 저우가 없어지면 원로 집단도 힘을 잃게 될 것이라는 게 장칭의 생각이었다. 저우에 대한 공격을 노선 투쟁으로 만들고자 했던 것도 그런 계산을 바탕에 두고 있었기 때문이다. 저우 비판을 노선 투쟁으로 만들면 천두슈, 리리싼, 왕밍, 펑더화이, 류사오치, 린뱌오 같은 과거 노선 투쟁의 대상이 되었던 인물들처럼 저우를 위시한 원로 세대 역시 당의 노선에 도전한 배신자가 될 수밖에 없었다. 배신자는 당을 떠나고 치욕 속에서 생을 마감해야 했던 것이 지난날의 당의 역사였다. 장칭은 제2의 문화 혁명을 꿈꾸고 있었다.

이해하기 힘든 것은 마오의 태도다. 저우를 비난하면서도 사인방의 공격에는 부정적이었다. 왕훙원에게 '사인방'을 만들지 말라는 이야기를 여러 번 했다. 장칭을 멀리하고 저우와 예젠잉 같은 원로들을 자주 만나라고도 이야기했다. 장칭에게는 더 심한 말도 했다. 맡은 일이 없어서 심심하다고 불평하는 장칭에게 자료를 읽고 국내외 정세를 분석하는 일이 얼마나 중요한 일이냐며 핀잔을 주었다. 장칭이 저우와의 투쟁을 '11차 노선 투쟁'이라고 하자 노선 투쟁은 무슨 노선 투쟁이냐며 면박을 주었다. 저우가 주석 자리를 탐내고 있다고 주장하자, 저우가 아닌 장칭 본인이 주석 자리를 탐내고 있다고 쏘아붙이기도 했다. 그러면서도 저우에 대한 비난은 계속했다.

마오가 저우를 공격한 것은 역시 문화 혁명에 대한 집념 때문이었다. 공산주의 혁명을 성공시켜 사회주의 국가를 건설하고, 무산계급 문화 대혁명을 일으켜 사회주의 중국을 지켜낸 것을 자신의 최대 업적으로 여기고 있던 마오에게 문화 혁명은 꼭 지켜야 할 지고의 가치였다. 이에 마오는 문화 혁명의 유산을 지켜 줄 사람을 자신의 후계자로 만들고자 했다. 문제는 문화 혁명의 유산을 지켜 줄 믿을만한 사람이 없다는 것이었다. 마오는 중국이 자본주의 국가로 변질되는 것을 막기 위해 류사오치 등의 주자파를 숙청했다. 그리고 이 과정에서 군의 도움이 필요했기에 린뱌오를 후계자로 내세우게 된다. 그러나 결국 린뱌오가 문화 혁명의 유산을 지키는 일보다 자신의 권력에 집착한다고 판단되자 그와 결별했다.

9·13 사건으로 한바탕 소동을 치른 마오는 1973년 8월에 개최된 10차 당 대회에서도 자신의 후계자를 확정하지 못하고 있었다. 상하이에서 탈권에 성공해서 홍위병의 상징으로 등장한 왕훙원을 선두 주자로 내세웠지만 경험이 없고 미숙해서 불안했다. 유능하고 투쟁력도 있다고 믿었던 장춘차오는 장칭과 너무 밀착되어 있었다. 장칭은 더욱 부족했다. 누구보다도 장칭을 잘 알고 있던 마

오는 장칭이 국가를 이끌 지도자감이 아니라고 확신하고 있었다.

원로들 중에는 저우와 덩샤오핑을 생각하고 있었지만, 저우가 나라의 경영에는 적합할지 몰라도 문화 혁명의 유산을 지키기에는 너무 합리적이라는 것이 흠이었다. 마오에게 나라는 곧 혁명이었고, 그 혁명은 문화 혁명이었다. 국가와 당에 대한 충성과 능력, 경험, 헌신의 측면에서는 저우를 당할 사람이 없다는 것은 마오도 잘 알고 있었다. 그러나 저우가 너무 합리적이며 쉽게 타협한다는 것이 마음에 걸렸다. 혁명은 합리적이지 않다는 것이 마오의 신념이었다. 결정적 순간이 오면 부딪쳐서 부서지고 망가지는 대신에 휘고 타협하는 저우의 합리적 성격이 문화 혁명의 유업을 지키는 데에 도움이 되지 않는다고 마오는 믿고 있었던 것이다.

저우에 대한 마오의 경계심을 부채질한 것은 1973년 5월 정치국 회의에서 일어난 일이었다. 이날 정치국 회의는 100일 정도 남은 10차 당 대회 준비를 논의하기 위한 모임이었다. 이 자리에서 마오는 왕훙원을 자신의 후계자로 거론했다. 스스로 나이가 많고 건강도 좋지 않아 후계를 논의할 때가 되었다고 운을 띄우면서 각자 의견을 말해 보라고 했다. 그런데 정치국원들 대다수가 왕훙원은 안된다고 반대하고 나섰다. 모두들 왕훙원 대신 저우를 거론했다. 경험이나 능력이나 마오와의 관계 등 어디를 봐도 저우 만한 사람이 없다는 의견에 정치국원들 간에 공감대가 형성되어 있었다. 가뜩이나 저우에 대해 부정적이었던 마오는 이때부터 저우를 더욱 경계하게 되었다.

저우는 9차 당 대회 이후 문화 혁명의 무력 투쟁이 일단락되면서 당과 정부의 기능을 정상화시키는 데에 전력을 다하고 있었다. 문화 혁명 기간 동안 망가질 대로 망가진 당과 정부의 조직은 더 이상 방치할 수 없는 상태였다. 경제도 회복시켜야 했고 국가 기관들의 조직을 재건하고 기능을 정상화해야 했다. 이집트 한 곳을 빼고는 모두 소환했던 재외 공관장들도 하루 빨리 임지에 돌려보내 외교 활동을 정상화해야 했다.

문을 닫았던 대학들도 문을 열고 학생들을 받아 다시 교육을 시작해야 했다. 상산하향(上山下鄕)이라는 이름 아래 시골 산골로 쫓겨 갔던 수천만 명의 젊은이나 5·7 간부 학교에서 재교육을 받고 있던 수백만 명의 공무원들이 제 위치에 돌아와야 사회와 정부가 정상화될 수 있었다. 리셴녠(李先念)과 함께 수차례 국가 계획 회의를 소집하고 직접 전국 외사 회의를 주재한 것도 이런 사태를 바로 잡고 국가 기능을 정상화시키기 위한 조치였다.

이때 저우가 강조했던 게 극좌주의에 대한 반대였다. 저우는 정상적 국가 운영을 위해 극단적 좌경 사상은 청산해야 한다고 믿고 있었다. 과도한 사회주의 이상에 대한 집착이나 초현실적 목표의 추구는 청산해야 할 무정부주의이자 극좌 사상의 표상이었다. 9·13 사건 이후 시작된 비림 정풍(批林整風) 운동도 저우는 이런 각도에서 이해하고 있었다. 저우에게 린뱌오를 비판하는 일은 문화 혁명으로 마비된 당과 정부의 기능을 회복시키는 일이었다.

그러나 사인방은 저우의 이런 생각을 경험주의를 바탕으로 한 극우 사상이라고 몰아붙였다. 이론적 토대가 약한 저우가 자신의 편협한 경험만을 바탕으로 천박한 극우 이론을 내세워 나라를 혼란에 빠트렸을 뿐 아니라 마르크스·레닌주의를 왜곡하고 마오 사상을 배신했다고 주장했다. 저우가 비림 정풍 운동의 목표가 된 것이다. 비림 정풍 운동의 이름도 10대 당 대회를 기점으로 '비림 비공(批林批孔)' 운동으로 바뀌고 전국으로 확대되었다.

저우는 몹시 힘들어했다. 마오가 저우를 반모진으로 몰아서 공격했던 1958년 때보다도 더 힘들어했다는 것이 당시 저우를 옆에서 지켜본 측근들의 증언이다. 저우는 회의에 잘 나가지도 않았지만 나가서도 별말 없이 우두커니 앉아 있었다. 장칭이 저우를 우경 투항주의자라고 비난했을 때에 갑자기 책상을 치면서 "나 저우언라이는 과거에 잘못한 일이 있지만, 그렇다고 우경 투항주의자라는 모자를 내게 씌우지는 말라."라며 벼락 같이 소리를 지른 적이 있었지만, 이를 제외하면 그저 말없이 앉아 있기만 했다. 회의가 끝나면 바로 집으로 왔다. 집으로 찾아오는 사람도 거의 없었다. 무척 외로워 보였다. 마치 얼빠진 사람처럼 보였고 흰머리도 늘고 얼굴도 더욱 수척해졌다. 이때 저우의 몸속에는 이미 1년 이상 암 세포가 내장 곳곳에 퍼져 있었다. 저우의 마지막이 다가오고 있었다.

제8장

인민의 가슴에
묻히다

周恩來

창사 결책과 4기 전인대

저우가 생애 마지막으로 매달린 일은 4기 전국 인민 대표 대회를 준비하는 일이었다. 1975년 1월 중순에 열린 이 모임이 저우에게 중요했던 것은 이 대회가 저우가 준비하는 큰 규모의 정치적 행사로서는 사실상 마지막 행사였기 때문이다. 저우는 11차 노선 투쟁을 겪으면서 이미 죽음을 준비하고 있었다. 자신이 원하는 사람들을 국무원의 핵심 요직에 배치한 후 자신은 물러나려 했다. 적어도 사인방이 미는 인물들은 막아야 했다. 다행히도 마오 역시 저우와 생각이 크게 다르지 않은 듯했다. 하지만 마오가 언제 마음을 바꿀지 몰랐다. 마오가 마음을 바꾸기 전에 확실히 해 둘 필요가 있었다.

이때 마오는 3개월째 창사에 머물고 있었다. 10차 전당 대회가 끝난 뒤 베이징을 떠나 창사로 온 마오의 전용 기차는 3개월 가까이 창사역에 정차해 있었다. 나이가 일흔을 넘어 여든을 바라보는 마오는 지병인 루게릭병을 앓고 있었다. 마오는 서서히 다가오는 죽음의 그림자를 의식하고 있었던 것이다. 마오는 고향에 와서 자신이 남기고 떠날 정치적 유산에 대해 고민하는 듯한 말과 행동을 가끔 했다. 이것이 마오의 마지막 고향 방문이었다.

저우는 의사들의 만류를 뿌리치고 창사행을 결정했다. 사인방이 왕훙원을 창사로 보내서 4기 전인대에서 결정될 정부 인사안을 놓고 마오와 결판을 벌이려 한다는 정보를 입수한 것이었다. 더 이상 지체할 수 없었다. 그래서 12월 23일 오전, 입원해 있던 305병원을 나와 바로 베이징 외곽의 군용 비행장으로 갔다. 저우의 마지막 비행 여정이었다.

비행장에는 예젠잉이 기다리고 있었다. 오랫동안 생사고락을 함께 해온 예젠잉은 저우가 가장 믿고 의지했던 군부 원로 중 한 명이었다. 정부에 리셴녠이 있었다면 군에는 예젠잉이 저우의 든든한 버팀목처럼 있었다. 이 두 사람이 있었기에 저우가 문화 혁명에서 비림 비공까지 거센 풍랑을 헤쳐 갔다고도 할 수 있다. 이제 예젠잉과 리셴녠 같은 원로들과 함께 힘을 합쳐 제2의 문화 혁명을 막아 내야 했다.

예젠잉은 저우의 창사행을 적극 권했다. 사인방의 움직임을 파악하고 있던 예젠잉은 왕훙원이 있는 자리에서 마오와 담판을 지을 수 있는 사람은 저우밖에 없다고 생각했다. 저우를 돌보는 의료진과 경호팀에게도 저우의 건강을 잘 추슬러서 창사까지 다녀올 수 있게 하라며 여러 번 당부했다. 그만큼 창사에서 있을 마오와의 만남이 중요했다. 물론 저우의 창사행은 비밀이었다. 당 중앙 판공실 주임인 왕둥싱과 가까웠던 예젠잉은 그를 통해 마오와의 만남을 비밀리에 준비하고 있었다.

마오가 묵고 있던 창사의 빈관에 도착한 저우는 한참이나 왕흥원을 기다렸다. 저우보다 먼저 베이징의 사무실을 떠난 왕흥원은 도중에 누굴 만나고 왔는지 도착이 예정보다 늦었다. 왕흥원은 당 부주석이었지만 1935년 12월생으로 당시 저우 나이의 딱 절반이었다. 그래도 저우는 크게 불쾌한 기색을 보이지 않았다. "늦었군." 이라고 말하면서 함께 마오의 숙소로 들어갔다. 먼저 저우가 전인대에서 처리할 인사안을 설명했다.

그동안 저우는 수차례 정치국 회의를 열고 4기 전인대에서 결정할 인사안을 검토했다. 전인대에서는 국무원의 총리, 10여 명의 부총리, 30여 명의 각부 부장, 최고 법원장 등 정부 지도자들을 뽑을 예정이었다. 전인대의 상무 위원장, 부위원장, 비서장을 비롯하여 주석단도 뽑아야 했다. 또 전인대 직전에 당 중앙 위원회 전체 회의가 열려 전인대에서 새로 선출될 정부 지도자들의 당직을 결정해야 했다. 중국은 당 우위의 국가였기에 전인대 지도자들은 고위 당직을 겸하기 때문이다.

이를테면 전인대 상무 위원회 위원장과 국무원 총리는 정치국 상무위원을 겸했다. 부총리 중에도 상무 부총리는 정치국 상무위원이 될 수 있었다. 나머지 전인대에서 선출될 지도자들도 대부분 정치국원이거나 최소한 중앙 위원은 되어야 했다. 이렇게 전인대에서 처리할 인사안은 절차도 복잡하고 대상이 되는 사람의 수도 많았다. 그래서 논의 내용이 복잡하고 합의를 도출하기까지는 시간도 많이 걸렸다.

저우가 주재한 몇 차례의 정치국 회의에서 4기 전인대 인사안
를 논의했고, 두 가지 안을 만들었다. 첫 번째 안은 당 원로들이 선
호하는 안이었고, 두 번째 안은 사인방 등 좌파들이 선호하는 안이
었다. 사인방이 만든 안에는 왕훙원을 전인대 상무 위원장, 츠췬(遲
群)을 부위원장, 차오관화를 부총리, 셰징이를 교육부 부장에 앉히
는 내용이 포함되었다. 이는 이미 장칭이 마오에게 편지를 보내서
건의한 내용이었다.

장칭은 당에서는 자신과 야오원위안이 정치국 상무위원이 되고
차오관화, 마오위안신, 츠췬, 셰징이, 진쭈민(金祖敏)을 정치국원으
로 만든다는 복안도 갖고 있었다. 마오위안신은 마오의 조카로 랴
오닝(遼寧)성의 서기였고 진쭈민은 문화 혁명 전에 칭다오의 공장
직공으로 있던 무명의 인물을 장칭이 10차 당 대회에서 중앙 위원
회 후보 위원으로 만들어 놓은 인물이었다. 말하자면 장칭이 키우
던 차세대 인물 중의 한 사람이었다. 장칭은 이와 별개로 전인대
상무 위원장으로 거론되고 있던 주더, 부위원장 후보로 꼽히고 있
던 둥비우, 쑹칭링의 선출에는 반대하는 입장이었다. 결국 정치국
은 이들 두 안을 합쳐서 제3안을 만들었고 이 안을 마오에게 올렸
다. 덩샤오핑은 국무원 제1부총리였다.

마오는 덩샤오핑의 국무원 제1부총리 임명에 찬성했을 뿐 아니
라 한 걸음 더 나갔다. 덩샤오핑을 중앙 군사 위원회 부주석 겸 해
방군 총참모장에 임명하고 전인대 직전에 열릴 중앙 위원회 전체
회의에서 덩샤오핑을 정치국 상무위원 겸 당 부주석으로 승격시

키라는 지시도 한 것이다. 전인대 상무 위원장에는 주더, 부위원장에는 둥비우와 쑹칭링, 부총리에 리셴녠을 지명하고 나머지는 저우에게 일임했다. 덩샤오핑이 총리를 대신해 국무원 업무를 주관하게 하고, 전인대가 끝나면 저우가 마음 놓고 치료를 받게 하라는 이야기도 했다. 물론 장칭과 야오원위안의 정치국 상무위원 진출이나 츠췬, 셰징이, 진쭈민 같은 홍위병 출신들의 정치국원 선출안도 거부했다. 창사 결책(決策)이 사인방의 완패로 끝난 것이다.

덩샤오핑이 해방군 총참모장에 임명되었다는 소식은 1975년 1월, 당 중앙 1호 문건으로 전국의 당·군 간부들에게 통보되었다. 덩샤오핑이 당과 군과 국무원에서 사실상 최고의 실세가 된 것이다. 이에 저우는 덩샤오핑이 제1부총리로 선출된 후 열린 첫 국무원 상무 위원회 회의에서 이제 자신이 나이도 많고, 건강도 좋지 않으니 국무원 일상 공작을 덩샤오핑에게 맡긴다고 선언할 수 있었다. 그러나 4기 전인대에서 거둔 저우의 승리는 불완전한 것이었다. 전인대가 끝난 후에도 마오의 생각은 흔들리고 있었다.

공식 회의가 끝난 후 저우는 창사에 며칠 더 머물었다. 원래는 3일 정도만 머물 생각을 했는데 마오가 며칠 더 묵으라고 권하는 바람에 주저앉아 6일 동안 더 머물면서 마오와 다섯 차례나 만났다. 대체로는 왕훙원과 함께 만났지만 독대한 적도 있었다. 특히 12월 26일 밤에는 일부러 왕훙원을 사오산으로 관광을 보내고 마오와 단둘이 새벽까지 장시간 대화를 나눴다. 이것이 두 사람 간의 마지막 대화였다. 공교롭게도 이날은 마오의 여든한 번째 생일이었다. 1925년 광저우에서 처음 만난 후 만 50년 동안 온갖 풍상을 겪어 온 두 지도자가 참으로 오랜만에 마음을 열고 지난날을 되돌아보고 당의 미래를 논의할 수 있는 시간이었다.

이날 밤 두 사람의 단독 대화 내용에 대한 공식 기록은 없다. 왕하이룽이나 탕원성도 참석하지 않은 단둘의 만남이었기 때문이다. 다음 날 베이징으로 돌아온 저우가 정치국 회의를 주재하고, 그 자리에서 밝힌 대화의 내용은 두 사람이 나눈 대화의 일부에 불과했다. 저우가 정치국원들에게 밝힌 내용은 지도자들이 단결하고 경제 건설에 우선순위를 두라는 것이었다. 서로 헐뜯지 말고 단결해서 경제 건설에 매진하라는 메시지였다.

'단결하라'는 말은 사인방을 향한 말이었다. 이전에도 마오는 사인방에게 패거리를 만들지 말고 화합하고 단결하라는 말을 자주 했다. 장칭에게는 "내가 죽고 나면 어떻게 하려고 그렇게 몹쓸 짓들을 하느냐?"는 말도 했다. 어떤 사안이든 함부로 나서지 말고, 특히 인사 문제에는 참견하지 말것이며, 다른 사람들의 원한을 사지 말라는 충고도 했다. 두 사람은 잠자리는 물론 함께 밥을 먹은 지도 오래된 무늬만 부부였지만, 그래도 오랫동안 부부의 인연을 맺었던 여인이었기에 마오가 전한 솔직한 충고였다.

두 사람이 나눈 대화 중 저우가 정치국에서 밝히지 않은 내용들은 장칭과 장춘차오에 관한 것이었을 가능성이 높다. 장칭의 과거에 대해 저우가 마오에게 무슨 이야기를 했는지에 관해서는 공식적으로 밝혀진 것이 없다. 하지만 아마도 두 사람은 장칭이 미국 대학 교수인 록산 위트케(Roxane Witke)와 인터뷰한 문제를 두고 대화를 나누었을 가능성이 높다. 이는 당시 지도부 안에서 화제가 되었던 문제인데, 중국 전문가인 위트케 교수가 1972년 장칭의 초청으로 중국을 방문해서 베이징과 광저우에서 장장 60시간 동안 장칭과 만나 대담을 가진 것이다. 마오는 1936년 옌안에서 에드거 스노와 만나 대담을 가진 일이 있는데, 이 사건만큼이나 대단한 일이었다.

위트케는 인터뷰가 끝난 후 미국으로 돌아와서 장칭에 대한 책을 냈고 언론에서도 많은 조명을 받았다. 《타임》이 1977년에 장칭을 표지 인물로 내세울 정도로 장칭은 유명세를 탔다. 그러나 이 책은 장칭의 자화자찬 일색이라는 혹평을 받았다. 대장정이 끝난 후 산시 지역에서 국민당과 치른 전쟁을 마오와 자신이 공동 지휘했다는 엉터리 주장도 있었다. 평소 잘 나서지 않던 주더도 마오에게 편지를 보내 장칭을 비난했다. 마오도 불같이 화를 냈다. 장칭이 무지몽매하다면서 30년 동안 그 버릇을 고치지 못했다고 통탄해 했다. 장칭을 정치국에서 쫓아내야 한다는 말도 했다. 그러나 저우는 장칭에 대해 크게 비난하지는 않았다. 마오의 속내는 말과 같지 않다는 걸 짐작하고 있었기 때문이다. 결국 장칭은 정치국에서 쫓겨나지 않고 오히려 문화 혁명의 유산을 지킨다는 이유로 호시탐탐 저우와 덩샤오핑에 대해 공격을 재개할 기회를 노리고 있었다.

장춘차오와 관련해서 나눈 대화는 그가 국민당 첩자라는 소문과 관련된 것이었다고 저우가 나중에 측근들에게 밝힌 바 있다. 장춘차오가 국민당 첩자라는 이야기는 이듬해 초, 당의 비밀공작을 담당했던 캉성이 저우의 병실로 찾아와서 확인해 주기도 했다. 당시 이미 소문이 돌고 있던 일이었다. 저우가 마오에게 장춘차오가 국민당 첩자였다는 이야기가 있다고 하자 마오는 자신도 이미 알고 있다고 대답했다. 캉성이 먼저 마오에게 귀띔을 해 준 듯했다. 그러면서도 마오는 저우에게 장춘차오를 해방군 총정치부 주임으로 임명하라고 했다. 장춘차오는 총리 후보로 마오가 마음에 두고 있던 인물이었다. 그런 인물을 이제 덩샤오핑을 견제하는 자리에 앉히려 한 것이다.

저우는 장춘차오가 국민당 첩자였던 사실을 알면서도 그를 해방군 총정치부 주임에 앉히라는 마오의 요청을 이해하기 힘들었다. 총정치부 주임은 당을 대신해서 해방군을 통제하는 막강한 권력이 부여된 자리였다. 과거 장시 소비에트 시절 홍군의 총정치부 주임 자리를 놓고 온갖 시련을 다 겪었던 마오였으므로 누구보다도 그 자리가 얼마나 중요한지 잘 알고 있을 것이었다.

사실 저우가 장춘차오가 국민당 첩자였다는 이야기를 꺼냈던 것도 그가 적어도 해방군 총정치부 주임이 되는 것은 안 된다는 뜻에서였다. 그런데도 마오는 장춘차오를 총정치부 주임에 지명했다. 그렇게 함으로써 총참모장인 덩샤오핑을 견제하려 했던 것이다. 덩샤오핑에게 권력을 주면서도 동시에 그를 견제하면서 끝까지 지켜보려 했고, 이를 통해 저우에게도 무언의 메시지를 전하려 했던 것이다.

마오의 이런 행동은 마오가 어떤 사람이었는지 그리고 저우의 고민이 어떠했는지를 시사해 주는 좋은 예라 할 수 있다. 마오는 의심이 많았다. 자신의 업적에 대한 집념이 클수록 그 업적을 지키려는 의지도 강했고 의심도 많았다. 저우 같은 충복에 대해서도 마오는 의심의 끈을 놓지 않았다. 본인의 능력과 자신에 대한 충성심을 알면서도 그 충성심이 변하지 않도록 항상 견제하고 만일의 사태에 대비해서 다른 선택의 여지를 남겨두는 게 마오의 용인술이었다. 이러한 마오의 태도는 저우가 숨을 거두는 마지막 순간까지 그를 몹시 힘들게 만들었다.

덩샤오핑에 대해 오락가락했던 마오의 태도도 같은 시각에서 설명할 수 있다. 마오는 1969년 덩샤오핑을 난창으로 귀양 보내면서도 그를 다시 권좌에 복원시킬 가능성을 열어 두었다. 린뱌오 개인에 대한 불신 때문이기도 했지만, 누구도 완벽하게 믿지 못하는 그의 성격이 어느 정도 영향을 미쳤다.

린뱌오의 사망 소식이 덩샤오핑에게 전달된 것은 사건이 일어난 지 거의 1년이 지난 1972년 여름이었다. 덩샤오핑은 즉시 마오에게 편지를 썼다. 린뱌오를 규탄하면서 마오에 대한 자신의 충성을 맹세하는 내용이었다. 난창에 온지 3년 동안 자신이 당과 마오에게 지은 죄를 매일 반성하고 있었다면서 언젠가 다시 당에서 일할 기회가 주어지면 아무리 작은 일이라도 당에 대한 마지막 봉사라는 각오로 사력을 하겠다고 다짐했다. 복직에 대한 호소였다.

얼마 지나지 않아 마오는 덩샤오핑의 편지를 저우에게 전달했다. 마오는 덩샤오핑의 편지를 총리에게 보여 준 뒤, 이를 중앙의 각 동지들에게 전달하면서 덩샤오핑을 칭찬했다. 1930년대 초에 덩샤오핑이 연루되어 당에서 처벌받았던 사건을 언급하면서 그 사건에서 덩샤오핑이 잘못한 것이 없었다고 두둔했다. 잘못이 있다면 마오 자신을 지지한 것이라는 의미였다. 또 내전 시기 중에는 군 지휘관으로 훌륭한 전공을 세웠고 건국 이후에도 경제 건설에서 능력을 발휘했다고 강조했다. 덩샤오핑이 능력이 있다는 말도 여러 차례 했다. 가장 핵심적 내용은 덩샤오핑이 잘못은 있지만 류사오치와는 구별되어야 한다는 것이었다. 문화 혁명 때 주자파의 두 번째 핵심 인물로 만들어 타도했던 덩샤오핑을 다시 중용하기로 결심한 것이다.

덩샤오핑을 복권시키기로 했다는 소식을 듣고 누구보다도 기뻐했던 사람은 저우였다. 마오로부터 서신을 전해 받은 저우는 다음 날인 8월 15일 정치국 회의를 주재하고 마오의 말을 전하는 동시에 장시성 당 위원회에 연락해서 덩샤오핑의 노동을 면제시키고 당 조직 생활을 회복하도록 조치했다. 또한 덩샤오핑의 비서와 공무원들도 복귀시키도록 했다.

이듬해 3월에 저우가 덩샤오핑을 국무원 부총리로 복직시키자는 건의를 올리자 마오의 반응은 매우 적극적이었다. 부총리 복권 건의에 동의했을 뿐 아니라 덩샤오핑에 대한 사인방의 집요한 공작도 막아 주었다. 1974년 유엔 총회 특별 회의에 덩샤오핑이 중국 대표로 나가는 문제를 놓고 장칭이 기를 쓰고 반대하자 '이 문제는 내가 결정한 것'이라면서 장칭을 물러나게 했다. 그러면서도 마오는 뒷문을 열어 두었다. 장춘차오를 해방군 총정치국 주임으로 세운 것이 그런 포석이었다. 장춘차오가 과거에 국민당 첩자였다고 해도 현재로서는 덩샤오핑을 견제하는 데에 더 이상 좋은 카드가 없었기 때문이었다. 덩샤오핑에 대한 의구심이 완전히 사라진 것은 아니었다.

1975년 여름이 지나면서 마오와 덩샤오핑의 관계는 루비콘 강을 건너기 시작했다. 1974년 가을의 펑칭룬(風慶輪) 사건이 첫 번째 계기였다. 펑칭룬 사건은 중국이 처음으로 자체 기술로 건조한 1만 톤급 원양 화물선 '펑칭룬'을 둘러싸고 벌어진 일이었다. 국산 원양 화물선 건조 이야기가 처음 나왔을 때, 저우는 배를 건조하는 것도 좋지만 빌리는 것도 생각해 보라는 취지로 대응했다. 배의 건조를 반대하는 것이 아니라, 빌리는 게 더 경제적일 수 있다는 이야기였다. 안전 문제도 고려해야 한다고 언급했다. 언젠가는 기술을 축적해 중국의 조선소에서 국산 원양 화물선을 만들어야 하지만 서둘러 할 필요는 없다는 뜻이었다.

그런데 사인방이 나서서 펑칭룬의 시항을 강행했고 어려운 고비들이 있었지만 아프리카를 돌아 무사히 귀국했다. 그러자 사인방이 들고 일어나서 정치국 회의에서 소란을 피우기 시작했다. 이 사건이 덩샤오핑의 '양노(洋奴) 철학'과 '숭양(崇洋) 사상'을 반영하는 것이라는 주장이었다. 저우는 이미 병원에서 치료 중이었고 덩샤오핑이 국무원을 관장하고 있었기 때문에 이 사건과 직접 관계가 없었던 덩샤오핑이 장칭의 공격 목표가 되었다.

장칭은 펑칭룬 사건을 집요하게 물고 늘어졌다. 정치국 회의에서 덩샤오핑에게 이 사건에 대한 입장을 밝히라고 대들었다. 덩샤오핑이 처음에는 사건의 진상을 좀 더 알아본 다음 논의하겠다고 했지만 이것이 장칭에게 통할 리가 없었다. 장칭이 계속 입장을 밝히라면서 대들자 덩샤오핑은 회의를 중단하고 자리를 떴다. 이를 덩샤오핑이 수세로 몰린 것으로 오판한 장칭이 공세를 계속해 나갔다.

펑칭룬 사건에 대한 마오의 반응은 미적지근했다. 장칭의 부탁으로 왕하이룽과 탕원성이 마오를 만나는 기회에 정치국 회의에서 벌어진 펑칭룬을 둘러싼 논쟁에 대해 전했지만 마오의 반응은 별것 아니라는 듯 시큰둥했다. 펑칭룬 사건은 작은 사건으로 크게 소란을 피울 성격이 아니라면서 이미 리셴녠 부총리가 잘 처리하고 있다고 대답했다. 저우와 덩샤오핑을 싸잡아 공격할 수 있는 좋은 기회라고 생각했던 사인방에게는 실망스러운 반응이었다.

이에 의기소침해 있던 사인방이 다시 들고 나온 게 무산 계급 독재론이었다. 1975년 2월 4기 전인대가 끝난 지 얼마 안 된 시점이었다. 해방군 총정치부 주임이 된 장춘차오가 먼저 공격의 선봉에 나섰다. 그해 3월 1일 장춘차오는 해방군 산하 대단위 부대 정치부 주임들을 불러 모아 행한 연설에서 1959년의 루산 회의를 언급하면서 경험주의의 위험은 아직도 유효하다는 주장을 폈다. 대약진 운동을 비판하는 펑더화이가 내세운 주장을 경험주의로 몰아세웠던 마오의 연설을 거론한 것이다. 야오원위안도 《홍기》 3호에 게재된 「린뱌오 반당 집단의 사회적 기반」이라는 제목의 논문에서 비슷한 주장을 펼쳤다.

사인방은 린뱌오 같은 무리들이 다시 등장해서 자본주의의 복원을 시도할 가능성이 있으며 린뱌오 집단의 사회적 권력 기반이 바로 경험주의라고 주장했다. 경험주의는 수정주의이며, 교조주의는 수정주의가 아니라는 주장도 폈다. 경험주의와 수정주의가 모두 무산 계급 독재의 타도 대상이 되어야 한다고 했다. 덩샤오핑의 뒤에는 저우가 있다고 비난하면서 이들 모두가 경험주의자이자 수정주의자들로서 문화 혁명을 부정하고 있다는 주장이었다.

이런 사인방의 공격에 쐐기를 박은 건 역시 마오였다. 창사에서 항저우를 거쳐 베이징으로 돌아온 마오가 4월 18일 김일성을 만났을 때 이 자리에 배석한 덩샤오핑에게 자신이 장칭의 주장에 동의하지 않는다는 점을 분명히 한 것이다. 마오는 수정주의에는 경험주의와 교조주의가 모두 포함된다고 하면서 두 개를 분리하는 것이 불가능하다고 했다. 사인방이 억지 주장을 하고 있다는 말이었다. 중국 지도자들의 마르크스·레닌주의에 대한 이해 수준이 낮다는 말도 했다.

그리고 5월 3일 중난하이에서 정치국 회의를 소집했다. 병원에 있던 저우도 참석했다. 이 자리에서 다시 한번 장칭과 사인방을 비난하면서 단결하고 공명정대하고 음모하지 말고 분열하지 말고 종파 활동을 중지하라고 당부했다. 장칭이 정치국 회의에서 결정되지 않은 사항을 개인 이름으로 당 기관에 문서로 발송하는 것은 당의 규정에 위배된다고도 했다. 장칭과 사인방에 대한 강력한 경고였다. 마오로서는 마지막 정치국 회의 참석이었을 뿐 아니라 마오가 저우를 옹호해 준 마지막 회의이기도 했다.

마지막 스예의 최후

마지막 회의로부터 약 8개월 후인 1976년 1월 8일 오전 9시 57분, 저우는 향년 78세로 마지막 숨을 거두었다. 1972년 5월 저우의 몸에서 처음 암세포가 발견된 지 1206일 후였고 1974년 6월 중난하이의 시화팅에서 305병원으로 옮겨온 지 587일 만이었다. 305병원은 당의 지도자들을 위해 새로 지은 병원으로 4층짜리 건물이었는데, 저우는 입원한 뒤에도 이 병원 건물의 1층을 사무실로 사용하면서 숨을 거두는 순간까지 국사를 챙겼다. 14회의 크고 작은 수술을 받으면서도, 병원에서 32회나 회의를 주재했고, 만난 사람들도 220명이나 되었다. 이 기간 중에 가장 많이 만난 지도자가 예젠잉, 리셴녠, 덩샤오핑이었다. 예젠잉은 군을, 리셴녠은 국무원을 맡아 저우를 보좌해 왔고, 덩샤오핑은 포스트 저우 시대에서 당·

군, 국무원을 이끌어 나갈 사람이었다.

외빈 접견도 62회나 됐다. 김일성을 만날 때에는 발이 부어 신발이 맞지 않아 천으로 만든 특수 신발을 신기도 했다. 외부 행사에 참석한 것도 5회나 됐다. 톈안먼 광장에서 열린 건국 25주년 경축 기념행사를 비롯해서 4기 전인대 등 총리의 참석이 꼭 필요한 행사들이었다. 건국 25주년 기념행사는 총리가 초청인이었고, 4기 전인대는 저우가 3기 전인대 이후의 정부 활동에 대한 보고를 해야 했다. 글자 그대로 '나라를 위해 온 힘을 다 바쳐 죽을 때까지 그치지 않은' 삶을 마지막 순간까지 살고 떠나갔다.

죽음을 앞둔 저우는 문화 혁명 때 먼저 간 동료들 생각에 몹시 괴로워했다. 저우는 나름대로 최선을 다해 동료들을 보호하려 했지만 역부족이었다. 보호 대상이 워낙 많았고, 홍위병들의 수법도 악랄하고 기발했다. 베이징 서북쪽에 있는 중앙 군사 위원회가 관리하는 징시(京西) 빈관에 임시 보호소를 차리고 많은 사람들을 수용했지만 한계가 있었다. 나중에는 홍위병들이 이곳까지 몰려와서 아우성을 치는 바람에 그나마 일부는 다른 곳으로 옮겼다.

징시 빈관에 있던 허룽도 저우가 시화팅으로 오게 했지만 허룽에 대해 악감을 가지고 있던 린뱌오가 마오를 설득해서 압력을 넣는 바람에 저우도 매우 힘들어했다. 사태를 눈치 챈 허룽이 시화팅을 나갔고 결국 홍위병들의 제물이 되고 말았다. 강직한 성격의 허룽이 홍위병에 맞서다가 모진 매를 견디지 못한 것이다. 이를 두고 저우는 몹시 비통해 했다. 국무원의 석탄부장이 홍위병에 의해 타살된 시신으로 발견되자 "장관도 보호해 주지 못하는 게 무슨 정부인가?"라고 통탄해 한 지 얼마 후였다.

저우는 1975년 6월 바바오산(八寶山) 혁명 공원에서 열린 허룽의 추도식에 참석했다. 의료진의 만류를 뿌리치고 추도식장에 나온 저우는 몸을 가누지 못하고 비틀거리면서 옛 전우의 영정 앞에 일곱 번이나 절을 하며 쉴 새 없이 통곡했다. 미안하다는 말을 수 없이 되풀이 하는 저우에게 허룽의 부인과 딸이 어찌 이런 몸으로 나왔느냐고 묻자 "내가 오지 않을 수 있겠느냐."라고 하면서 "나도 갈 날이 머지않았다."라고 흐느꼈다. 장내가 울음바다가 되었다.

건강이 악화되자 저우는 먼저 간 옛 동료들을 생각하며 슬픔에 잠기는 일이 잦아졌다. 살날이 6개월밖에 남지 않았다는 사실을 알고 난 다음에는 더욱 그랬다. 자주 꿈을 꾸고 헛소리를 할 정도로 죄책감을 이기지 못했다. 허룽뿐 아니라 천이에 대해서도 마찬가지였다. 하루는 밤에 잠을 자던 저우가 잠꼬대를 하면서 소리를 질러 간호사가 달려가서 물어보니 "악몽을 꾸었다. 천이와 둘이서 산을 올라가다가 천이가 굴러 떨어지는데 내가 잡아 주려다가 둘 다 바위 밑으로 떨어질 뻔 했다."라고 했다.

라오서(老舍)도 그랬다. 루쉰(魯迅)과 함께 현대 중국 최고의 문인으로 꼽혔던 라오서는 저우와의 인연도 깊었다. 저우보다 한 살 위인 그는 베이징 사범 대학을 졸업한 후 난카이 중학교에서 국어 교사로 잠시 근무한 적이 있었다. 라오서는 영국과 미국에 오래 살면서 1945년에는 소설 『낙타샹즈』로 미국에서 베스트셀러 작가 반열에 오르기도 했다. 그를 귀국시켜 문인 연합체를 만들고 책임을 맡긴 것이 저우였다. 그런 라오서는 문화 혁명 중 홍위병에 끌려가서 피투성이가 되도록 얻어맞고, 다음 날 베이징 시내의 호수에 몸을 던져 스스로 목숨을 끊고 말았다.

1975년 8월 어느 날 오후, 병실 근처에 있는 베이하이(北海) 공원을 산책하던 저우가 갑자기 부축하고 있던 의사에게 오늘이 무슨 날인지 아느냐고 묻고는 대답을 듣기도 전에 오늘이 라오서가 자살한 날이라고 했다. 그리고는 의사에게 그가 왜 죽었는지 아느냐고 물었다. 소문은 들었지만 자세히는 모른다고 의사가 대답하자 저우는 이렇게 말했다. "나는 알고 있다." 저우는 베이하이 공원의 호수를 바라보면서 라오서를 생각했던 것이다. 저우를 옆에서 부축했던 의사 장쭤량(張佐良)이 자신이 펴낸 『저우언라이의 최후 10년 (周恩來的最後十年)』에서 밝힌 내용이다.

죽음을 앞둔 저우는 자신의 명예를 지키는 일과 대만 문제에도 각별하게 신경을 썼다. 1975년 9월 마지막 대수술을 받기 위해 수술실에 들어가 직전 저우는 수술실 입구에서 침대에 누운 채 누군가를 기다리고 있었다. 마취 주사를 맞은 후였기 때문에 오래 지체할 수가 없는 상황이었다. 조금 있다가 비서가 두툼한 서류 뭉치를 들고 뛰어 왔다. 서류를 받아 든 저우는 침대 중간에 작은 책상

을 받쳐 놓은 채 서류를 검토한 후 자신의 이름을 쓰고 이름 옆에
"1975. 9. 20. 수술실에 들어가기 전"이라고 적고 서명했다. 그리고
그 자리에서 마오에게 편지를 쓴 다음 수술실에 들어가면서 "나는
당과 인민과 주석에 충성했다. 나는 투항파가 아니다."라고 크게
소리를 질렀다. 그 자리에 있었던 덩샤오핑이 자신의 딸 '마오마오
(毛毛)'에게 전한 이야기이다.

　　저우가 서명한 자료는 오호 탈당 사건에 관한 것이었다. 1932년
2월 상하이에서 저우가 공산당을 탈당했다는 신문 광고가 난 일
로, 국민당 정보기관이 조작한 사건이라는 것을 마오도 이미 인정
한 바 있었다. 그러나 사인방이 이 사건을 기회 있을 때마다 들춰
내고 저우를 투항파로 공격하는데도 마오가 애매한 태도를 취하
자 저우가 비서들을 시켜 관련 기사들을 찾아내 자료집을 만들어
두었던 것이다. 죽음을 앞둔 저우가 죽은 후에 혹시라도 자신이 국
민당에 투항한 배신자로 비치지 않도록 이런 일을 한 것이다. 건
국 이전에 국민당과 오래 접촉한 경험이 있는 저우가 자신의 명예,
특히 투항파라는 비난을 얼마나 예민하게 생각했는지를 보여주는
사건이다.

　　저우가 죽기 전에 자주 만난 사람들 중의 한 사람이 뤄칭창(羅青
長)이었다. 대만 문제에 각별한 관심을 갖고 있던 저우는 오랫동안
자신의 비서로 일하다가 당 중앙의 조사부 부부장으로 자리를 옮
긴 뤄칭창을 대만 문제를 담당하는 소조에 집어넣고 시간이 날 때

마다 그를 불러 대만에 대해 물어보곤 했다. 특히 죽음을 앞두고는 만나는 시간이 많아졌다. 뤄칭창과 마지막으로 만났던 것은 1975년 12월 20일이었는데, 저우는 눈꺼풀이 내려오고 입이 마르고 숨이 가빠하면서도 계속 대만에 대해 이것저것 물어보았다. 뤄칭창이 그만 쉬라고 하자 저우는 '10분만 쉬자'고 했는데 이후 바로 정신을 잃고 혼수상태에 빠졌다. 이 대화가 죽기 전에 맑은 정신으로 한 마지막 대화였다.

저우가 병원에 입원해 있던 시기는 대만에서 장제스가 아들 장징궈에게 권력을 물려주는 과도기였다. 장제스가 1975년 4월에 사망하자 대만에서 후계자가 누가 될 것인지 등에 대한 보도가 많이 나왔다. 저우도 대단히 궁금하게 생각하고 있었다. 그래서 그런지 뤄칭창을 만난 저우는 대만의 국내 정치에 대해서 자세히 물어 봤다. 공산당 지도자로서 저우는 누구보다 장제스를 많이 만났고, 그를 누구보다도 잘 알고 있었다.

그뿐 아니었다. 닉슨과 키신저를 상대로 대만 문제를 놓고 치열한 협상을 벌였고, 상하이 공동 성명의 기본 정신이었던 '일국양제(一國兩制)'가 바로 저우가 추구한 원칙이기도 했다. 게다가 저우는 장징궈를 개인적으로 만나 본 극소수의 중국 지도자들 중의 한 사람이었다. 그래서인지 저우는 죽음을 앞두고 대만의 장래, 특히 장제스 이후의 대만 정치와 중국의 통일에 대해 각별한 관심을 보였다. 저우의 시신이 추모식 전날 하룻밤을 보낸 곳도 전인대 건물 안에 있는 대만청이었다.

저우의 시신은 1월 10일 오후 베이징 병원을 나와 바바오산 혁명 공원에 있는 화장장으로 갔다. 길거리에는 영하 10도의 추운 날씨에도 불구하고 100만 명 이상의 시민들이 길 양쪽을 가득 메운 채 저우를 운구하는 행렬을 향해 머리를 숙이거나 모자를 벗어 애도의 뜻을 표했다. 백발이 성성한 노인들도 있었고 어린 아이들도 있었다.

12일부터 3일간 시내의 인민 문화 궁전에서 있었던 조문 기간 중에는 약 8만 명의 조문객들의 발길이 이어졌다. 치상(治喪) 위원회가 초청한 4만 명의 두 배였다. 조문객 중에는 2000여 명의 중국 거주 외국인들과 외국 대사관 직원들도 있었다. 추모 행렬은 외국에서도 이어졌다. 사인방의 방해로 해외의 중국 공관에서 정식으로 분향소를 차리지는 못했지만 애도의 물결을 막을 수는 없었다.

13일에는 궈모뤄가 다음과 같은 내용의 시를 발표했다. 제목은 「저우언라이 총리를 기리며」이다.

혁명의 선구자요 뛰어난 재상,
큰 별 사라지니 온 세계가 슬퍼하네.
눈물은 파도처럼 솟아나고
조문하는 사람들의 행렬은 끊임없이 이어지네.
백성에 미친 성덕은 영원하고
세상에 남긴 훌륭한 공적은 넓고도 크네.
충직한 마음이 해와 같이 빛나니

하늘도 그를 땅에 묻기 서러워하네.

革命前驱辅弼才,
巨星隐翳五洲哀.
奔腾泪浪滔滔涌,
吊唁人涛滚滚来.
盛德在民长不没
丰功垂世久弥恢.
忠诚与日同辉耀,
天不能死地难埋.

오랫동안 저우와 각별한 인연을 맺어 왔던 당대 최고의 지성이 저우의 죽음에 대한 애통한 심경을 그렇게 밝혔다.

추도식은 15일 오후 3시 5000여 명이 참석한 가운데 인민 대회당에서 열렸다. 덩샤오핑이 당 중앙을 대표해 추도사를 했는데 사인방은 추도사를 누가 하느냐 하는 문제를 두고도 시비를 걸었다. 덩샤오핑 대신 장춘차오가 당 중앙을 대표해서 추도사를 해야 한다고 주장한 것이다. 왕훙원은 장춘차오가 안 된다면 예젠잉이 해야 한다고 우겼다. 전국적으로 반우경 바람이 불고 있어 덩샤오핑이 추도사를 하는 것이 적절하지 않다는 이유였다. 덩샤오핑이 당 중앙 부주석이면서 국무원 제1부총리인데 무엇이 적절하지 않다는 것이냐며 예젠잉이 강하게 반발해서 결국 덩샤오핑이 추도사를 했다.

추도식이 끝나자 덩잉차오가 저우의 유해를 네 개의 봉투에 나누어 담은 후, 옆에 있던 네 명에게 각각 하나씩 나누어 주었다. 저우의 유해를 받은 네 명은 장수잉(張樹迎), 가오전푸(高振普), 궈위펑(郭玉峰), 뤄칭창이었다. 앞의 세 명은 치상 위원회 구성원으로 저우를 담당한 의사와 당 중앙 조직부장이었고, 뤄칭창은 전직 총리비서실 부실장이자 대만 소조 조원이었다.

그날 밤 공군이 마련한 농약 살포용 비행기 7225호가 베이징 부근의 미윈(密雲) 저수지, 톈진 앞바다, 산하이관의 만리장성, 황해에 저우의 유해를 뿌렸다. 저우의 삶의 흔적이 남아 있는 장소들로 저우가 평소에 간절히 원했던 일이었다. 저우의 유골을 전국 산하에 뿌릴 수 있게 해 달라고 덩잉차오가 마오에게 보낸 청원이 승인된 다음 날이었다. 그렇게 저우는 마지막 소원을 이룬 채 2만 8414일에 걸친 파란만장한 생애를 마감했다.

저우언라이의 유산과 북중 관계

현대 중국에서 저우가 남긴 가장 중요한 유산은 아무래도 외교 분야에 있다고 할 수 있다. 건국 이전에는 국민당과의 국공 합작을 이끌어 내고 이를 유지하기 위해 가장 많은 노력을 경주한 사람이 저우였다. 8로군 사무처 대표와 장난국 서기라는 두 개의 모자를

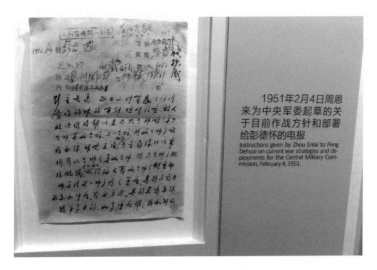

한국 전쟁 중 펑더하이에게 보낸 저우언라이의 작전 지시 전문

쓰고 충칭에 근무하면서, 옌안에 있던 마오가 정치 군사적 기력을 회복할 때까지 시간을 벌어준 것도 저우의 외교력이었다.

또 중도 좌익 성향의 인사들을 포섭하고 국내외의 외국 인사들을 당 주위에 결집시켜 당의 저변을 넓힌 것도 저우였다. 2차 대전 종전 직전에는 미군 관찰조를 옌안으로 오게 해서 미국과 군사적 협력 가능성을 타진했고 종전 후에는 조지 마셜 장군을 상대로 협상을 벌여 짧은 시간이긴 해도 휴전을 성사시키기도 했다. 외교라는 개념조차 생소했던 시기에 건국 이후의 시기를 내다보고 외교관들을 양성했던 것도 저우였다.

건국 이후에는 소련과 동맹 조약에 서명했으며 한국 전쟁 때에는 베이징에서 펑더화이와 김일성에게 전문을 보내 세세한 작전 지침을 내놓기도 했다. 북한군이 빠르게 남진을 계속하자 행군 속도가 빨라서 후방과 거리가 너무 멀리 떨어진다는 점을 지적하고 속도를 늦출 것을 제의했다. 유엔군이 북한군의 후방 지역 특히 인천이나 원산 등에 상륙 작전을 감행할 가능성을 제기했고, 인천 상륙 작전 이후 미쳐 북으로 후퇴하지 못한 북한군 9개 사단이 우왕좌왕하자 그 중 절반은 중장비를 버리고 빨리 38선 이북으로 후퇴하고 나머지는 38선 이남에 남아 산악 지대에서 게릴라 작전을 전개하라고 제의하기도 했다.

중국이 참전할 때에는 스탈린과 협상을 벌여 공중 지원을 요청했고 참전 직후에는 중소 연합 사령부를 만들고 펑더화이를 사령관 겸 정치위원에 앉혀 한국 전쟁의 주도권을 중국이 갖게 한 것도 저우였다. 부사령관에는 북한군 부총참모장인 김웅, 부정치 위원에는 박일우를 내세워 연합사 구성을 반대하는 김일성을 설득하는 데에도 성공했다. 전황이 38선에서 교착 상태에 빠지자 휴전을 계획하고 협상을 지휘한 것도 저우였다. 자신이 키워낸 엘리트 외교관인 리커눙과 차오관화를 판문점에 보내서 이들이 현장에서 보내오는 협상 내용을 검토해서 방향을 잡아 주었다. 스탈린, 김일성과 협의하는 일도 저우의 몫이었다.

1954년 봄 제네바 회의에서는 건국 이후 최초의 대규모 중국 대표단을 이끌고 다자외교 무대에 등장했고 다음 해 4월 인도네시아 반둥에서 열린 아시아 아프리카 회의에서는 인도의 자와할랄 네루(Jawaharlal Nehru), 인도네시아의 수카르노(Sukarno), 이집트의 가말 나세르(Gamal Nasser)와 함께 회의를 주도함으로써 비동맹 운동에서 중국의 위상을 구축했다. 신생 중국에 대해 큰 호기심을 갖고 있던 제3세계 외교관들에게 좋은 인상을 심어주는 데에는 성실하고 겸손한 저우의 인간적인 매력이 한몫 했다. 이때 저우가 발표한 '평화 공존 5원칙'은 저우의 대표적인 외교 업적 중의 하나라 할 수 있다.

물론 외교에서도 마오의 역할은 절대적이었다. 마오에게 외교는 국내 정치의 연장이었다. 그러나 마오의 역할은 전략적 방향을 제시하는 것이었다. 마오가 제시한 방향을 구체화하고 집행하는 것은 저우가 맡았다. 외교와 협상에서 제일 중요한 것이 구체적 내용('Devils are in the details')이라는 금언처럼 저우는 작은 문제라도 세심하게 잘 챙겼다. 매사에 용의주도하고 치밀한 저우의 성격이 복잡한 문제에서 공통점을 찾아내고, 이로써 합의를 도출해야 하는 외교 협상에 유용했던 것이다. 그런 의미에서 마오가 중국 외교의 선장이었다면 저우는 정상급 항해사였다. 선장과 항해사가 서로의 장점을 살려 가면서 건국 이후 중국 외교 정책의 입안과 집행 과정에서 상호 보완적 역할을 잘 수행했던 것이다.

저우가 중국 외교에서 이룩한 가장 큰 공적은 아무래도 미중 데탕트라고 할 수 있다. 미중 데탕트는 중국 지도부가 혁명 외교를 사실상 포기했음을 의미했다. 마오에게 혁명이라는 단어보다 더 큰 가치는 없었다. 외교에서도 공산주의 혁명의 확산이 그가 추구하는 궁극적 가치이자 목표였다. 초기에는 소련을 앞세우고 한 걸음 떨어져 따라갔지만, 1950년대 후반에 들어서면서 중국이 서방 국가들의 패권주의를 타도하는 조반 외교에 앞장섰다. 소련이 수정주의 국가로 타락했기 때문에 중국이 혁명의 기치를 들고 앞장서야 한다고 믿었다. 중국이 앞장서서 제국주의적 질서를 타도하고 민족 해방과 자주독립에 기초한 새로운 국제 질서를 창조하려했다. 제3세계 국가들로부터 중국으로 초빙한 많은 게릴라 전문가들을 훈련시켜 혁명 전사로 키웠던 것도 이런 세계 혁명을 향한 꿈이 있었기 때문이었다.

그러던 마오가 소련의 군사적 위협에 대응하기 위해 제국주의 미국과 데탕트를 추구하면서 사실상 혁명의 깃발을 내려놓을 수밖에 없었다. 밖으로는 여전히 혁명의 깃발을 흔들고 있었지만 안으로는 중국의 국가 안보를 최우선의 목표로 하는 현실주의 외교의 새로운 시대를 열어 갔다. 그런 변화가 일어나고 있다는 사실은 1974년 봄 덩샤오핑이 유엔 총회에서 행한 연설에서 구체화되었다. 덩샤오핑의 유엔 총회 연설을 사인방이 기를 쓰고 반대했던 것도 혁명 노선의 중단과 지속이 걸린 문제였기 때문이었다.

이런 변화의 중심에 저우가 있었다. 저우가 마오의 혁명 외교를 반대한 것은 아니지만 미중 데탕트 이후 나타난 현실주의가 중국 외교에서 저우의 새 시대를 열어갈 수 있게 했다. 덩샤오핑이 주도한 개혁 개방 시기의 친자본주의 외교 역시 저우의 실용주의 철학을 바탕으로 하고 있었다. 그런 의미에서 저우가 마오와 덩샤오핑을 연결시켜 주는 징검다리 역할을 했다고 해도 지나친 말은 아니다. 저우가 있었기에 오늘의 중국 근대화가 가능했고 중국 굴기(崛起)가 시작될 수 있었던 것이다.

북한 함흥에는 저우의 동상이 서 있다. 1979년에 김일성의 지시로 세워진 이 4.6미터 높이의 동상은 북한 내에 있는 유일한 외국인 동상이다. 김일성이 북중 관계 증진을 위한 저우의 기여에 대한 감사한 마음을 동상으로 표현한 것이다. 그만큼 현대 중국 외교의 주역으로서 저우의 역할이 돋보이는 곳이 북중 관계라고 할 수 있다. 실제로 저우는 북한에 대해 각별한 관심을 가졌고 북한과의 관계 증진을 위해 많은 노력을 쏟았다. 특히 중국이 펼쳐 온 조반 외교의 주요 고객이었던 베트남과 알바니아가 미중 데탕트를 사회주의에 대한 배신이라고 비난하고 난 다음에는 북한만이 유일한 중국의 맹방(盟邦)이었기 때문에 더욱 그러했다.

북한에 대한 저우의 각별한 배려를 보여주는 사건이 시언팅(郗恩庭) 사건이었다. 중국의 국가 대표 탁구 선수인 시언팅은 1971년 4월 일본에서 열린 세계 탁구 선수권 대회에 출전해서 북한 선수 박신일과의 시합에서 승리했고, 이 시합에서 진 북한은 8강 진출이 좌절되었다. 문제는 중국에게 이 대회가 체육이 아니라 외교였다는 점이었다. 실력으로 치면 시언팅과 박신일은 상대가 되지 않을 정도였다. 출전하지 않으려는 북한을 대회에 참가하도록 설득한 것이 중국이었다. 중국이 져 줄 것을 기대했던 북한은 결과에 대단히 불쾌해 했다.

이 사건을 보고받은 저우가 국가 체육 위원회 관계자들에게 북한에 대표단을 파견해서 정중히 사과하라는 지시를 내렸다. 시언팅이 박신일을 만나 직접 사과하라는 지시도 했다. 저우는 대표단을 파견하는 데에 그치지 않고 한 걸음 더 나아가서 중국 주재 북한 대사를 초치해서 직접 사과도 했다. 저우가 이 사건에 대해 이렇게 각별한 신경을 쓴 것은 이때 저우는 이 시합에 참가한 미국 대표팀을 베이징에 초청하려는 계획을 추진 중이었기 때문이기도 했다. 미중 화해가 북한의 민감한 관심거리임을 알고 있던 저우가 이렇게 사소한 문제까지 북한을 배려한 것이다.

저우는 모두 다섯 차례나 북한을 다녀왔다. 소련을 제외하면 그렇게 많이 방문한 국가가 없었다. 첫 방문은 1958년 2월부터 약 1주간이었다. 소련을 다녀온 후 대약진 운동을 추진하려던 마오가 저우를 사정없이 공격하던 중이었다. 이런 국내에서의 어려움에도 불구하고 부총리 천이와 외교부 부부장 장원톈 그리고 총참모장 쑤위와 함께 북한을 방문한 저우는 김일성을 만나 이른바 '8월 종파 투쟁'으로 경직된 양국 관계를 복원시키기 위해 노력했다. 사안은 결코 가볍지 않았다.

김일성이 내세운 종파 투쟁의 명분은 '주체'였고 그 주체는 중국 인민 지원군의 철수 요구로 나타났다. 그래서 저우는 김일성의 요구를 들어 북한으로부터 중국 군대를 철수시킨다는 방침을 정하고, 그해 말까지 북한에서 지원군 병력을 완전 철수하기로 합의했다. 북중 관계에서 중요한 변화가 시작된 것이다. 병력 철수에 합의한 후 저우는 함흥에 있던 지원군 사령부를 방문하고 지원군 사령관과 병사들을 만나 이들의 노고를 치하하고 곧 중국으로 돌아올 것임을 알려 주었다. 그리고는 다시 평양으로 와서 북한 최고 인민회의 연설에서 양국 관계가 혈맹임을 강조한 다음 귀국했다.

4년 후에 있었던 저우의 두 번째 북한 방문도 사안의 중요성으로는 첫 번째 방문 못지않았다. 이 방문에서 저우는 김일성과 만나 국경 조약을 체결하고 백두산 일대의 상당한 땅을 북한에 양보했다. 천지의 55퍼센트가 북한 땅이 되었다. 김일성이 백두산을 북한의 성지로 여기고 있음을 알고 저우가 그렇게 양보했다는 것이 황장엽의 증언이다. 그 후 문화 혁명 때 양국 관계가 악화되자, 기회를 엿보다가 1969년 호찌민의 장례식에 참석했던 최용건 북한 최고인민회의 위원장을 귀국 길에 베이징에 들르게 해서 다시 양국 관계를 정상화시켰다. 역시 저우의 역할이 컸다.

저우의 마지막 북한 방문은 1972년 3월 7일 닉슨의 중국 방문이 끝난 지 1주 후였다. 미중 데탕트의 시작으로 북중 관계가 새로운 단계에 접어드는 시점이었다. 김일성이 각별한 관심을 가지고 있을 수밖에 없는 중요한 회의였다. 이렇듯 중요한 만큼 6개월 전

키신저의 첫 방문 이후에는 키신저가 돌아간 4일 후에 당일 일정으로 평양에 와서 회담 결과를 통보했지만, 닉슨의 방문이 끝났을 때에는 평양에서 2일이나 묵으면서 김일성과 수차례 만나 향후의 양국 관계에 관한 의견을 나누었다. 미중 데탕트 이후 북한을 중국의 영향권 내에 잡아 두려는 전략적 포석의 일환이었다.

김일성도 중국을 자주 찾았다. 대외적으로 발표하지 않았던 비공식 방문까지 합치면 40회가 넘는다. 비공식 방문은 대외적으로 발표하지 않기 때문에 방문의 정확한 횟수를 계산하기가 쉽지 않다. 결국 비밀 해제된 자료 등을 통해 추정할 수밖에 없다. 이런저런 경로를 통해 알려진 비공식 방문의 내용을 보면 김일성이 중국 방문을 비공식적으로 한 이유는 민감성 때문이었다. 공식 방문이 대외 과시적 성격이 강했다면 비공식 방문에서는 실질적으로 중요한 내용을 은밀하게 다루었다고 볼 수 있다.

김일성의 첫 비공식 중국 방문인 1950년 5월에는 남침을 앞두고 중국과 상의하라는 스탈린의 요청 때문이었다. 이 방문 기간 동안 마오와 저우를 만난 김일성은 남침 계획에 대해 정확하게 알려 주지는 않았다. 그때까지만 해도 김일성은 소련과 밀착되어 있었고, 중국과는 거리를 두고 있었다. 두 번째 비공식 방문은 그해 12월이었다. 중국이 인민 지원군이라는 이름으로 참전한 후 북한 인민군과 중국 지원군 간의 연합 사령부 구성 문제를 논의하는 것이 방문의 목적이었다. 결국 이 방문을 통해 연합 사령부를 구성하고 지원군 사령관은 중국에서 맡고 부사령관은 북한에서 맡기로 합의했지만, 이는 북한의 요청으로 대외적으로 발표하지는 않기로 했다. '자주'를 생명처럼 내세우던 김일성의 입장을 고려한 측면도 있었지만 지원군으로 참전한 군대의 사령관이 북한의 정식 군대까지 통합 지휘한다는 것도 자가당착이고 어색한 모양새가 되기 때문이었다. 또한 1971년 11월 초에는 김일성이 갑자기 베이징을 비공식 방문하는 일도 있었다. 이는 키신저의 두 번째 베이징 방문이 끝난 지 3일 후로, 마오와 저우를 만나서 미중 데탕트와 한반도 통일 문제에 대해 의견을 교환했다.

김일성의 중국 방문은 대체로 베이징이 목적지였지만 그렇지 않은 경우도 있었다. 1973년 10월 하순의 방문이 그런 경우였다. 이때 김일성은 베이징이 아닌 동북의 중심 도시인 선양을 방문했다. 비공식 방문이었다. 10월 19일 베이징 대학 교정 안의 묘지에서 진행된 에드거 스노의 유골 안장식에 참석했던 저우는 김일성을 만나기 위해 다음 날 선양으로 갔다. 김일성의 정확한 방문 기간은 알 수 없지만 10월 20일에 저우가 선양으로 갔고 김일성이 22일에 평양으로 돌아간 것을 보면 2박 3일 정도의 방문이었을 가능성이 높다. 이때 저우는 김일성과 적어도 2일 이상 집중적으로 만났다.

김일성 방문의 주목적은 두 가지였다. 첫 번째는 그해 유엔 총회에서 논의될 한국 문제에 대해 저우와 협의하기 위한 것이었고, 두 번째는 그해 8월 말에 있었던 10차 당 대회에 관해 저우의 설명을 듣기 위한 것이었다. 린뱌오가 사망한 후 처음 열린 이 당 대회에서 덩샤오핑은 당 중앙 위원이 되었고 몇 달 후에는 정치국원의 자리에 올랐다. 이미 덩샤오핑이 당·정·군의 실세로 나서고 있었던 것이다. 북중 관계가 중대한 기로에 봉착했고 양국 관계에서 저 우언라이 시대가 끝나고 덩샤오핑 시대가 시작되려고 하던 시점이었다.

개방 이전의 일이긴 하지만 선양에는 랴오닝성 정부가 관리하는 영빈관이 있었다. 꽤 넓은 녹지 위에 여러 채의 독립 건물로 구성된 이 영빈관은 베이징에 있는 국가 영빈관인 댜오위타이만큼 화려하지는 않았지만 성 정부가 관리하는 영빈관 치고는 훌륭한 편이었다. 이 영빈관에서 제일 좋은 건물이 김일성을 위한 특각 건물이었다. 평양에서 기차를 타면 반나절 만에 도착할 수 있는 거리였다. 이 건물에 묵으면서 쉬기도 하고 사람도 만날 수 있게 지어졌다. 김일성이 원하면 언제든지 이용할 수 있었던 김일성 특각이 지금은 북한 여러 곳에 있지만, 당시 그것이 흔지 않던 시기에 중국 국내에 있었던 특각이었다.

김일성이 선양을 방문했던 것이 1973년 10월 한 번뿐인지 아닌지는 알 수 없다. 그러나 중국에 이런 시설이 있었다는 사실 자체가 김일성 시대의 북중 관계의 특수성을 상징적으로 보여 준다고 할 수 있다. 김일성은 일찍 만주로 건너와서 중국인 학교를 다녔고 1930년대 중반 이전부터 1940년 연해주에 있던 소련군 88여단으로 갈 때까지 이곳 동북 지방을 무대로 항일 게릴라 활동을 했다. 그만큼 김일성에게 중국, 특히 동북 지역은 정서적으로 가까운 곳이기도 했다. 이곳에서 중국말을 할 줄 아는 김일성은 통역 없이 중국 지도자들과 만나서 자유롭게 대화를 나눌 수도 있었다. 그는 한때 중국 공산당원이기도 했다.

북중 관계를 어떻게 평가하느냐 하는 문제는 시각에 따라 차이가 있다. 중화사상적 시각도 있을 것이고, 지정학적 시각도 있을 것이며, 그와 다른 시각도 있을 것이다. 중화사상적 시각은 조공 시대의 화이적 시각과 크게 다르지 않다. 중국이 천하 질서의 중심인 '천조(天朝)'이고 조선을 포함한 주변의 나라들은 천조를 섬기는 변방의 '이족(夷族)'이었다. 이족을 쉽게 표현하면 오랑캐라는 뜻이다. 동서남북 어느 쪽에 있든 미개한 오랑캐라는 점에서는 큰 차이가 없다. 천조의 가르침을 받아 미개함을 벗어난 정도에 따라서 오랑캐 사이의 서열이 달라지지만 서열을 매기는 것은 천조의 특권이었다. 물론 지금 그런 시각으로 북중 관계를 보는 것은 시대착오적 발상이라 할 수 있다. 북중 관계를 다룬 센즈화의 책에 '천조'라는 표현이 있지만 북한이 오랑캐라는 뜻은 아니다. 마오의 의식 속에 중국을 세계 혁명의 중심으로 보는 측면이 있다는 의미일 것이다.

현대적 시각에서 보면 북중 관계는 변형된 보호자(patron)와 피보호자(client)의 관계라 할 수 있다. 여기서 '변형된'이라는 수식어가 붙은 것은 북한이 중국에 의존하면서도 피보호자답지 않게 행동했다는 뜻이다. 센즈화의 표현을 빌리면 '미파요구(尾巴搖狗)'다. 꼬리가 몸통을 흔든다는 뜻이다. 약자 입장인 북한이 챙길 것은 다 챙기면서 오히려 큰소리치는 모양이었다. 김일성이 40회 이상이나 중국을 방문했다는 사실만 봐도 중국에 대해 북한이 요구할 것이 많았다는 것을 알 수 있다. 그래서 양국 간에는 갈등도 많았고, 험악한 일도 있었고, 경쟁자였던 시기도 없지 않았다. 그러나 대체적으로 중국이 북한의 요구를 수용함으로써 양국 관계가 원만하게 유지되었다. 특히 북한의 대남 정책을 둘러싸고 중국이 북한을 지지해 주었기 때문이었다.

이런 양국 간의 원만한 관계가 결정적 시련에 봉착한 것은 1970년대 초였다. 북한의 대남 정책을 둘러싸고 양측의 입장에 균열이 생기기 시작한 것이다. 베트남의 공산화를 지켜본 김일성은 한반도에서도 북한이 주도하는 통일의 시기가 무르익었다고 믿고, 필요하면 무력을 사용하더라도 통일의 꿈을 관철하려 했다. 김일성은 자신의 통일을 향한 꿈을 가로 막는 최대의 벽이 주한 미군이었다. 미군만 남한에서 철수하면 통일이 가능하다고 믿었다. 이를 관철시키기 위해서는 먼저 남한에 있는 유엔군 사령부를 없애야 했다.
그래서 김일성은 유엔 총회에서 한국 문제에 대한 토론과 결의안 채택이 있을 때마다 유엔군 사령부의 해체를 강하게 요구했다. 저우가 키신저를 만날 때에도 이런 북한의 요구를 전달했다. 1971년 11월 초, 김일성이 갑자기 베이징을 비공식 방문한 것도 그해 유엔 총회와 관련해서 저우와 협의하기 위해서였다. 김일성은 통일에 대한 자신의 입장을 정리한 통일 8대 강령을 저우를 통해 키신저에게 이미 전달해 놓은 상태였다.

김일성이 선양에서 저우를 만났을 때에도 유엔에서의 한반도 문제에 대한 집중 토론이 있었던 것으로 추정할 수 있다. 이러한 판단의 근거는 무엇보다도 선양 회담 이후 나타난 저우의 움직임 때문이다. 1973년 10월 말 선양에서 김일성을 만난 후 베이징으로 돌아온 저우는 유엔 대책 회의를 급히 소집했다. 외교부를 중심으로 한반도 문제를 다루는 정부 부처의 대표가 모두 참석했다. 유엔 총회에 대비해서 뉴욕에 출장 중이던 외교부의 조선과장 장팅옌 (張庭延)도 급히 베이징으로 불려 왔다.

이 회의에서 저우가 중국 정부의 지침으로 내린 지시는 유연하게 신축적으로 대처하라는 입장이었다. 유엔 사령부 해체와 미군 철수를 서둘 필요는 없다는 말이었다. 그 후 차오관화 유엔 주재 중국 대사와 존 스캘리(John Scali) 유엔 주재 미국 대사가 접촉해서 유엔 총회에서 한반도 문제의 토의를 놓고 긴밀하게 협의해 나갔다. 저우의 지시를 받은 황화가 평양에 가서 김일성을 만났고, 북한 대표단의 베이징 방문도 몇 차례 있었다. 장팅옌이 회고록에서 밝힌 대로 김일성의 선양 방문 이후 베이징과 평양과 뉴욕에서는 한반도 문제를 둘러싸고 긴박한 외교전이 진행되었던 것이다.

저우에게 전달된 미국 정부의 입장은 유엔 사령부 철폐가 상당히 복잡한 문제라는 것이었다. 유엔 사령부의 역할이 정전 협정을 유지하는 것이기 때문에 유엔 사령부를 없애면 정전 협정의 존속이 어려워질 수 있다고 했다. 그래서 한미 연합 사령부가 창설되어 작전 통제권이 이양되기 전까지는 유엔 사령부가 존재해야 한다는 논리였다. 유엔 사령부의 존재는 주일 미군과 밀접한 관계가 있다는 점도 강조했다. 언젠가는 주한 미군이 철수해야 하겠지만 시간이 걸린다는 뜻이었다. 다만 한국과 유엔을 이어주는 정치적 창구역을 해온 '언커크(UNCURK, UN Commission for the Unification and Rehabilitation of Korea, 유엔 한국 통일 부흥 위원회)'는 당장이라도 해체할 수 있다는 입장이었다. 결국 언커크 해체 결의안은 1973년 제28차 유엔 총회에서 채택되었고 언커크가 해체되면서 한국 문제를 매년 유엔 총회에서 자동 상정하고 남북한이 표 대결을 벌이는 이상한 일도 더 이상 볼 수 없게 되었다.

통일을 관철시키겠다는 김일성의 의지는 1975년 4월 베이징에서 중국의 반대에 봉착했다. 4월 18일부터 26일까지 1주간 베이징을 방문한 김일성은 마오와 저우를 만나 통일에 대한 자신의 소신을 다시 한번 강조하고 중국의 지원을 요청했다. 자신의 요청이 관철되면 잃어버릴 것은 군사 분계선이며 얻는 것은 통일이 될 것이라고 강조했다. 사실상 무력 통일의 의지를 밝힌 것이다. 그러나 마오와 저우의 반응은 실망스러웠다. 마오는 자신이 이미 나이가 많고 늙어서 현안 문제에서 손을 놓았다고 했다. 옆에 배석한 덩샤오핑과 자세한 이야기를 하라면서 자신은 빠졌다.

305병원에서 만난 저우도 사정이 크게 다르지는 않았다. 저우의 설명이 없어도 그의 병이 얼마나 심각한지는 한 눈에 알아볼 수 있었다. 1년 6개월여 만에 만난 저우는 이미 얼굴이 반쪽이었다. 당시 몸무게는 36킬로그램 정도였다. 말 그대로 피골이 상접한 상태였다. 부은 발에 신발이 맞지 않아 천으로 만든 특수 신발을 신고 있었다. 그런 저우 앞에서 김일성도 한반도 통일 문제를 길게 이야기할 수가 없었다. 두 사람이 처음 만난 이후 24년 만에 이루어진 이 마지막 만남은 이렇게 쓸쓸한 분위기 속에서 진행되었다. 저우 역시 배석한 덩샤오핑을 가리키며 나보다 훨씬 능력이 있는 사람이라면서 공을 넘겼다.

그러나 덩샤오핑과의 만남 역시 김일성에게는 실망이었다. 저우와는 달리 덩샤오핑의 말에는 에두른 표현이 없었다. 중국은 이미 혁명의 깃발을 내려놓았으며 경제 건설을 위해 국력을 집중하고 있다고 했다. 북한의 평화 통일 노력을 지지하지만 비평화적 방법에는 반대한다는 점을 분명히 했다. 북한과 중국은 이미 각자의 길을 가기 시작했다는 의미였다. 센즈화의 표현을 빌면 '모합신리 (貌合神离)의 관계'가 시작되었던 것이다. 머지않아 시작될 덩샤오핑이 주도하는 개혁 개방의 시대에 맞춰 북중 관계도 변화해야 한다는 뜻이었다. 북중 관계에서 저우의 시대가 지나가고 있었다.

저우의 생애를 돌아보면서 나의 머리에서 떠나지 않았던 화두는 저우의 생각과 행동을 설명할 수 있는 열쇠가 무엇인가 하는 것이었다. 저우가 살아온 과정을 살피면서 그토록 당당하고 존경받는 저우가 어째서 마오 앞에서는 그렇게 왜소해지고 비굴해 보이기까지 하는지를 이해하기 어려웠다. 저우의 그런 행동을 권력에 대한 아부나 자기 보전을 위한 계산된 행동으로 해석하는 전문가들이 적지 않았다. 근엄 속에 숨겨진 위선이자 개인적 안위와 보신을 최우선 가치로 하는 저우 본연의 모습이 드러난 것이라는 혹평도 있다. 그러나 나는 그런 해석에서 뭔가 빠진 것이 있다고 느꼈다. 적어도 위선이나 아부로 보기에는 저우의 행동이 너무 자연스럽고 진솔해 보였기에 그의 행동을 어떻게 설명할 수 있을까를 두고 고민했다. 나는 저우의 가정 환경과 집안의 전통에서 그 실마리 하나를 찾을 수 있다고 믿는다.

인간의 사고와 행동을 지배하는 것은 선천적인 요인과 후천적인 요인으로 나누어 볼 수 있다. 후천적 요인으로는 교육과 개인적 경험 등을 들 수 있고 선천적인 요인은 집안의 가풍이나 부모의 유전자적 영향 등이 있을 수 있다. 이 책의 본문에서 다룬 내용이 대체로 그런 후천적 요인들이었다. 이에 비해 선천적인 요인들은 본인의 가치관 속에 내장되어 있는 가치들로서 무의식의 상태에서 인간의 사고와 행동을 지배하는 것으로 이해할 수 있다. 이런 요인들은 자주 심리학적 분석의 대상이 되었고, 특히 트라우마 같은 극단적 경험은 그동안 많은 중국 전문가들의 관심을 끌어 왔다.

마오의 경우, 마오가 어렸을 때 경험한 부친과의 갈등을 트라우마로 보는 학자들이 있다. 아시아 문화 연구의 대가였던 루시안 파이(Lucien Pye) 교수가 대표적인 경우라 할 수 있다. 그의 말에 따르면 인간이 살아가면서 부딪치는 가장 중요한 도전은 권위와 충돌해서 갈등이 생길 때 이를 어떻게 해소하느냐 하는 것이라고 한다. 집안에서는 '아버지'라는 권위가 있고 학교에는 '선생'이라는 권위가 있는 것처럼 국가에는 '군왕'이라는 권위가 존재하는데 살아가는 과정에서 이들 권위와의 충돌을 피할 수 없다는 것이 정치 사회적 동물인 인간의 숙명이다.

권위와의 갈등을 해소하는 방법을 두고 서양과 동양은 큰 차이를 보인다. 서양의 해법은 토론이다. 의견의 차이가 있으면 토론을 통해 이를 해결한다. 민주주의도 그런 기반 위에 서 있다. 인격의 평등을 전제로 한 자유로운 토론이 가장 합리적인 선택을 가능하게 한다고 믿는 것이다. 토론을 통한 해결이 불가능할 때에는 다수

결의 원칙에 따라 소수가 다수의 의견에 따라야 한다.

동양의 경우는 다르다. 토론이 아니라 권위에 대한 절대 복종이 해법이다. 가정에서는 아버지의 권위에 복종하고, 학교에서는 선생님의 권위에 따라야 한다. 마찬가지로 국가에서는 군왕의 권위에 대한 절대 복종이 선민의 의무이다. 삼강오륜이 바로 이런 유교적 가치 규범을 체계화한 것이다.

중국의 고전인『효경』에는 만고 이래의 모범 효자 30여 명의 일화가 실려 있다. 이중에는 60대 노인이 80대 부모를 즐겁게 해주기 위해 어린애처럼 방바닥을 기어 다닌 이야기도 있다. 노망한 부모에게 하는 노망한 자식의 행동 같지만 그것이 효도라고 가르쳤던 것이 중국 전통 사회의 윤리 교육이었다.『효경』에는 아버지의 권위에 도전하는 아들을 죽인 후 공직을 사임하고 산속에 숨어 생을 마감한 고위직 관리의 '미담'도 있다. 비록 아비를 죽인 패륜아이지만 나라를 스핑크스의 공포로부터 구한 오이디푸스가 뛰어난 군주로 칭송받았던 서양과는 너무 대조적이다. 공과 사의 융합이 동양적 해법이었다면 이를 엄격하게 구분하는 것이 서양의 해법이었던 것이다.

마오와 저우는 갈등 해결에서도 이런 차이를 보여준다. 파이 교수는 어린 마오가 경험했던 '우물가의 자살 사건'을 자주 거론한다. 부친과 심하게 다투던 마오가 우물에 빠져 죽겠다고 위협하자 호랑이 같은 부친도 아들에게 양보했다는 일화인데, 이 경험이 마오에게 절체절명의 위기에는 극단적 대응이 효과를 발휘한다는 교훈을 주었다는 주장이다. 마오가 왜 문화 혁명 같은 극단적인 사건을 일으켰는지를 설명할 때 자주 원용된다.

우물가 사건이 남긴 트라우마 때문에 그랬는지는 알 수 없지만 마오에게 갈등 해소의 방법은 투쟁이었다. 어릴 때부터 아버지와 심한 갈등을 겪었고 철이 들어서는 원하지 않는 중매결혼에 반대해서 사실상의 가출을 했다. 그래서 어린 시절이나 그 후의 시기나 마오는 대부분 외톨이였고 다수의 편에 서기보다는 소수의 편에 서는 경우가 많았다. 권위에 굴복하기 보다는 권위에 맞서 대항하고 자신의 권위를 지키기 위해 무자비하게 투쟁했다. 그게 마오가 살아간 삶의 족적이었다고 해도 지나친 말은 아니다.

저우의 경우는 다르다. 집안 형편이 어려웠지만 가족 간의 우애도 좋았고 동료들과의 관계도 원만했다. 20대 후반에 혁명 투사가 된 후에는 상하이 사변이나 난창 봉기, 대장정이나 옌안 정풍 같은 트라우마를 겪으면서도 남과 원수를 지거나 가슴에 한을 남기는 일은 하지 않았다. 갈등을 극복하는 방법도 극단적인 투쟁보다는 대화와 타협을 택했다. 권위와 갈등을 겪을 때에도 정면으로 도전하기 보다는 우회하거나 절충했다. 돌아가거나 절충하는 것이 불가능할 때에는 일단 패배를 인정하고 차선을 택했다. 절대적 권위와 갈등이 생기면 특히 그랬다. 마오와의 관계도 예외가 아니였다.

필자는 이런 저우의 행동에는 저우의 무의식 세계 속에 내재되어 있던 중국의 전통적 가치관이 중요한 역할을 했다고 믿는다. 저우와 가족의 관계에서도 『효경』의 흔적들을 찾아볼 수 있었다. 일찍 친모와 양모를 모두 잃어버린 저우는 부친에 대한 효성이 남달랐다. 외지에서 나돌면서 자식을 잘 거두지 못한 부친에 대한 원망이 없을 수는 없었지만 저우에게 아버지는 특별한 존재였다. 기회가 있을 때마다 부친을 찾아가서 만났다. 자신을 동북으로 데려가서 중학교까지 마치게 해 준 백부에게도 마찬가지였다. 백부는 저우에게 부친과 같은 존재였다. 시골 고향에서 어렵게 살고 있던 자신을 도시로 오게 해서 공부를 시킨 게 큰아버지였다.

그래서 저우는 큰아버지와 자주 연락을 주고받았다. 일본으로 떠나기 전에 하얼빈(哈爾濱)으로 찾아가서 출국 인사를 했고 소련으로 출장을 떠날 때에도 하얼빈까지 찾아가서 만났다. 저우빙더 자매의 경우처럼 조카들도 중난하이로 다리고 와서 함께 살았다. 일본에 체류 중일 때 작은 아버지가 돌아가셨다는 동생의 편지를 받은 저우가 침통해 하면서 향을 피우고 절하면서 자신의 불효를 탓했다. 이러한 저우의 행동이 『효경』에 나올 정도는 아니지만 가정을 부정하고 계급적 연대를 중시하는 사회주의적 가치와는 전혀 다르다.

필자는 저우의 이런 행동이 저우 집안의 가업이었던 스예와 무관하지 않다고 생각한다. 스예는 지방 관리이지만 양반 계급이었다. 말하자면 지방의 준통치 계급이었다. 화이안에 있는 저우의 고향 집을 보면 알 수 있다. 지방에 있는 집 치고는 대단히 큰 규모의 기와집이다. 적어도 사오산에 있는 마오가 태어난 농가와는 비교가 되지 않을 정도로 크고 화려하다. 스예를 가업으로 삼았던 저우 집안이 지방의 양반 계층에 속했음을 알 수 있다.

저우를 낳은 모친이나 키워준 양모도 모두 스예 집안이었다. 저우가 사회주의 사회에서 이른바 '부르주아 출신'이라는 사실을 자랑하지는 않았지만 그렇다고 이를 부끄럽게 생각하고 감추려했던 적도 없었다. 사오싱이나 화이안 출신을 만나면 몹시 반가워했다. 내세우거나 감추기 전에 저우는 어려서부터 스예 집안의 가풍 속에서 전통적인 가치를 내재화하면서 자랐다. 저우의 사고와 행동의 바탕에는 유교적 가치가 작동하고 있었던 것이다. 철이 든 다음에 습득한 공산주의 사상이 그런 어린 시절의 가치 위에 덧씌워졌지만, 바탕의 가치들이 사라진 게 아니라 무의식의 세계 속에 잠재해 있었다. 스예 집안의 전통적 가치관이 공산주의의 혁명적 가치와 함께 의식과 무의식의 다른 공간에서 서로 공존하고 있었던 것이다.

마오는 저우에게 군왕과도 같은 존재였다. 그런 마오를 떠받들고 충성하는 것이 자신의 안위나 영달을 위함이 아닌, 나라를 위하는 길이라고 믿었다. 물론 강한 마오의 성격과 그보다는 강하지 않은 저우의 성격에서 오는 차이도 있겠지만 성격보다는 가치관의 차이라는 측면이 더 강했다고 믿는다. 1975년 여름 마오가 백내장 수술을 받았을 때 저우가 만신창이가 된 몸을 이끌고 마오의 병실 문 앞에서 수술이 끝날 때까지 기다렸던 것을 단순히 권력자에 대한 아첨이나 위선으로 치부할 수만은 없다. 마오가 사용할 안약의 부작용 여부를 알아보기 위해 자신의 눈에 먼저 약을 넣어 보자고 했던 저우의 행동도 마찬가지이다. 저우의 이런 행동을 마오에 대한 계산된 아첨이나 과장된 헌신이라는 해석은 지나치게 권력 지향적이고 자기중심적이다.

부모 노릇을 제대로 못한 부친이 세상을 떠나자 입원 중인 병원에서 나와 아들로서 장례를 치른 저우의 행동처럼 무의식 속에 내재된 전통적 가치관의 표현이었다. 일본에 있을 때 삼촌이 세상을 떠나자 좁은 방에 향을 피우고 묵념했던 것 역시 혁명가의 길을 가려는 사람의 태도와는 너무 달랐다. 그래서 나는 저우가 현대 중국의 마지막 스예라고 생각한다.

ㄱ

가오거우(高戈吾), 가오원첸(高文謙), 가오전푸(高振普), 가오푸위안(高福源), 가와카미 하지메(河上肇), 간더우(干都), 간쑤(甘肅), 고베(神戸), 고토쿠 슈스이(幸德秋水), 관평(關鋒), 광둥(廣東), 광시(廣西), 광저우(廣州), 광창(廣昌), 구무(谷牧), 구쉰장(顧順章), 구이린(桂林), 구이저우(貴州), 구자화웬(顧家花園), 구톈(古田), 궁인쑨(龔陰蓀), 귀룽전(郭隆眞), 귀모뤄(郭沫若), 귀위펑(郭玉峰)

ㄴ

난닝(南寧), 난징(南京), 난창(南昌), 난카이(南开), 네이멍구(内蒙古), 녜룽전(聶榮臻), 녜위안쯔(聶元梓), 니즈량(倪志亮), 닝두(寧都)

ㄷ

다롄(大連), 다이지타오(戴季陶), 단수이(淡水), 댜오위타이(釣魚臺), 덩룽(鄧鎔), 덩샤

355

오핑(鄧小平), 덩시셴(鄧希賢), 덩원수(鄧文淑), 덩잉차오(鄧穎超), 덩즈후이(鄧子恢), 덩파(鄧發), 덩화(邓华), 돤치루이(段祺瑞), 둥관(東關), 둥비우(董必武), 둥샤오펑(董小鵬), 디수이둥(滴水洞), 딩원훙(丁原洪)

ㄹ

라오서(老舍), 랴오닝(遼寧), 랴오둥(遼東), 랴오선(遼沈), 랴오신원(廖心文), 랴오중카이(廖仲豈), 량치차오(梁啓超), 런비스(任弼時), 레이잉푸(雷英夫), 롄윈강(連雲港), 루거우차오(蘆沟橋), 루룽팅(陸榮廷), 루산(蘆山), 루쉰(魯迅), 루이진(瑞金), 루펑(陸豊), 룽옌(龍岩), 뤄루이칭(羅瑞卿), 뤄빙후이(羅炳輝), 뤄촨(洛川), 뤄칭창(羅青長), 뤼둥(呂東), 뤼순(旅順), 류디(劉敵), 류딩(劉鼎), 류보청(劉伯承), 류사오치(劉少奇), 류송린(劉松林), 류야러우(刘亞楼), 류저우(柳州), 류전환(劉震寰), 류치푸(刘杞夫), 류칭양(劉清揚), 리나(李讷), 리다자오(李大釗), 리다장(李大章), 리더(李德), 리더성(李德勝), 리리싼(李立三), 리민(李敏), 리사오쥬(李韶九), 리셴녠(李先念), 리웨이한(李維漢), 리위루(李愚如), 리즈쑤이(李志綏), 리쥐란(李卓然), 리쭤펑(李作鵬), 리커눙(李克農), 리펑(李鵬), 리푸춘(李富春), 리핑(黎平, 지명), 리핑(力平, 인명), 린리궈(林立果), 린리헝(林立衡), 린뱌오(林彪), 린후(林虎)

ㅁ

마오안잉(毛岸英), 마오안칭(毛岸靑), 마오얼가이(毛儿盖), 마오위안신(毛遠新), 마오자완(毛家灣), 마오쩌둥(毛澤東), 마오핑(茅萍), 마쥔(馬駿), 마첸리(馬千里), 마카오(澳門), 몐후(棉湖), 미윈(密雲)

356

ㅂ

바바오산(八寶山), 바오딩(保定), 바오잉(保應), 바오후이승(包惠僧), 방뤄전(榜羅鎭), 베이다이허(北戴河), 베이징(北京), 베이핑(北平), 베이하이(北海), 보구(博古), 보이보(薄一波), 보후이장(柏輝章)

ㅅ

사오싱(紹興), 사카이 도시히코(堺利彦), 산둥(山東), 산시(山西), 산터우(汕頭), 산하이관(山海關), 상하이(上海), 샤먼(廈門), 샤밍한(夏明翰), 샤야펑(夏亞鋒), 샹잉(項英), 샹중파(向忠發), 샹징위(向警予), 선양(瀋陽), 셴즈화(沈志華), 셰징이(謝靜宜), 셰푸즈(謝富治), 소위안충(邵元沖), 쉬샹첸(徐向前), 쉬안촨(宣川), 쉬언쩡(徐恩曾), 쉬충즈(許崇智), 쉬터리(徐特立), 슝샹후이(熊向暉), 스례(斯烈), 스예(師爺), 스저(師哲), 시바이포(西柏坡), 시산(西山), 시언팅(郗恩庭), 시위안(西苑), 시화팅(西花廳), 신장(新疆), 쑤위(粟裕), 쑤자오정(蘇兆征), 쑤화(肅華), 쑨원(孫文), 쑨웨이스(孫維世), 쑨촨팡(孫傳芳), 쑹메이링(宋美齡), 쑹사오원(宋紹文), 쑹쯔위안(宋子元), 쑹칭링(宋慶齡), 쓰촨(四川)

ㅇ

안둥(安東), 안후이(安徽), 야오광(姚廣), 야오원위안(姚文元), 양상쿤(楊尚昆), 양시민(楊希民), 양쯔(揚子), 양창지(楊昌濟), 양카이후이(楊開慧), 양쿤루(楊坤如), 양후청(楊虎城), 어우보첸(毆渤芊), 어우양친(歐陽欽), 어제(俄界), 예딩(葉挺), 예젠잉(葉劍英), 예췬(葉群), 옌샤오후이(閻曉輝), 옌슈(嚴修), 옌시산(閻錫山), 옌안(延安), 와야오바오(瓦窰堡), 와이멍구(外蒙古), 완난(皖南), 왕둥싱(汪東興), 왕뤄페이(王若飛), 왕리(王力), 왕밍(王明), 왕바이링(王柏齡), 왕빙난(王炳南), 왕이저(王以哲), 왕자샹(王稼祥), 왕자핑(王家

坪), 왕지판(王季範), 왕진메이(王盡美), 왕쩡스(王曾思), 왕쫑치(王宗岐), 왕하이룽(王海

容), 왕호수이(王鶴壽), 왕홍원(王洪文), 우궈전(吳國楨), 우쉬쥔(吳旭君), 우슈취안(伍修

權), 우청뎬(武成殿), 우치전(吳起鎭), 우파셴(吳法憲), 우페이푸(吳佩孚), 우한(武漢), 위

안궈핑(袁國平), 위안쭈밍(袁祖銘), 위안쯔전(袁子貞), 위추리(余秋里), 윈난(云南), 윈링

(云岭), 이녠탕(頤年堂), 이리용(易礼容)

ㅈ

자오스옌(趙世炎), 자오웨이(趙煒), 장굉시(張宏喜), 장궈타오(張國濤), 장뤄밍(張若茗),

장보링(張伯岺), 장보젠(張伯簡), 장선푸(張申府), 장수잉(張樹迎), 장쉐량(張學良), 장시

(江西), 장쑤(江省), 장야오츠(張耀祠), 장원진(章文晉), 장원톈(張聞天), 장위펑(張玉鳳),

장제스(蔣介石), 장징궈(蔣經國), 장쭤량(張佐良), 장쭤린(張作霖), 장춘차오(張春橋), 장

충(張沖), 장칭(江靑), 장팅옌(張庭延), 장한즈(章含之), 장화둥(張化東), 저우바오중(周保

中), 저우빙더(周秉德), 저우언라이(周恩來), 저우언서우(周恩壽), 저우위츠(周宇馳), 저

우이간(周貽淦), 저우이경(周貽賡), 저우이넝(周貽能), 저우이넝(周貽能), 저우이쿠이(周

貽奎), 저우푸하이(周佛海), 저장(浙江), 전바오다오(珍寶島), 정저우(鄭州), 주더(朱德),

주장(九江), 중난하이(中南海), 쥐샹수우(菊香書屋), 즈셴(知縣), 지난(济南), 지안(集安),

지차오주(冀朝鑄), 지펑페이(姬鵬飛), 진쭈민(金祖敏), 징강(井崗), 징시(京西), 징캉(京

杭), 짜오린거우(枣林沟), 쩌우룽(鄒容)

ㅊ

차오관화(喬冠華), 차오산(潮汕), 차오이오우(曹軼歐), 차오저우(潮州), 차오쿤(曺錕),

차이수판(蔡樹藩), 차이위안페이(蔡元培), 차이쥔우(紫軍武), 차이창(蔡暢), 차이청원

358

(紫成文), 차이허썬(蔡和森), 창사(長沙), 창춘(長春), 천경(陳賡), 천궁페이(陳公培), 천
두슈(陳獨秀), 천리푸(陳立夫), 천보다(陳伯達), 천옌녠(陳延年), 천윈(陳云), 천이(陳毅),
천젠(陳健), 천 밍(陳炯明), 천쯔스(陳子式), 청두(成都), 첸좡페이(錢壯飛), 추징(肖勁),
추후이쭤(邱會作), 충칭(重慶), 취추바이(瞿秋白), 츠천(遲群), 치번위(戚本禹), 친방셴
(秦邦憲), 칭다오(青島), 칭허(淸河)

ㅋ

카이펑(凱豐), 캉성(康生), 캉유웨이(康有爲), 캉커칭(康克靑), 커칭스(柯慶施), 콰이다
푸(剮大富)

ㅌ

타오주(陶鑄), 타이위안(太原), 타이항(太行), 탄전린(譚震林), 탕밍자오(唐明照), 탕원
성(唐聞生), 탕지야오(唐繼堯), 톄링(鐵嶺), 톈안먼(天安門), 톈진(天津), 퉁거우(通溝),
퉁다오(通道)

ㅍ

파시(巴西), 판청샹(范承祥), 펑궁수(彭公述), 펑더화이(彭德懷), 펑셴즈(逢先知), 펑위샹
(馮玉祥), 펑전(彭眞), 펑칭룬(風慶輪), 펑타이(豊臺), 펑톈(奉天), 푸시(肤施), 푸젠(福建),
푸톈(富田), 핑진(平津)

ㅎ

하얼빈(哈爾濱), 하이저우(海州), 하이펑(海豊), 한수인(韓素音), 한촨(漢川), 항저우(杭

州), 허난(河南), 허룽(賀龍), 허우창(猴場), 허잉친(何應欽), 허중한(賀衷寒), 허쯔전(賀

子珍), 허커취안(何克全), 화이런탕(懷仁堂), 화이안(淮安), 화이허(淮河), 화칭즈(華淸

池), 황융성(黃永勝), 황전(黃鎭), 황청징(黃澄鏡), 황허(黃河), 황화(黃華), 후난(湖南),

후디(胡底), 후베이(湖北), 후비청(胡必成), 후이저우(惠州), 후쭝난(胡宗南), 후차오무

(胡喬木), 후한민(胡漢民), 훙옌춘(紅岩村), 훙자오린(洪兆麟)

주요 참고 문헌

『風雨四十年』上~下, 董小鵬, 1994.

『人民總理周恩來』1~3, 紅旗出版社, 1997.

『周恩來大事典』, 江西人民出版社, 1997.

『周恩來的最後十年』, 張佐良, 上海人民出版社, 1997.

『周恩來傳』上~下, 中央文獻出版社, 1998.

『周恩來年譜 1898~1976』, 中央文獻出版社 1998.

『我的情報 與 外交生涯』, 熊向暉, 中央黨史出版社, 1999.

『周恩來一生』, 力平, 中央文獻出版社, 2000.

『晚年周恩來』, 高文謙, 明鏡出版社, 2003.

『中國共產黨主要會議紀事 1921~2006』, 中共文獻出版社, 2006.

『建國以來周恩來文稿』1~13冊, 中央文獻出版社, 2008~2018.

『最後的天朝: 毛澤東, 金日成 與 中朝關係』, 沈志華, 中華大學出版社, 2017~2018.

Barbara Barnouin and Changgen Yu, 『Zhou Enlai, A Political Life』, The Chinese University Press, 2007.

Chen Qian, 『Mao's China and the Cold War』, The University of North Carolina Press, 2010.

Gao Wenqian, 『The Last Perfect Revolutionary』, PublicAffairs, 2008.

Han Suyin, 『Eldest Son: Zhou Enlai and the Making of Modern China, 1898-1976』, Kodansha, 1995.

Lee Chae-Jin, 『Zhou Enlai: The Early Years』, Standford University Press, 1994.

Shen Zhihua and Xia Yafeng, 『A Misundertood Friendship』, Columbia University Press, 2018.

저우언라이 평전

1판 1쇄 펴냄 2020년 10월 23일
1판 3쇄 펴냄 2022년 2월 18일

지은이   정종욱
발행인   박근섭, 박상준
펴낸곳   ㈜민음사

출판등록 1966. 5. 19. 제16-490호
주소   서울특별시 강남구 도산대로1길 62(신사동)
          강남출판문화센터 5층 (우편번호 06027)
대표전화 02-515-2000 | 팩시밀리 02-515-2007
홈페이지 www.minumsa.com

한국어 판 © 정종욱 2020. Printed in Seoul, Korea

ISBN 978-89-374-1790-0 (03990)